영혼돌봄을 위한
영성과 설교

최 창 국 지음

기독교문서선교회

기독교문서선교회(Christian Literature Crusade: 약칭 **CLC**)는 1941년 영국 콜체스터에서 켄 아담스에 의해 시작되었으며 국제 본부는 영국의 쉐필드에 있습니다.

국제 CLC는 59개 나라에서 180개의 본부를 두고, 약 650여 명의 선교사들이 이동도서차량 40대를 이용하여 문서 보급에 힘쓰고 있으며 이메일 주문을 통해 130여 국으로 책을 공급하고 있습니다.

한국 CLC는 청교도적 복음주의 신학과 신앙서적을 출판하는 문서선교기관으로서, 한 영혼이라도 구원되길 소망하면서 주님이 오시는 그날까지 최선을 다할 것입니다.

Spirituality & Preaching

by
Chang-Kug Choi

Korean Edition
Copyright © 2011 by Christian Literature Crusade
Seoul, Korea

서론

　영국의 어느 교회에서 경험한 일이다. 외부에서 설교자로 초청된 한 목사님이 예배 중에 어린이들을 대상으로 과일과 초코렛을 가지고 와서 실물설교를 하였다.[1] 맨 앞줄에 3-4살 정도 되어 보이는 영국 아이 1명, 필리핀에서 온 아이 2명이 나란히 앉아 있었다. 실물설교를 끝낸 후 그 목사님은 초코렛 두 개를 가지고 어린이들이 있는 곳으로 갔다. 영국 아이의 손에는 초코렛 두 개가 주어졌지만 필리핀 아이들에게는 주어지지 않았다. 그 옆에는 필리핀 아이들의 부모도 앉아 있었다. 그 광경을 지켜보며 그리스도인의 한 사람으로서 여러 생각이 떠올랐다. 어린 필리핀 아이들이 상처받지 않았을까? 아이들의 부모가 가슴 아파하지 않을까? 이런 생각에 골몰하며 동시에 그 목사님의 설교를 듣고 싶은 마음이 사라져가고 있었다.
　한편 내 마음은 투쟁을 하고 있었다. 설교자도 한 인간으로서 부족한 면

---

[1] 대부분의 영국교회에서 주일 오전 예배 시에 모든 세대가 함께 모여 예배를 시작하고 어린이들은 장년을 위한 설교가 시작되기 바로 전에 주일학교실로 가서 그들의 수준에 맞춰 성경을 배우거나 신앙적인 활동을 한다. 어린이들이 장소를 옮기기 전에 설교자는 간단하게 그들을 위한 설교를 한다.

이 있을 수 있지 않은가? 그 때문에 그 설교를 듣지 않는다면 이 세상에서 설교할 수 있는 자는 아무도 없지 않은가? 하지만 그 목사님의 설교는 끝내 내 귀에 들어오지 않았다. 이 일로 나는 설교자의 정신과 자세가 얼마나 중요한가를 새삼 깨닫게 되었다.

성경적인 설교자란 단지 성경에 관해서 전하는 자가 아니다. 설교자들은 하나님과 믿음에 관한 사실을 알아보기 위해 성경으로 가는 것이 아니다. 설교자는 성경을 통해 하나님을 만나고 하나님의 음성을 듣고 하나님께 나아가는 자이어야 한다. 설교자는 성경을 정보의 대상으로 여기기보다는 성경 속에 드러난 하나님의 영과 성품에 따라 살아가는 자여야 한다. 이것이 없으면 설교는 단지 정보나 문으로 남게 된다. 설교자가 만약 성경을 사유하는 사람들에 불과하다면 하나님의 말씀은 지적 추구를 위한 수단이 되어버릴 수 있기 때문이다. 설교자의 모든 증언은 하나님의 영과 성품에 충실할 때만이 순수해질 수 있다.

때로 우리의 설교가 메마른 것은 우리의 영적 메마름에서 기인하는 경우가 많다. 가장 좋은 대답은 어떤 기술적인 것 때문이라고 안타까워하기보다는 복음에 대한 우리의 이해와 헌신의 방향을 새로 설정해 보는 것이다. 바울은 감옥에서도 빌립보 성도들에게 이렇게 고백한다. "내가 예수 그리스도의 심장으로 너희 무리를 어떻게 사모하는지 하나님이 내 증인이시니라"(빌 1:8). 복음의 증인이 되기를 원하는 설교자들이라면 바울의 이 고백을 영적 길라잡이로 삼아야 한다. 『영성과 설교』는 이런 고백과 길라잡이가 들어있다. 본서는 저자가 10여 년 동안의 설교학 강의와 설교 경험 속에서 설교의 이론과 실천 사이에 평소 갈등하며 고민했던 것에 대한 답변이기도 하다. 또한 설교의 핵심 이론과 함께 설교의 실천을 위한 중요한 원리들도 다루었다.

어느 설교자의 고백이다. "어쩌란 말인가? 설교를 크게 하면 시끄럽다 하고, 소리를 작게 내어 조용히 하면 박력이 없다 하고, 짧게 하면 밑천이 없다 하고, 길게 하면 지루하다 하고, 성경을 깊이 들어가면 어렵다 하고, 예화를 많이 쓰면 세상이야기를 많이 한다 하고, 근엄하게 하면 딱딱하다 하고, 유머를 쓰면 농담을 한다 하고, 재미있게 하려고 애쓰면 유치하다 하고, 원고를 보면 거기에 메인다 하고, 원고를 안보면 준비가 없다 하고, 열을 내어서 하면 감정에 치우친다 하고, 차분히 하면 열정이 없다 하고, 웃으면서 하면 무게가 없다 하고, 무게가 있게 하면 부드럽지 못하다 하고, 한 번쯤 들은 예화만 나와도 게으르다 하고, 좋고 교훈된 말씀은 잘도 잊어버리고, 비위에 거슬린다 싶으면 절대로 잊지 않고 이를 간다. 그러고 보면 그 힘든 설교를 20여 년 동안 하고 있으니 나도 참 대단하구나!"

우리 주변에 보면 훌륭한 설교자들이 많다. 그러나 완벽한 설교자는 존재하지 않는다. 어느 누구나 부족한 부분이 있기 마련이다. 이것은 우리의 실존이다. 바울이 "복음이 말로만 너희에게 이른 것이 아니라 오직 능력과 성령의 큰 확신"이라고 고백한 것처럼, 바라기는 본서를 접하는 모든 이들이 여러 가지 좋은 것들에 관한 논의로 자칫 최고의 것을 배제시키는 일이 없기를 소망해 본다.

이 책이 나오기까지 많은 기도와 격려와 도움을 주었던 손길을 잊을 수 없다. 생명신학을 추구하는 백석대학교에서 가르칠 수 있도록 장을 마련해 주신 설립자 장종현 박사님께 감사를 드린다. 또한 학문적 격려와 도움을 아끼지 않으신 백석대학교 신학대학원 교수님들, 부족한 강의를 경청하며 격려해 준 여러 학생들, 기독교 영성에 관심을 갖고 함께 기도하며 연구하는 살렘 영성 아카데미 콜로키움(Colloquium) 석·박사 회원들에게 감사드린다. 끝으로 이 책이 나오기까지 기도와 사랑과 격려의 수고를 아끼지 아니한 사랑하는 아내 은심과 어느덧 대학생이 된 사랑하는 딸 지수, 그리고 비전을 가지고 진력하고 있는 아들 은찬에게 고마움을 전한다.

2011년 8월
최창국

목차

서론 / 5

제1장 기독교 영성 / 13

1. 영성의 정의 ▪ 13
2. 영성의 세 유형 ▪ 16
3. 영성의 현대적 논의 ▪ 21
4. 영적 인식론 ▪ 25
5. 영적 인식의 방식 ▪ 32

제2장 설교와 영성 / 41

1. 설교와 영적 갱신 ▪ 41
2. 문은 죽이지만 영은 살린다 ▪ 43
3. 하나님의 신비에 눈뜨는 설교 ▪ 48
4. 설교자의 영적 능력 ▪ 52
5. 설교자의 영적 자질 ▪ 58
6. 설교자의 영성 형성 ▪ 61

제3장 설교와 우상 / 65

1. 설교자와 바벨론 ▪ 65
2. 지배적인 우상들 ▪ 68
3. 설교자의 우상 ▪ 70
4. 설교와 단순주의 ▪ 72
5. 설교와 율법주의 ▪ 78
6. 설교와 도덕주의 ▪ 81
7. 설교와 주지주의 ▪ 81

제4장 설교와 성경 / 85

1. 성경적 설교 ▪ 85
2. 설교자와 성경 ▪ 86
3. 설교자와 성경적 세계관 ▪ 90
4. 성경에 다 있다는 견해 ▪ 94
5. 성경과 창조세계 ▪ 98
6. 성경과 강해설교 ▪ 103

제5장 설교와 영적 독서 / 109

1. 렉시오 디비나의 이해 ▪ 111
2. 렉시오 디비나와 성경 ▪ 116
3. 렉시오 디비나의 실천적 방법 ▪ 125
4. 렉시오 디비나의 현대적 의의 ▪ 132
5. 렉시오 디비나와 설교자 ▪ 134

제6장 설교와 묵상 / 139

1. 묵상과 설교자 ▪ 139
2. 묵상과 기독교 ▪ 143
3. 묵상과 성경의 세계 ▪ 145
4. 묵상과 창조세계 ▪ 147
5. 묵상과 상상력 ▪ 151

제7장 들리는 설교를 위한 지침 / 159

1. 설교는 해석이다 ▪ 159
2. 본문의 숲을 보아야 한다 ▪ 162
3. 문화적 맥락을 알아야 한다 ▪ 163
4. '집으로' 진리가 있어야 한다 ▪ 166
5. 설교는 청중을 위한 것이다 ▪ 170
6. 설교는 적용이다 ▪ 178
7. 예화는 설교를 생동감 있게 한다 ▪ 182
8. 설교는 말하듯이 써야한다 ▪ 185
9. 재진술의 능력을 길러야 한다 ▪ 187
10. 중요한 원칙들을 알아야 한다 ▪ 190

제8장 설교 디자인 / 193

1. 설교를 위한 주해 ▪ 193
   1) 본문 찾기 ▪ 193
   2) 본문에 대한 서론 ▪ 194
   3) 본문 깊이 살피기 ▪ 194
   4) 본문 연구 확인하기 ▪ 198
   5) 설교를 향한 움직임 ▪ 199

2. 설교형식 만들기 ▪ 199
   1) 초점과 기능 ▪ 200
   2) 초점과 기능의 세분화 ▪ 200
   3) 초점과 기능의 과정 ▪ 201
3. 설교의 기본구조 ▪ 202
   1) 설교의 제목 ▪ 202
   2) 설교의 서론 ▪ 203
   3) 설교의 본론 ▪ 204
   4) 설교의 결론 ▪ 206

제9장 스펄전과 설교 / 209

1. 스펄전의 생애와 사상 ▪ 209
2. 스펄전의 저서 ▪ 220
3. 설교자로서 스펄전 ▪ 221
4. 스펄전의 설교론 ▪ 223
   1) 말씀에 대한 존경심 ▪ 223
   2) 청중으로서 설교자 ▪ 224
   3) 마음에 호소하는 설교 ▪ 227
   4) 설교자의 눈높이 ▪ 230
   5) 인생을 공부하는 설교자 ▪ 233
   6) 설교자의 법칙 ▪ 235
   7) 설교의 대 주제 ▪ 237
5. 설교학적 의의 ▪ 244

참고문헌 / 246

제 1 장

기독교 영성
Christian Spirituality

1. 영성의 정의

존 헐(John Hull)의 지적처럼 "영성이라는 용어는 매우 애매한 용어이다."[1] 뿐만 아니라 영성을 "간결하고 종합적으로 정리하여 정의하기는 매우 어렵다."[2] 커쯔(Ernest Kurtz)와 켓참(Katherine Ketcham)은 영성에 대한 정의의 어려움을 다음과 같이 언급하였다.

> 영성이란 무엇인가?…진리, 지혜, 아름다움, 장미의 향기 등 이 모든 것은 영성과 비슷하게 막연하거나 말로 표현하기 어려운 것들이다. 우리가 그것들을 알지만 결코 그 특성을 색으로 칠하거나 그 성질을 설명해 낼 수 없고, 이것들은 인치나 도수로 이해될 수 없으며, 소리를 내지 않아 데시벨(음향강도를 측정하

---

1) John M. Hull, *Utopian Whispers: Moral, Religious, Spiritual Values in Schools* (Norwich: Religious and Moral Education Press, 1998), 63.
2) Emmanuel Y. Lartey, *In Living Colour: An Intercultural Approach to Pastoral Care and Counselling* (London: Cassell, 1997), 112.

는 단위)로 측정할 수 있는 것도 아니고, 실크나 나무나 시멘트와 같이 독특한 촉감을 가지고 있지도 않고, 향기를 내지도 않고, 맛도 가지고 있지 않고, 공간을 차지하고 있지도 않다. 하지만 그것들은 존재하고 있다. 사랑도 존재하고, 악한 것도 존재하고, 아름다움도 존재하고, 영성도 존재한다. 이러한 것들은 인간 존재를 정의할 때 항상 인식되는 실체들이다.[3]

모든 인간은 영적 존재이다. 하지만 이러한 진술이 갖는 의미는 사람마다 다를 뿐만 아니라 시대마다 다르고, 이론적 주장 또한 다양하다. 때문에 영성에 대한 이해는 대단히 중요하지만 정확한 정의를 내리기는 어려운 과업이 아닐 수 없다.[4]

나아가 달라스 윌라드(Dallas Willard)가 지적한 것처럼 "요즘 '영'(spirit), '영적'(spiritual), '영성'(spirituality) 등의 말이 점차 흔해지고 있다. 피할 수 없는 말이다. 그러나 대개 의미가 불확실하며, 자칫 위험할 수 있다."[5] 때문에 우리는 이 용어를 사용함에 있어서 신중을 기해야 한다. 바바라 보우(Barbara Bowe)는 영성이 어떻게 이해되고 있는지를 살피기 위하여 1984-1995년 사이에 출판된 영성에 관한 책들과 글을 분석하였다. 보우는 이 분석을 통하여 영성의 의미가 23가지로 각기 다르게 이해되고 정의되고 있음을 밝혔다.[6] 물론 영성이라는 말을 명확하게 정의하는 데 있어서 어려움은 그 용어가 전통적으로 너무나도 다양하게 이해되어왔을 뿐만 아니라 사용하는 사람들의 목적에 따라 다양하게 사용되고 있기 때문이기도 하다.

---

3) Ernest Kurtz, Katherine Ketcham, *The Spirituality of Imperfection: Storytelling and the Journey to Wholeness* (New York: Bantam Books, 1994), 15-16.
4) Chang Kug Choi, "Spirituality and the Integration of Human Life," (Ph. D. Dissertation, University of Birmingham, 2003), 20.
5) 달라스 윌라드, 『마음의 혁신』 윤종석 역 (서울: 복있는사람, 2005), 27.
6) Barbara E. Bowe, *Biblical Foundations of Spirituality* (New York: A Sheed & Ward Book, 2003), 10.

현대 사회에서 영성이란 용어는 크게 세 가지 개념으로 사용되고 있다.[7] 첫째는 인간의 존재론적 차원의 한 국면으로서의 영성이다. 모든 인간은 영적 존재로서 영성을 가지고 있다는 견해다. 즉 모든 인간은 그 형태와 반응은 다르지만 영적 생활 또는 초월적 차원을 추구하는 능력을 가지고 있다는 것이다. 그러한 영적 생활 또는 초월적 차원을 추구할 수 있는 능력은 영성이 있기 때문에 가능하다고 여기는 것이다.

둘째는 영성을 경험론적 차원으로 이해하는 것이다. 영성을 영적 삶 또는 초월적 경험으로 이해하는 유형이다. 하지만 이러한 영성이해는 엄밀한 의미에서 '영성'(spirituality)과 '영적 생활'(spiritual life) 또는 '영적 경험'(spiritual experience)을 혼동하는 유형이라 할 수 있다. 왜냐하면 인간의 존재론적 차원(existential dimension)의 한 국면인 '영성'과 경험론적 차원(experiential dimension)의 한 현상인 '영적 생활'을 혼동하고 있기 때문이다. 인간이 이성을 소유하고 있기에 이성적 삶을 경험하며 누리는 것처럼, 영성을 소유하고 있기 때문에 영적 생활도 가능한 것이다. 그러므로 영적 경험을 영성으로 이해하기보다는 존재론적 영성의 산물로 보아야 한다. 즉 영성은 행위의 개념이 아니라 존재의 개념이다.

셋째는 영성을 영적 성질이나 성향으로 보는 유형이다. 영성을 문자적으로 풀어쓰면, '신령한 성품', '영적 성질' 또는 '영적 성향'이다. 하지만 문제는 영성을 영적 성향 또는 성질로 이해하게 되면 의미 없는 개념이 되어버릴 수 있다. 왜냐하면 영성을 영적 성향으로 이해하게 되면 대부분의 기독교적 행위나 삶의 차원들까지 영성이 되어버리기 때문이다. 예를 들면,

---

7) 영성에 대한 보다 구체적인 이해를 위해서는 최창국, "영성과 하나님의 프락시스(praxis): 영적 훈련의 해석적 모델과 방향성," 「성경과 신학」 49 (2009): Sandra M. Schneider, I. H. M., "Spirituality in the Academy," in Kenneth J. Collins ed., *Exploring Christian Spirituality: An Ecumenical Reader* (Grand Rapids: Baker Books, 2000)를 참조.

기도, 예배, 찬송, 영적 독서 등도 모두 영적 성향이나 성질을 가지고 있기 때문이다. 그렇게 되면 영성이란 영적 삶의 행위와 구분이 모호해져 버린다. 영성이란 용어는 의미 없는 개념이 되어버릴 뿐만 아니라 영적 생활이란 말과 동의어가 되어버린다. 물론 영성을 영적 성질이나 성향으로 이해하는 것을 전적으로 무의미한 것으로 이해할 수 없는 측면이 있다. 성령을 따라 살아가는 삶의 성향과 육체를 따라 살아가는 삶의 성향은 구별되어야 하기 때문이다. 보이는 세계와 감각적 삶에만 의존된 삶의 성향과, 세상의 보이는 세계와 감각적 차원에 메이지 않고 하나님의 은혜 아래서 자아를 초월하는 삶의 성향은 분명 영적 성향의 중요한 유형이기 때문이다. 한국교회에서는 많은 사람들이 이러한 의미에서 영성을 이해하고 있는 경향이 짙다.

2. 영성의 세 유형

영성은 인간의 존재론적 요소 중의 하나이다. '어떤 사람이 영적이다. 영적이지 못하다'라고 할 때, 그 의미는 단순히 영적 특성에 대한 다른 응답과 인식을 의미하는 것이다. 즉 외형적으로 나타난 결과와 특성을 가지고 하는 말이다. 하지만 모든 인간은 영적 존재이다.

영성은 크게 세 유형으로 구분하여 설명할 수 있다. 비종교적 영성, 종교적 영성, 그리고 기독교 영성이다.

첫째, 일반적 또는 비종교적인 영성은 인간의 정신 발달, 심리적 성장을 위한 자아 발달, 또는 개성화 등을 위한 능력으로 이해한다. 이는 철학과 심리학, 그리고 교육학 등에서 주로 말하는 영성이다. 그 동안 심리학은 주로 자아(ego)의 성장에만 초점을 두어왔다. 최근에 이르러서야 많은 심리학자들이 심리적 성숙과 영적 성숙의 관계에 대해 관심을 가지기 시작했다. 특별히 심리학과 종교의 통합을 주장하는 트랜스퍼스널 심리학(transpersonal psychology)이 출현하였다. 이 심리학에서는 인간에 대한 이해에 있어서 영성을 포함하지 않고는 인간을 바르게 이해할 수 없으며 성숙한 인간으로 성장할 수 있도록 안내할 수 없다고 이해하기에 이르렀다. 심리학자들도 인간의 성장과 발달에서 영적 차원의 중요성을 인식하게 된 것이다.

단순한 논리가 될 수도 있지만 심층심리학에서는 영성을 무의식의 산물로 여기기도 한다. 영적인 풍성함을 무의식의 토양에서 나타나는 직관적, 상징적, 감정적, 그리고 창조적 형태의 결과로 이해한다.[8] 융은 심리학 발전에 반드시 필요한 것은 영성이며 인간 삶에 있어서도 영성이 필수적인 것으로 보았다.[9] "융은 개성화가 영성의 가장 핵심 되는 개념이라고 밝혔으며, 모든 인생 전반에 걸친 개성화는 성격의 의식과 무의식의 전체적인 측면에서 종합적으로 전 생애에 걸쳐 만들어지는 과정이라고 보았다. 좀 더 전문성을 갖고 설명하면 우리의 자아(self, 무의식 포함)는 의식을 초월한 가장 깊은 내면의 중심과 자기(ego) 의식의 중앙 사이에 형성된 관계라는 것이다."[10]

융은 이처럼 자아 자체를 다소 신비로운 것으로 이해하고 영적 성장이란 깊은 자아로 옮겨가는 하나의 과정으로 이해했다. 융의 자아에 대한 관점은 깊은 이해를 요하기 때문에 그의 견해를 단순화 할 수 있는 위험이 있지

---

8) 데이비드 G. 베너, 『영혼돌봄의 이해』, 전요섭, 김찬규 역 (서울: CLC, 2010), 181.
9) 데이비드 G. 베너, 『영혼돌봄의 이해』, 77.
10) 데이비드 G. 베너, 『영혼돌봄의 이해』, 77.

만, 그의 신 개념은 내면화된 것이고 이로 인해 자아를 신성화시키는 경향이 있다.[11] 때문에 융의 많은 공헌에도 불구하고 기독교 영성의 자아 초월적 체험을 약화시키는 경향이 있다.[12]

둘째, 종교적 영성은 자아 초월과 삶의 의미에 초점을 두고 초월적 존재와의 관계를 갈망하는 종교적인 특성을 갖는다. 이러한 영성의 특징은 초월적 힘이 그들의 삶을 발견시키고 승화시키는 것으로 여긴다. 종교적 영성의 특징은 초월 명상과 같은 인간의 노력을 통해 초월적 경지나 영적 세계 또는 초월자와 소통할 수 있다고 여긴다. 때문에 종교적 영성은 은혜보다는 인간의 노력을 통한 선과 공로를 강조하는 경향이 있다.[13]

셋째, 기독교 영성이다. 기독교 영성은 인간이 갖는 보편적이고 초월적인 능력으로 이해되기보다는 하나님의 주권 안에서 이해된다. 마조리 톰슨(Marjorie J. Thompson)은 기독교 영성에 대해 다음과 같이 진술한다.

> 영성이란 영적 생활을 할 수 있는 능력이라고 간단하게 정의할 수 있다. 다시 말해서 하나님의 영을 받아들이고, 그에 대해 깊이 생각하며, 그에게 응답할 수 있는 보편적인 인간의 능력이다. 그러나 이것을 좀 더 실제적인 의미에서 말하면, 영성이란 우리가 이런 영적 잠재력을 갖고 있다는 사실을 깨닫는 방법이라고 말할 수 있다. 그리고 이 방법은 우리 안에서 성령이 활동하신다는 사실을 의식적으로 자각하고 그 일에 동참하는 일까지 포함한다. 결국 영성은 우리들에게 하나의 길을 제시해 주고 있는데, 그것은 우리들에게 신앙을 선택하게 하고, 가치 있는 일에 전념하게 하며, 삶의 방식을 결정하고 신앙을 실천하게 함으로써, 우리 안에서 그리스도의 모습을 형성하는 것이다.[14]

---

11) 데이비드 G. 베너, 『영혼돌봄의 이해』, 80.
12) 데이비드 G. 베너, 『영혼돌봄의 이해』, 81.
13) 부루스 디마레스토, 『영혼을 생기나게 하는 영성』 김석원 역 (서울: 쉴만한물가, 2004), 73-4.
14) Marjorie J. Thompson, *Soul Feast: An Invitation to the Christian Spiritual Life* (Louisville: Westminster/John Knox Press, 1995), 7.

톰슨은 영성을 인간의 존재론적 차원에서 시작하고 있다는 점에서 영성 이해에 대한 바른 출발을 하고 있다. 즉 영성을 영적 생활을 할 수 있는 원천을 제공하는 능력으로 보았다는 점에서는 바른 이해를 하고 있다. 하지만 톰슨은 기독교 영성을 진술하면서 그 능력의 의미를 인간의 '보편적 능력'이라고 말함으로써 다소 오해의 여지를 남기고 있다. 왜냐하면 기독교 영성은 철학이나 심리학에서 의미하는 보편적 의미로서 인간의 영적 능력을 모두 무시하지는 않지만, 인간의 보편적 능력으로만 볼 수는 없기 때문이다. 모든 인간은 하나님의 형상으로 창조된 존재로서 영적인 특성을 가진 존재이기에 영적 갈망을 가진 존재다. 하지만 기독교적 인간 이해는 창조의 원리에 의해서만 규정되지 않고 타락과 구속 또는 회복의 삼위일체론적인 관점에서 설명되어야 한다. 인간은 원래 풍성한 생명체로 창조되었다(창 2:7). 풍성한 생명체로 창조된 인간은 영성, 이성, 감성 등을 가진 존재였다.

타락 전의 인간에게 영성이 없었다고 말할 수 없다. 이를 부정하면 하나님의 완전성을 부정하게 되는 결과를 낳는다. 인간은 창조될 때 하나님으로부터 영성과 이성과 감성 등을 선물로 받았다. 때문에 인간은 하나님과 관계를 가지고 살아갈 수 있는 능력을 가지고 있었다. 하나님을 알 수 있는 능력을 가지고 있었다. 풍성한 영적 생활을 할 수 있는 보편적 영적 능력을 가지고 있었다. 그러나 인간은 타락으로 말미암아 하나님과의 관계가 무너지는 결과를 초래하게 된다. 영적 능력을 상실하게 되고 영적 소경이 되는 결과를 낳았다. 타락 후 인간은 하나님과의 관계에서 영적으로 죽어 있기 때문에(엡 2:1) 살림 또는 회복의 은혜가 필요한 존재가 되었다. 하나님은 예수 그리스도를 통하여 살림의 은혜, 회복의 은혜를 통하여 인간의 영적 능력을 재형성하신다.

그러므로 기독교 영성은 인간의 존재론적 차원의 한 국면(aspect)으로서 영적 생활을 할 수 있는 능력(capacity)으로 이해해야 한다. 이 능력은 인간의 보편적 또는 자연적 능력이라기보다는 예수 그리스도의 은혜로 말미암아 영적 삶을 살 수 있는 능력이다. 즉 기독교 영성은 인간의 타락으로 상실되었으나 예수 그리스도의 구속으로 말미암아 회복되고 성령의 도우심으로 알려지고 유지되고 성장하게 하는 통전적인 관계를 위한 능력(the capacity for holistic relationship)이다. 그러므로 기독교 영성이란 하나님, 자기 자신, 이웃, 자연과의 관계에서 통전적인 삶을 위한 능력이라 하겠다.[15]

그리스도인이든 비그리스도인이든 모든 인간은 하나님의 형상으로 창조된 존재이다. 하지만 그리스도인과 비그리스도인이란 의미는 예수 그리스도의 구원의 은혜를 입은 자와 입지 못한 자를 구별해 준다. 비록 그리스도인과 비그리스도인 모두 지적이고 감성적 능력인 일반적 능력은 똑같다 해도, 영적인 삶은 뚜렷하게 구별된다. 영성을 소유한 사람은 기도, 말씀 묵상, 영적 독서, 예배의 삶을 소망하며 영적 삶을 경험하며 누린다. 영성이 있기 때문에 영적 생활을 경험하며 누릴 수 있다. 예수 그리스도의 구원의 은혜 아래 있지 못한 사람들은 영적으로 눈먼 상태에 있기 때문에(고후

---

15) 최창국, 『기독교 영성신학』 (서울: 대서, 2010), 26; 임마누엘 라티(Emmanuel Y. Lartey)는 영성에 대한 유용한 정의를 제공해 준다: "spirituality refers to the human capacity for relationship with self, others, world, God, and that which transcends sensory [or biological] experience, which is often expressed in the particularities of given historical, spatial and social contexts, and which often leads to specific forms of action in the world. In essence, our spirituality has to do with our characteristic style of relating and has at least five dimensions: (1) relationship with transcendence [God]; (2) intra-personal (relationship with self); (3) interpersonal (relationship with another); (4) corporate (relationships among people; (5) spatial (relationship with place and time). It is crucial to maintain that these dimensions should be understood as belonging together in an integrated whole. There are distinguished here for purpose of discussion, but in reality are inseparable"(Emmanuel Y. Lartey, In Living Colour, 113).

4:3-4) 하나님을 바르게 알 수 없을 뿐만 아니라 하나님과의 관계 안에서 살아갈 수 있는 능력을 가지고 있지 않다. 영적으로 거듭나지 못한 사람은 이런 영적 생활에 어두워져 있기 때문에 예배와 기도와 같은 영적 삶을 살지 못할 뿐만 아니라 누리지도 못한다.

3. 영성의 현대적 논의

성경에는 영성이란 용어가 없기 때문에 영성은 성경적인 개념이 아니라고 하는 견해가 있다. 하지만 이는 대단히 단순한(naive) 논리이기도 하다. 예를 들어 보자. 성경에 이성과 감성이란 용어가 등장하지 않는다. 하지만 우리는 이성과 감성이란 용어를 일반적으로 쓰고 있을 뿐만 아니라 성경적 의미와 가치를 논할 때 중요하게 사용한다. 이성을 비성경적인 용어라고 말하는 사람은 없을 것이다. 단지 이성이 때로 비성경적으로 쓰이는 경우가 있을 뿐이다. 또한 신학이란 용어도 성경에 나오지 않지만 신학이란 용어는 빼놓을 수 없는 기독교적 언어요 기독교의 정체성을 설명해 주는 개념이다. 게다가 윤리란 용어가 성경에 등장하지 않지만 기독교 윤리란 말은 이미 일반화되어 있을 뿐만 아니라 기독교에서 중요한 가치를 지니는 용어로 자리 잡았다.

영성이란 용어가 성경에 직접적으로 등장하지 않는다고 하여 성경적 개념이 될 수 없다는 견해는 바른 견해가 아니다. 게다가 성경에는 영성이란 개념을 근본적으로 등장시킬 수밖에 없는 용어가 등장한다. 바로 '영적'(spiritual)이란 용어이다. 앞에서 설명한 것처럼 영성이 있어야 영적 생활이 가능하다는 것은 보편적인 논리이기도 하다. 마치 감성이 있을 때 감성적 삶이 가능하듯이 말이다. 때문에 영성이란 용어가 성경에 등장하지 않는다고 하여 영성을 성경적 용어로 볼 수 없다고 말하기보다는, 성경에 영성이란 용어가 직접적으로(directly) 등장하지는 않지만 간접적으로는(indirectly) 내포하고 있다고 보아야 더 타당하다.

성경에서 '영적'(spiritual)이란 용어가 처음 쓰여진 것은 바울에 의해서다. 바울은 고린도전서 2:14-15에서 이렇게 말한다. "육에 속한 사람은 하나님의 영에 속한 것들을 받아들이지 않는다. 그것들이 그에게는 어리석은 것이며, 이해할 수도 없으니 영적으로만 분별되기 때문이다. 영적인(spiritual) 자는 모든 것을 판단하지만, 자기는 아무에게도 판단을 받지 않는다"라고 하였다.[16] 바울은 여기서 '영적인 사람'(spiritual person)을 '자연적인 사람'(natural person)과 대조하여 사용하고 있다. 바울이 말한 영적인 사람이란 하나님의 영 안에서 또는 성령을 따라 살아가는 사람이다. 하나님의 영 안에서 살아갈 수 있는 사람은 본질적으로 하나님의 은혜로 말미암아 구원받은 사람이다. 바울이 말한 영적인 사람이란 하나님과 하나님이 창조한 존재들과 새로운 관계적 변화를 의미하는 것이지 육체적 삶을 부정하는 것은 아니다. 왜냐하면 바울이 말한 영적인 사람이란 육체적 삶을 부정하는 사람이 아니라 통전적인 존재로서 성령의 임재와 능력에 따라 살아가는 사람을 의미하기 때문이다.

굳이 영적인 것의 반대가 무엇인가에 대한 논의가 필요하다면, 영적인 것의 반대는 몸이나 육체가 아니다. 우리가 육체적이지 않을 때 우리는 또한 영적이 될 수 없다. 왜냐하면 이 둘은 통전적인(holistic: 구분은 되지만 분

---

16) "The man without the Spirit does not accept the things that come from the Spirit of God, for they are foolishness to him, and he cannot understand them, because they are spiritually discerned. The spiritual man makes judgments about all things, but he himself is not subject to any man's judgment"(1 Corinthians 2:14-15).

리되지 않는다) 관계 안에 있기 때문이다. 인간은 통전적인 존재다. 통전적인 존재로서 인간은 분리될 수 있는 여러 부분들(parts)을 가지고 있는 것이 아니라 본질적으로 통전적인 존재로서 여러 국면들(aspects)들을 가지고 있다. 영성, 이성, 감성, 몸 등은 인간의 중요한 국면들(aspects)이지 결코 나누어질 수 있는 부분들(parts)이 아니다. 인간은 결코 컴퓨터와 같은 기계적 존재가 아니기 때문이다.

그러므로 우리의 육체는 하나님의 선물이지 죄악의 발전소가 아니다. 물론 우리가 육체적 수준에만 머무를 때는 문제가 된다. 영적인 삶의 목표는 육체적 삶으로부터 뭔가 더 고상한 것으로 도망치는 것이 아님이 확실하다. 그러므로 영적인 것의 반대는 육체적 삶이라기보다는 인간을 파괴하는 그 어떤 것이다. 인간을 도구화 하는 것, 파괴시키는 것, 하나님의 영 안에서 살아가는 삶을 방해하는 것 등이다. 영적인 것의 반대는 육체 또는 육체적 삶이 아니라 하나님의 형상인 인간을 파괴하는 사탄, 맘몬 등이다.

영성을 인간의 내면생활로 이해하는 경향에 대한 바른 이해가 필요하다. 영성은 내면의 생활과 속사람과 관련은 되지만 속사람과만 관련되는 것은 아니다. 고든 웨이크필드(Gordon Wakefield)는 다음과 같이 진술하였다.

> 기독교 영성은 단순히 '내면생활'이나 속사람만을 위한 것이 아니다. 영성은 영을 위한 것인 만큼 몸을 위한 것이기도 하며, 하나님을 사랑하고 이웃을 사랑하라고 하신 그리스도의 두 가지 계명의 통전적인 이해를 지향한다. 진실로 우리의 사랑도 하나님의 사랑처럼 모든 창조물에게까지 확장되어야 한다.[17]

신약성경 에베소서 3:16에서 바울은 "속사람(inner being)을 강건하게 하

---

17) Gordon S. Wakefield, ed., *Westminster Dictionary of Christian Spirituality* (Philadelphia: Westminster John Knox Press, 1983), v.

시고"라고 말한다. 바울이 말한 속사람에서 '속'은 인간의 영, 마음, 이성과 의지가 활동하는 인격을 가리킨다. 성경에서 '속사람'은 그리스도 안에서 새롭게 창조된 '새로운 피조물'을 의미하기도 한다. 바울은 로마서 7:22에서 "내 속사람으로는 하나님의 법을 즐거워하되"라고 말한데 이어, 고린도후서 4:16에서는 "그러므로 우리가 낙심하지 아니하노니 우리의 겉사람(outwardly)은 낡아지나 우리의 속사람(inwardly)은 날로 새로워지도다"라고 하였다. 속사람은 하나님의 은혜로 거듭난 영을 가진 사람을 말한다. 물론 이런 측면에서는 영성이 속사람과 전혀 무관한 것은 아니다.

그러나 영성은 결코 속사람과만 관련된 것이 아니다. 영성은 윤리적 삶과 사회적 삶을 위한 원동력을 제공하기 때문이다. 영성을 속사람과만 관련시킬 때 영성은 지극히 개인적인 삶을 위한 능력으로만 한정되어버릴 위험성이 있다. 게다가 성경이 인간의 마음에 초점을 맞추면서 '영으로서 인간'(man as spirit)을 이야기할 때는, 하나님 아니면 우상의 인도하에 인간 존재를 동기지우며 인도하는 능력을 지칭하면서 '인간 내부에서 밖으로'(from the inside out) 바라본 전인을 말한다.

성경은 때로 인간의 몸에 초점을 맞추면서 '몸으로서 인간'(man as body)에 대해서 이야기하고 있는데 이때는 하나님의 피조물로서 인간의 가시적인 현현이며 기능으로서 '바깥에서부터 안으로' 바라본 전인을 지칭하는 것이다. 마찬가지로 '영혼으로서 인간'(man as soul)도 인간의 한 구성 부분을 이야기하는 것이 아니라, 자신의 생명과 호흡을 하나님께 의존하고 있는 살아있는 존재로서 전인을 지칭하는 것이다. 영혼이나 영은 인간 안에 있는(in man) 어떤 것, 또는 인간에게 속해 있는(of man) 어떤 것이 아니다. 인간 자신이 영혼이며(man is soul), 인간 자신이 영이며(man is spirit), 인간 자신이 몸이기 때문이다(man is body).

개신교 신학자들 중에 영성이란 용어보다 경건을 사용해야 한다는 견해가 있다. 즉 영성은 종교개혁 전통의 언어가 될 수 없다는 것이다. 하지만 이는 바른 이해가 아니라는 것을 알 수 있다. 그 증거로 칼빈의 멘토였던 부쳐(Martin Buchers)가 『참 신앙을 위한 투쟁 가운데 있는 슈트라스부르그와 뮌스터 1532-1534』(Strasburg und Munster im Kampf um den Rechter Glauben 1532-1534)에서 경건과 영성을 구분해서 사용하고 있기 때문이다. 그는 1533년에 베른하르트 바커(Bernhard Waker)의 말씀의 종의 능력에 관해 기술하면서 말씀에 대한 믿음과 신뢰를 가질 때만이 경건도 영성도 가져다 준다고 하였다.[18] 부쳐는 영성을 내적인 세계로, 경건은 외적인 세계로 구분하였다. 이러한 그의 구분은 논란의 여지가 있지만 영성과 경건을 구분하여 사용하고 있다는 점에서는 현대 종교개혁의 후예들에게 많은 의미를 주고 있다고 할 수 있다.

4. 영적 인식론

근대에 들어서면서 인류는 계몽주의 사상에 의거한 '이성'을 중심으로 문화를 발달시켜 왔다. 데카르트에 의해 공식적으로 시작된 이성의 독주는 현대사회의 모든 면에 있어서 이성이야말로 인류의 궁극적 구원임을 설파하였다.[19] 이성만이 오늘날의 모든 문화를 온전히 대표한다고 말하는 것

---

18) Martin Buchers Deutsche Schriften. Band 5, *Strasburg und Munster im Kampf um den Rechter Glauben* 1532-1534, edited by Robert Stuppereh (Gutersloher: Verlagshau Gerd Mohn, 1978), 426.
19) 데카르트가 남긴 유명한 문장, "나는 생각한다 그러므로 존재한다"(cogito ergo sum)는 표현이 의미하는 것은 이성을 인간 존재의 핵심적 요소로 보고 있다는 것이다.

은 잘못일 것이다. 그러나 적어도 이성이 가장 중심적인 역할을 하고 있다는 데에 이견을 제기할 사람은 없다. 이성은 인류에게 엄청난 혜택과 편리함을 가져다 주었을 뿐만 아니라 수많은 어려움과 고통들을 해결했다.

그러나 이러한 엄청난 혜택에도 불구하고 '이성주의'가 가져다준 부작용은 궁극적으로 인류를 파멸로 이끌 것이라는 공통된 인식을 갖게 했다. 물론 이성 사체를 문제 삼는 것은 또 다른 문제를 야기시킨다. 다만 이성 자체가 지닌 한계를 인정하지 않음으로 인해 다른 요소들을 부인하거나, 아니면 존 헐(John Hull)의 지적과도 같이 이성주의 가운데서도 효능과 편의를 강조하는 기술적 이성주의(technical rationality)로 축소된다거나, 이것만이 주된 기능으로 간주될 때 문제가 되는 것이다.[20] 오히려 이성은 트레이시의 지적과 같이 타당하게 사용될 경우 초월과 연결되는 중요한 역할을 감당할 수 있다.[21]

우리는 이성의 역할과 중요성을 결코 부인할 수 없다. 현재의 모든 교육적 터전과 내용은 바로 이성 중심으로 형성되어 있음을 부인할 수 없다. 그러나 기독교적 교육 터전에서 이성을 중심으로 삼을 때는 근본적인 문제가 발생하게 된다. 존 웨스트호프(John Westerhoff)는 기독교적 교육의 터전이 신앙(faith)이 되어야 함에도 불구하고 종교(religion)가 되었다고 주장한다. 그러면 왜 신앙이 종교로 바뀌었는가? 이는 기독교적 교육의 터전에서 신앙을 중심에 두기보다는 지나치게 이성 중심에 두려는 경향, 즉 계몽주의로 인한 이성주의의 영향이라고 할 수 있다.[22] 켄트웰 스미스(Cantwell

---

20) John M. Hull, *What Prevents Christian Adults from Learning* (Philadelphia: Trinity Press International, 1991), 10.
21) David Tracy, "Can Virtue Be Taught?: Education, Character and the Soul," in Jeff Astley and others, eds., *Christian Formation: A Reader on Theology and Christian Education*, (Grand Rapids: Eerdmans, 1996), 381.
22) John Westerhoff III, *Will Our Children Have Faith?* (Chicago: Thomas More Press, 2000)을 참조.

Smith)에 따르면 16세기에 이르러 본래적 의미의 신앙(faith)은 지적 차원의 신앙, 곧 'belief'로 대치되기 시작한다고 지적한다. 즉 근본적이고 실존적 의미의 신앙(faith)이 교리나 신조 중심의 지적 신앙(belief)으로 축소된다.[23]

기독교적 교육이 이성을 중심 터전으로 삼을 때 무엇보다도 신앙 이해가 협소화될 수 있고 기독교적 신비와 영적 삶을 왜곡시킬 수 있다. 신앙은 기독교 교육의 중심이다. 토마스 그룸(Thomas Groome)의 지적과도 같이 신앙은 그 본질상 인간의 전 존재와 아울러 모든 관계를 대상으로 한다. 신앙은 지적인 면 외에도, 감정적인 면, 의지적인 면, 공동체적인 면, 관계적인 면, 초월적인 면을 모두 포함한다. 그러나 이성 중심의 교육은 이성 자체의 한계로 인해 이러한 신앙의 전체적인 면들을 포함하기에는 한계가 있을 뿐만 아니라 신앙의 공동체성과 사회성 그리고 초월성이 왜곡되거나 외면될 수 있다.[24] 때문에 객관성을 최고의 가치로 여기는 이성 중심의 교육은 신앙의 공동체성, 주관성이나 내면성, 초월성을 주변적 가치로 여기는 현상을 초래할 수 있다. 기독교 교육에서는 이성뿐만 아니라 감성, 내면성, 초월성 등도 동등하게 중요한 부분으로 다루어져야 한다.

교육의 터전이 이성 중심이 되면 기독교 교육의 터전이 되는 인식론에도 심각한 폐해를 끼친다. 이성 중심의 인식론은 논리성, 객관성을 주장함으로 객관주의를 최고 가치로 여기게 된다. 이로 인해 초월적 영역을 제거해 보려는 결과를 초래하게 된다. 팔머는 현대 지식의 실패는 윤리의 실패, 즉 적용의 실패가 아니라 인식의 실패, 즉 앎 자체의 실패라고 지적한다. 그는 "현대 지식의 실패는 일차적으로는 윤리의 실패, 즉 아는 것을 적용하는 문

---

[23] Wilfred Cantwell Smith, *Faith and Belief* (New Jersey: Princeton University Press, 1987), 118.

[24] Thomas Groome, *Sharing Faith: A Comprehensive Approach to Religious Education and Pastoral Ministry* (Eugene, OR: Wipf & Stock Publishers, 1998)를 참조.

제에서 실패한 것이 아니다. 오히려 그것은 지식의 좀 더 깊은 원천과 열정을 추구하지 못하고, 우리의 지식이 창조하는 관계들 - 자기 자신, 이웃, 자연세계와의 관계 - 에 대한 사랑이 거하도록 하지 못한, 앎 자체에의 실패다"라고 지적한다.[25]

팔머는 이러한 현대 지식의 이미지들이 하나님을 불신하고 배제시켰던 지식으로부터 시작되었다고 이야기한다. 즉 하나님의 형상으로 창조된 인간은 본래 사랑의 형상대로 창조되었지만 타락으로 말미암아 서로 지배하고 통제하는 왜곡된 형상을 가지게 되었다는 것이다. 팔머는 창세기의 아담과 하와 이야기를 통하여 인간의 지식에 대한 이미지들이 어떻게 왜곡되어 왔는지를 보여준다. 에덴동산에 아담과 하와를 두셨던 하나님은 그들의 인간적 한계를 아셨음으로 선악을 알게 하는 지식의 나무를 먹지 말라고 명령하셨지만, 그들은 불순종함으로 말미암아 그들의 한계 너머에 있는 지식을 향해, 즉 자신들을 하나님처럼 만들어 줄 것이라는 지식을 향해 손을 뻗쳤다. 결국 그들은 하나님에 의해 에덴동산으로부터 추방당하였다.

팔머는 이 이야기를 통하여 종교 전통의 언어와 지식 전통의 언어를 이끌어낸다. 그에 따르면, 종교 전통의 언어로 말하면 아담과 하와는 최초로 죄를 범한 것으로 말할 수 있지만, 지식 전통의 언어로 말하면 그들은 최초의 인식론적 과오를 범한 것이다. 팔머는, "아담과 하와는 그들이 추구했던 지식의 종류로 인해 에덴동산에서 쫓겨난 것이다. 그것은 하나님을 불신하고 배제시켰던 지식이다. 알고자 하는 그들의 욕망은 순종과 사랑이 아니라 호기심과 지배욕, 오직 하나님에게만 속해 있는 힘을 자신이 소유하려는 욕망에서 비롯된 것이다. 그들은 하나님이 그들을 먼저 아셨고, 그

---

25) Parker J. Palmer, *To Know As We Are Known: A Spirituality of Education* (London: Harper & Row, 1983), 9.

들을 아시되 잠재성뿐만 아니라 한계 또한 알고 계신다는 사실을 존중하지 못했다"라고 지적하였다.[26] 팔머는 물론 "지식에 대한 갈망 자체가 죄나 인식론적 과오는 아니다"는 것을 분명히 한다.[27]

팔머의 관점은 인간은 하나님, 다른 인간, 그리고 자연과 본질적으로 연결되어 있다는 사실이다. 팔머는 인간의 초월성과 관계성이 인간의 가장 깊은 존재의 터전임과 동시에 기초임을 보이고자 했다. 이 기초 위에 모든 가르침의 행위가 이루어지며 기독교적 가르침은 바로 이를 드러내 주고 경험케 하는 행위이다. 이를 등한히 할 경우 인간은 교육으로 인하여 오히려 파멸을 경험한다. 팔머는 "초월성에 중심을 두지 않을 때, 교육은 자아와 세계 사이에 진정하고 자발적인 관계성을 창조하는 데 실패한다"고 하였다.[28]

팔머는 교육의 초월성을 간과할 때 이성주의로 흐르게 됨을 지적한다. 이성 중심의 기독교 교육은 교육의 터전이 되는 인식론에도 심각한 폐해를 끼친다. 팔머의 지적에 따르면 이러한 교육은 진리를 추구함에 있어서 그 동기가 사랑이 아니라 철저하게 호기심과 통제(curiosity and control)로 대치되고, 이로 인해 이용이나 조작(manipulation)과 같은 가치들이 주된 목적이 된다. 그는 이러한 교육 철학 안에서 지식이 인간을 변화시키는 수단이 아니라 이용과 착취, 이기적 목적 달성의 수단이 되었다고 강조하면서, 인간은 진리를 듣고 순종하기 위해 지식을 갖는 것이 아니라 미리 결정된 자신의 목적을 달성하기 위하여 진리로 나아갈 수 있는 오류와 위험성을 안고 있다고 지적한다.

하지만 그는 교육은 앎을 추구하는데 그 앎은 반드시 사랑의 행위를 수

---

26) Parker J. Palmer, *To Know As We Are Known*, 24-26.
27) Parker J. Palmer, *To Know As We Are Known*, 25.
28) Parker J. Palmer, *To Know As We Are Known*, 12.

반해야 함을 말하고 있다. 팔머의 인식론은 "안다는 것은 사랑하는 것이다." 팔머의 주장에 따르면 진리는 하나의 인격체로서 우리에게 다가와야 한다는 것이다. 우리에게 필요한 것은 진리를 알고자 하는 욕구만이 아니라 진리에 올바로 다가가는 모습까지도 포함되어야 한다. 진리는 결코 호기심을 충족시키는 대상이거나 정복의 대상이 아니라 만남과 대화, 그리고 순종의 인격체이다. 그러므로 기독교적 교육은 단지 어떤 것에 대한 객관성을 증명해 보이는 것에 만족하는 것에서 벗어나 감성과 공동체, 그리고 초월성에로까지 이끄는 교육이 되어야 한다는 점을 강조한다.[29]

지식의 성경적인 시각은 감정, 행동과 함께 인식적 의미의 지식을 포함하는 성스러운 것이다. 지식은 알려진 사람이나 물체와 함께 하려는 개인적 헌신이나 의도를 의미하는 물리적인 차원을 포함한다. 예를 들면, 하나님을 안다는 의미는 하나님에 대한 사랑, 순종, 믿음의 반응을 구체화하는 것이다. 성경적 지식은 하나님의 선포에 상관적, 경험적, 반사적인 앎의 방법과 관계된다. 팔머에게 있어 성경적 지식은 자유하게 하는 지식이며 사랑의 삶으로 이끄는 지식이다. 자유하게 하는 지식을 팔머는 고린도전서 8:1-3에서 찾는다. "우상의 제물에 대하여는 우리가 다 지식이 있는 줄 아나 지식은 교만하게 하며 사랑은 덕을 세우나니 만일 누구든지 무엇을 아는 줄로 생각하면 아직도 마땅히 알 것을 알지 못하는 것이요 또 누구든지 하나님을 사랑하면 이 사람은 하나님이 아시는 바 되었느니라." 사랑의 관심과 관련된 것이 바로 이 지식이다. 분명히 신약에서 지식이나 진리는 반드시 사랑과 연관되어 있다(엡 4:15; 요이 1장). 때문에 기독교 교육은 사람들로 하여금 하나님, 다른 사람들, 피조물들의 사랑으로 어떻게 인도할 수 있

---

29) 이 단락은 최창국, "기독교 교육학," 『21세기 실천신학개론』, 한국복음주의실천신학회 편 (서울: 기독교문서선교회, 2006), 225를 재구성한 내용이다.

는가에 목적을 두어야 한다.³⁰⁾

이러한 요구에 대한 응답으로서 마리아 헤리스(Maria Harris)는 종교의 세 가지 특질을 들어 설명한다.³¹⁾ 그 세 가지 형태는 mystery, numinous, mystical이다. 먼저 mystery란 인간이 모든 것을 알 수 없다는 인간의 한계적 상황을 의미한다. 다음으로 numinous란 인간이 신성함(divinity)의 임재를 깨닫게 될 때 발견하게 되는 경험을 말한다. 이는 거룩함(holiness), 놀라움(awe), 경의(wonders)로 특징지어진다. 마지막으로 mystical이란 모든 인간과 존재의 본질적인 연결성을 말한다. 즉 인간은 하나님, 다른 인간, 그리고 자연과 본질적으로 연결되어 있다는 사실이다. 헤리스가 말하는 인간의 신비, 경건, 관계성은 인간의 가장 깊은 존재의 터전임과 동시에 기초이다. 이 기초 위에 모든 가르침의 행위가 이루어지며 종교적 가르침은 바로 이를 드러내 주고 경험케 하는 행위이다. 이를 등한히 할 경우 인간은 교육으로 인하여 오히려 파멸을 경험한다.

우리가 알아야 할 것은 팔머의 지적과 같이 진리는 하나의 인격체로서 우리에게 다가온다. 우리에게 필요한 것은 진리를 알고자 하는 욕구만이 아니라 진리에 올바로 다가가는 모습까지도 포함되어야 한다. 진리는 결코 호기심을 충족시키는 대상이거나 정복의 대상이 아니라 만남과 대화, 그리고 순종의 인격체이다. 그러므로 기독교적 인식론은 단지 어떤 것에 대한 객관성을 증명해 보이는 것으로 만족하는 것에서 벗어나 감성과 공동체, 그리고 초월성에로까지 이끄는 인식론이 되어야 한다.

---

30) Parker J. Palmer, *To Know As We Are Known*, 6-10. 이 단락은 최창국, "기독교 교육학," 한국복음주의실천신학회 편『21세기 실천신학개론』, 227-29를 재구성한 내용이다.
31) Maria Harris, *Teaching and Religious Imagination* (San Francisco: Harper and Row, 1987), 13-16.

5. 영적 인식의 방식

우리 모두는 지각 구조를 가지고 있다. 이 지각 구조는 하나님에 대한 이해, 우리 자신에 대한 이해, 이웃과 세계에 대한 이해를 형성한다. 이러한 지각 구조들은 우리의 앎의 방식을 풍성하게 하기도 하지만 때로는 제한하는 도구가 될 수도 있다. 왜냐하면 우리의 지각 구조는 뿌리 깊은 이성지배적인 사고 구조에 길들여져 있기 때문이다. 파커 팔머(Parker Palmer)는 기독교적 인식 방식이 갖는 특성을 다음과 같이 심도 있게 제시하였다.

> 창조세계의 공동체와의 언약을 깨뜨려 버리는 인식 방식과 행위와 존재의 결과들로 인해 오늘날의 인류는 더 많은 고통을 겪고 있고 더 많은 탄식을 하고 있다. 그러나 바울의 말에 따르면 이러한 탄식 자체가 바로 기도이다…깊은 기도 속으로 들어갈 때에야 비로소 우리는 '그가 나를 아시듯 아는 것'을 시작할 수 있다. 우리의 교만한 지식, 세계를 분열시키고 정복하고 파괴해 온 그 지식이 겸손히 낮추어진다. 이제 그 지식은 우리의 삶의 모든 것과 충실한 관계를 맺도록 하는 지식이 된다. 기도 속에서 우리는 진리에 대한 순종을 실천할 수 있는 궁극적 공간, 즉 우리 모두와의 언약을 지키시는 성령에 의해 창조되는 공간을 발견하게 된다.[32]

설교자들은 성경연구를 비롯하여 신학을 공부하고 하나님에 대한 앎을 추구한다. 이러한 연구와 추구는 설교자들에게 중요한 부분이다. 하지만 우리가 가지고 있는 지각 구조를 통하여 획득한 지식의 역할에 대한 분명한 이해가 요구된다. 지식은 실재하는 것을 상징화하고 우리 뇌가 창조해 낸 표상과 개념에 불과한 것이다. 어떤 것에 대한 우리의 생각은 결코 그것 자체가 아니다. 우리의 생각, 표상, 개념은 단지 기호나 설명에 불과하기

---

[32] Parker J. Palmer, *To Know As We Are Known*, 125.

때문에, 그것들을 실재로 착각해서는 안 된다. 하나님에 대한 어떤 확고한 하나의 이미지에 너무 집착하게 되면 결국 우리는 하나님을 설교하는 것이 아니라 하나님에 대한 우리의 생각을 설교하게 된다. 이것이 바로 영적 신경증, 즉 우리의 정신의 우상 또는 지식의 우상이다.

또한 설교자는 지식과 지혜를 경험하는 방식들에 대해서도 알아야 한다. 우리의 앎의 방식들은 다양하고 때로는 이성적 작용 이상의 신비로운 차원이 수반되기도 한다. 우리가 경험하는 것 가운데는 우리의 이성으로 파악할 수 없는 부분이 있다. 설교자는 인간이 어떻게 이해의 단계에 도달하는지에 대한 인식의 유형과 방법에 대해서도 관심을 가져야 한다. 인간이 진리를 이해하고 경험하는 데는 이성 이상의 것이 수반되기도 한다. 설교자가 바른 이해에 도달하기 위해서는 논리적인 이성만으로는 불충분하다. 왜냐하면 인간의 앎과 경험의 형성은 이성적인 추론뿐만 아니라 관계적이고 감성적이고 영적이기 때문이다. 진리에 관한 이해와 수용은 오랜 시간을 두고 다른 사람들과의 인격적 관계 속에서 이루어지기도 한다. 잠언 13:20에서도 "지혜로운 자와 동행하면 지혜를 얻는다"고 말한다. 설교자가 예수님이 누구이며 그의 말씀이 어떻게 삶을 변화시키는지를 설교하기 위해서는 성경본문뿐만 아니라 청중들이 살아가는 삶의 방식과 그들이 예수님과 어떻게 관계를 맺고 있는지를 관찰할 기회가 필요하다.

홈즈는 그의 저서 『기독교 영성의 역사』(*A History of Christian Spirituality*)에서 그리스도인이 하나님을 경험할 수 있는 다양한 방법 중 유념적(kataphatic)-무념적(apophatic) 차원과 사색적(speculative)-감성적(affective) 차원으로 구분했다.[33]

---

[33] Urban Tigner Homes, *A History of Christian Spirituality* (New York: The Seabury Press, 1980), 4.

유념적-무념적 차원은 특별히 묵상의 두 가지 전통적 방식을 말한다. 유념적 차원은 이성의 중요한 작용인 상상 등을 적극적으로 활용하는 방법이다. 이 방법은 하나님의 긍정적인 이미지를 확인하고 이런 이미지를 묵상의 도구로 이용하는 방법이다. 반대로 무념적 방법은 이성적 작용을 활용하여 하나님의 형상을 상징하는 이미지에 초점을 두기보다는 무엇이 하나님이 아닌가를 다루는 것이다. 하나님은 단지 하늘에 계신 아버지가 아니다. 하나님은 그보다 훨씬 더 위대한 분이다. 유념적 방법에서 하는 것처럼 이미지로 하나님의 모든 것을 알 수 있는 것은 결코 아니다. 하나님에 대한 모든 이미지들은 하나님의 존재에 대한 불완전하고 제한적인 것이다.

무념적 전통에서 하나님은 신비한 존재로 인식된다. 하나님은 때로 이미지를 통해 우리에게 그 자신을 보여주셨음에도 불구하고 우리는 그 이미지를 통해 하나님에 대해 지극히 제한적 인식만을 소유하고 있을 뿐이다. 무념적 방법의 목표는 하나님과 하나 되는 체험이다. 하나님을 체험함으로 발견할 수 있는 것은 단지 사랑에 대한 지식이 아니다. 하나님은 우리의 사랑으로, 우리의 지력으로도 완전히 인식할 수 없는 존재이시기 때문이다. 정리하면, 하나님을 알고 체험하는 방법에서 유념적 방법은 이성적 작용을 긍정적으로 활용하지만, 무념적 방법은 하나님을 인간의 이성으로는 바르게 알 수 없는 신비한 존재로 보기에 하나님의 신비한 역사를 통해서만 경험할 수 있다는 것이다.

유념적-무념적 영적 수련의 대표적인 방법인 묵상과 관상은 단지 영적 깊이만을 고양시키는 것이 아니라 인식의 확장까지도 가져온다는 것을 알 수 있다. 이는 인간의 지식과 지혜는 단지 책을 통한 연구에서만 오는 것이 아니라 다양한 방식들이 있다는 것을 알 수 있다.

제랄드 메이는 그 효과에 대해서 세 가지를 소개한다.[34] 첫째, 수년 동안 영적 수련을 해온 사람들은 지각의 확장을 경험한다고 했다. 그들은 더 이상 단순히 이것 또는 저것을 인식하는 것이 아니라 대신 모든 것에 파노라마 같은 인식을 경험했다. 이런 현상은 한 축구 선수가 자기 쪽으로 공이 오는 것을 볼 때, 마치 순간적으로 그의 인식 범위가 활짝 열리는 것과 같다. 이런 인식은 자기에게 느낌, 군중의 소리까지 모두 인식하는 것과 같은 것이다. 심지어 그의 심장의 박동, 하늘에 떠 있는 구름 모양까지 느낄 수 있는 확장된 인식이다.

영적 수련의 또 다른 효과는 자기인식과 관련된 것이다. 자기인식이란 자기 주위에 있는 것뿐만 아니라 자기 안에 있는 것 또한 주목하게 되는 것을 의미한다. 그것은 자신의 고통스럽고 별로 드러내고 싶지 않은 모습을 직면하는 것이다. 그러나 시간이 지날수록, 자신의 장점과 단점에 대한 훨씬 더 현실적인 평가를 얻게 하는 자기인식이다.

마지막으로 영적 수련의 효과는 향상된 반응에 대한 것이다. 향상된 반응이란 순간의 상황을 무의식적으로 예리하게 다루는 자연스럽고 유연한 반응이다. 영적 수련의 효과는 삶의 위기의 순간에도 보다 더 냉정하고 차분하고 정확한 반응이 좀 더 자연스러워지는 경험을 갖도록 해주는 것이다.

홈즈에 의해 제안된 두 번째 차원인 사색적-감성적 차원은 그리스도인이 하나님께 접근하는 그리고 그의 생애 가운데 하나님을 기대하는 다양한 방법에 대한 이해이다. 감성적 방법이 마음 혹은 감성을 표현하는 것을 강조하는 반면, 사색적 방법은 마음 혹은 지성이 강조되는 방법이다. 사색적 방법은 마음 또는 지성으로 하나님을 만나는 것을 강조하고 보통 그것

---

34) 제랄드 메이, 『사랑의 각성』 김동규 역 (서울: IVP, 2006), 115-16.

은 이성적이고 명제적(proposition) 신학을 동반한다. 이 방법은 성경의 자기 계시를 통해 하나님을 알게 된다는 것을 중요시했던 개혁주의 전통에서 많이 엿볼 수 있다. 이 전통에서는 하나님을 이성으로 만날 수 있고, 하나님의 말씀인 성경공부를 통하여 알 수 있다고 여긴다. 그 결과 사색적 방법을 주로 추구했던 전통에서는 하나님에 대한 신학적 이해는 많이 발전했지만, 하나님 체험에 대한 관심은 다소 미흡했다고 할 수 있다.

감성적 방법은 체험을 통해 하나님을 직접적으로 만나는 것을 강조한다. 하나님은 머리보다는 마음으로 만나는 것을 중요하게 여긴다. 하나님에 대해 아는 것은 실제적이며 개인적으로 하나님을 알고 체험하는 것에 비해 미흡하다. 감성적 방법은 하나님을 체험하는 것에 강한 면이 있는 반면, 그의 체험을 반영하는 신학은 다소 약하다. 신학공부는 하나님을 직접 체험하는 것에 비해 이차적인 경향이 있다.

그러나 홈즈가 구분한 사색적-감성적 차원에서 말하는 머리와 가슴의 특성은 인위적이고 오도되기 쉽다는 지적을 할 필요가 있다. 개혁주의 전통에서 칼빈은 확실히 가슴과 머리를 둘 다 가진 사람이었다. 결코 사색적 성향만을 가진 사람이 아니었다. 보우스마는 칼빈의 이러한 점에 대해 다음과 같이 말했다. "영적 지식은 생각만으로 이해하고 마음에 두지 않기 때문에 그 다음에 빨리 사라져버리는 그런 종류의 지식과는 종류가 다르다. 칼빈에게서 영적 지식은 언제나 감정을 움직이는 것이다. 이것이 바로 그가 신앙은 복음의 역사에 대한 일반적 동의일 수 없다. 왜냐하면 진정한 신앙은 두뇌보다는 가슴과 그리고 이해보다는 의향과 관계되기 때문이다."[35] 하나님에 대한 앎과 경험을 추구하는 과정에서 사색적-감성적 차원을 이분법적으로 구분해서는 안 된다. 이 둘은 서로 분리되지 않고 상호작용하는

---

35) W. J. 보우스마, "존 칼빈의 영성",『성령과 영성』김성재 편 (서울: 한국신학연구소, 1999), 474.

것으로 보아야 한다. 홈즈는 하나님을 인식하고 체험하는 것으로서 유념적-무념적 방법과 사색적-감성적 방법이 서로 밀접하게 관련되어 있을 뿐만 아니라 균형이 필요함을 강조하고 있다.[36] 하나님을 알고 경험하는 방법이 확실히 한 가지만 있는 것이 아니다. 하나님을 인식하고 경험하는 길은 때로는 지성의 길을 통해서 때로는 감성의 길을 통해서 때로는 묵상의 길을 통해서도 경험할 수 있다. 로렌스 커닝험(Lawrence S. Cunningham)과 키스 이건(Keith J. Egan)은 안타깝게도 마치 지성이 하나님을 찾는 일에 개입된 유일한 능력인 듯이 이해하고 있지만 묵상도 중요한 기독교 인식의 한 방법임을 말하고 있다.[37]

묵상은 현대의 활동주의로 인하여 배제되어버린 인식의 오랜 방법이다. 묵상은 일상생활 속에서 성찰을 통하여 인식하는 방법이다. 우리는 이성적 작용만을 통하여 인식하는 것으로 이해한다. 오늘날 우리는 사물들을 대개의 경우 다르게 이해한다. 객관적으로 확실히 인식할 수 있는 것만을 인정하려는 현대적 인식은 모든 주관적 요소들을 배제하려는 경향이 있다. 우리는 모든 것을 파악하고자 한다. 현대 세계에 있어 자기 경험은 세계 경험으로부터 배제되었다. 하지만 우리는 세계를 우리가 가진 뇌로만 이해하는 것이 아니라, 우리의 감각들과 함께 이해한다. 특별히 현대인들에게 묵상은 중요한 인식 방법으로 이해될 필요가 있다. 묵상은 감각적 인지와 받아들임과 수용과 참여의 길이다. 묵상적인 인식은 인식되는 대상을 변화시키려 하지 않고 인식하는 주체를 변화시킨다. 묵상적인 인식은 사람을 지배하기 위해서 인식을 추구하는 것이 아니라 참여하기 위해서 인

---

[36] 보다 더 구체적인 연구를 위해서는 존 웨스트호프, 『영성생활: 생명을 살리는 설교와 교육의 토대』 이금만 역 (오산: 한신대학교출판부, 2009)을 참조.

[37] Lawrence S. Cunningham and Keith J. Egan, *Christian Spirituality: Themes from the Tradition* (New York: Paulist Press, 1996), 102.

식한다. 그러므로 묵상적인 인식을 추구하는 사람은 인식의 대상을 사랑하고 사랑 가운데서 그것을 완전히 그 자신으로 존재하도록 할 수 있을 만큼 인식한다. 묵상은 이해와 실천 사이의 주요 연결 고리이다. 즉 묵상은 지성에서 마음으로 그리고 매일의 생활로 나아가기 때문에 진리를 살아있게 만드는 방법이다. 묵상은 설교자의 영적인 삶에서 마음과 지성을 통합하는 데 중요한 역할을 하는 것이다.

설교자들이 성경적 지식을 인식함에 있어서도 지배하는 손을 가지고 인식을 추구한다면, 설교자들이 성경적 지식을 손 안에 넣게 되었을 때 그러한 인식은 설교자들이 원하는 것을 지배하기 위한 수단이 되어버릴 수 있다. 현대의 기능주의 사회에서 인식의 목표는 너무도 쉽게 지배하기 위한 도구가 되어 버리기 때문이다. 우리 안에 일어나는 성령의 활동의 묵상적인 인식이 없다면, 우리를 위한 그리스도의 역사는 생동성을 잃게 될 것이다.

> 자기 이해를 심화시키지 않고 자기의 사랑의 능력을 발전시키지 않으며 자기 자신에 대한 자유를 발견하지 못한다면 다른 사람들을 위하여 행동하고자 하는 사람은, 다른 사람들에게 그가 줄 수 있는 그 아무 것도 자기 안에서 발견하지 못할 것이다. 그는-선한 의지가 전제되어 있고 아무런 악한 의도를 갖지 않는다 할지라도-자기 추구의 해독과 그의 불안의 공격심과 그의 이데올로기의 선입관을 다른 사람들에게 전달할 것이다. 자기의 내적 공허를 다른 사람들에 대한 도움의 행위를 통하여 채우고자 하는 사람은, 자기 자신의 공허를 확신시킬 뿐이다.[38]

십자가에 달린 하나님에 대한 인식만이 설교자의 메시지에 대하여 근거와 기초를 부여할 수 있다. 이 하나님의 사랑으로 자기 안에서 자유롭게 된 사람만이 다른 사람을 자유롭게 할 수 있으며 사람들의 고난을 나눌 수 있

---

[38] J. 몰트만,『생명의 영』김균진 역 (서울: 대한기독교서회, 1996), 270-71.

다. 진정한 사랑의 경험들이 있는 곳에는 언제나 부활의 경험을 낳게 하기 때문이다.

Spirituality & Preaching

제 2 장

설교와 영성
Preaching & Spirituality

1. 설교와 영적 갱신

20세기 중반 무렵부터 서구 기독교에서 영성이 강조되기 시작한 동기와 의미는 참으로 다양하다. 그것은 서구 이성주의에 대한 기독교적 반성에서, 물질주의적 우상에 대한 허무함에서, 초월적 가치에 대한 재인식에서, 창조원리를 회복하기 위한 원리로서, 신학의 주지주의적인 경향에 대한 반성에서, 인간 삶의 통전적인 관계에로의 회복의 힘으로서, 영적 갱신을 위한 원리와 역동성을 회복하기 위한 몸부림 등이다. 역사학자 아놀드 토인비(Arnold Toynbee)는 이제 서구 문명은 몰락의 길로 접어들었으며, 오직 영적 갱신만이 그 몰락으로부터 서구 문명을 구출할 수 있다고 했다.[1] 이는 영적 가치를 일깨우는 말이요 도전적인 말이기도 하다. 우리는 모두 본질

---

1) 하비 콕스, 『영성 음악 여성: 21세기 종교와 성령운동』 유지황 역 (서울: 동연, 1998), 413에서 인용.

적인 것들을 사랑하기 보다는 비본질적인 것들에 중독되어 살아가는 모순된 존재들이다.

우리 사회는 점점 더 단편화되고 있으며 방향감각 또한 상실해 가고 있다. 사람들과 공동체는 황폐화되어 가고 있고, 그들의 영적 근원들로부터 뿌리 뽑히고 있다. 이러한 사회 속에서 우리를 둘러싸고 있는 야만성에도 불구하고 생존할 수 있는, 그리고 그 야만성의 희생자들을 보호할 수 있는 새로운 공동체적 삶의 형태를 제시하는 설교자가 되기 위해서는 사회에 대한 바른 조망뿐만 아니라 영적인 차원까지 깊이 있게 품어 낼 수 있어야 한다. 이 같은 궁극적인 깊이를 가지고 말씀을 해석해낼 수 있는 것이 바로 복음의 선포이다.[2]

---

2) 설교의 용어를 통해 설교의 정의와 역사를 간략하게 정리하면 다음과 같다. 첫째, 설교의 내용과 관련하여 신약성경에 나오는 단어로는 케리그마(kerygma)를 들 수 있다(롬 10:17; 16:25; 고전 2:4; 골 3:16). '복음'으로 번역되는 이 단어는 설교의 가장 근본적인 그리고 원형적인 개념으로 '예수의 생애, 고난, 죽음 그리고 부활로 인해 인간에게 가능하게 된 부활에의 기쁜 소식'을 말한다. 이 단어와 함께 선포의 핵심 요소로 등장하는 단어가 디다케(didache)이다. 이 단어는 케리그마와 함께 예수의 마지막 분부를 포괄한다. 예수의 제자들에게 내리신 명령은 이중적인 것으로 "너는 가서 하나님의 나라를 전파하라"(눅 9:60)는 것과 모든 족속으로 제자를 삼아 "내가 너희에게 분부한 모든 것을 가르쳐 지키게 하라"(마 28:20)는 것이다. 회당적인 의미에서의 교육(마 4:23), 선교(행 4:2) 그리고 기독교 교리의 요약(딤후 4:3) 등의 의미로 사용되었다. 특히 이 용어는 설교가 추상적인 내용이 아니라 하나님과 교리에 대한 지식 그리고 인간의 삶의 깊은 연관을 갖는 차원이어야 함을 의미한다. 또 다른 용어로는 세례 받은 회중 가운데서 행해지는 말씀을 지칭하는 파라칼레오(parakaleo, 고후 5:20)를 들 수 있다. 이 용어는 신약에서 두 가지 의미로 사용되고 있다. 삶의 실천과 관련한 의지와 행동으로서 '권고'(롬 12:1)와 신앙의 토대로서의 확신을 근거한 '위로'의 의미(고전 1:6)이다. 이 용어들은 처음 설교가 어떤 내용들을 주된 메시지로 취급해 왔는지를 보여주는 것이다. 하지만 이 용어들은 '설교 자체'를 가리키는 명칭이라기보다는 '설교를 통해 전해지는 내용'을 가리킨다고 볼 수 있다. 따라서 이 용어들을 통해 설교의 주된 방향과 기능이 무엇이었는가를 유추해 볼 수 있다.

둘째, 설교를 지칭하는 최초의 용어는 '호밀리아'(homilia)이다. 이 단어는 '서로 서로 이야기하다'는 뜻을 가진 '호밀리엔'(homilein)에서 파생된 명사로 2세기경 폴리캅(Polycarp)에게 보내는 이그나티우스(Ignatius)의 서신에서 처음 발견된다. '호밀리아'로서의 설교는 '예배에서 선포되는 말씀을 지칭하는 전문어'로 형식적으로는 성경본문을 순서대로 주석하는 주석 설교에 해당된다. '호밀리아'로서의 설교는 주로 교훈적 연설 혹은 훈계의 말씀이 주된 내용을 이루고 있는데 이것은 초대교회 당시 이단의 등장으로 인해 참 예언자와 거짓 예언자를 구별해야 하는 필요성이 대두되었기 때문이다. 4세기에 이르러 라틴어가 예배의 공식 언어로

2. 문은 죽이지만 영은 살린다

한국 개신교의 부흥과 성장은 성경중심의 신앙생활, 영감 있는 성경적 설교의 결과였다. 그만큼 말씀의 능력은 강력하다. 말씀의 은혜는 사람의 심령을 사로잡고 창조적으로 변화시킬 만큼 풍성하다. 설교자들이 한 가지 명심해야 할 것은 "문(文)은 죽이지만 영(靈)은 살린다"는 사도 바울의 경고이다. 성경이 하나님의 말씀인 것은 성경의 문자 속에 증언되고 있는 진리의 능력 때문이요, 그 진리의 말씀을 들을 때 감동감화하시는 성령의 내적 조명과 내적 증언 때문이다. 설교자들이 살아 역사하시는 하나님의 영을 문자에 가두어 놓는 우를 범할 수 있음을 알아야 한다. 설교자들이 하나님의 말씀인 성경을 사랑하고 그 권위를 존경하려는 선한 의지에도 불구하고, 기독교의 영적 진리와 말씀의 능력을 파괴하고 훼손시킬 수 있다. 하나님과 성령은 성경보다 더 크시다는 사실을 기억해야 한다.

기독교는 '문의 종교'가 아니고 '영의 종교'이다. 보우스마는 칼빈의 영

확정되면서 호밀리아 역시 락탄티우스(Lactantius)에 의해 '프래디카치오'(praedicatio)라는 라틴어로 번역되었는데 이 용어는 '공적으로 알린다'는 의미를 갖고 있었다. 이때부터 예배 가운데 행해지는 설교를 지칭할 때는 이 용어가 사용되었다. 오늘날 영어권에서 설교를 가리키는 단어로 쓰이는 '설교'(preaching)는 '프래디카치오'로부터 연유되었다.

셋째, 한편 중세에 이르러서는 설교가 예배에서 중요한 위치를 상실한 채 정체성의 위기를 맞게 된다. 설교가 예배에서 행해진다 하더라도 그것은 성경말씀과의 깊은 관계에서 행해지기보다는 설교자의 관심과 회중의 흥미에 초점을 맞추게 됨으로 '주제설교' 유형이 주를 이루게 되었다. 이 결과로 설교를 지칭하는 또 다른 용어가 생겨났는데 오늘날 '설교'(sermon)의 어원을 이루는 '세르모'(sermo)다.

넷째, 종교개혁에 이르러 설교를 지칭하는 용어가 종교개혁자들의 말씀 이해에 근거해 새롭게 제시되었는데 그것이 바로 '콘치오'(contio)이다. 이 용어는 '성경본문을 바탕으로 공중 예배에서 행해지는 설교'라는 의미를 지니고 있다. 즉 하나는 중세교회 공 예배에서 성찬예식에 비해 그 비중이 약화되었던 말씀의 예전의 본래 위치를 되찾으려는 것이었다. 다른 하나는 설교자들의 관심과 청중의 기호를 만족시키는 방향으로 흘러갔던 설교가 성경말씀 중심으로 전환하게 되는 기초를 제공했다(정인교, "설교학," 『21세기 실천신학개론』, 한국복음주의실천신학회 편 (서울: 기독교문서선교회, 2006), 99-101.

성을 논하면서, 칼빈이 영성의 실패를 천박한 지적 지식으로부터 전 인격을 움직일 수 있는 정서적인 깨달음으로 나아가는 데 가장 큰 장애물로 보았다고 지적하였으며, 당대의 학구적인 신학에 대해 영성의 응답을 이끌어 낼 수 없는, 냉랭한 사변의 결집으로 보고 반대했다고 진술했다. 왜냐하면 영의 결핍은 사람으로부터 어떠한 성취의 능력도 빼앗아 버리기 때문이라는 것이다.[3]

> 우리는 히브리어나 헬라어 단어를 찾아보고, 구문을 살펴보고, 주석을 들여다 보는 수고를 회피할 수 없다. 그러나 그렇게 성경을 번역하고 해석하는 일이 성경을 하나님의 말씀으로 읽는 것은 아니다. 불행히도, 사람들은 거기서 멈춘다. 그러나 성경을 하나님의 말씀으로 읽기 위해서는 한 번 더 읽어야 한다. 그 때 그것은 더 이상 학문적인 작업이 아니라 하나님의 말씀이 인간의 영혼 속을 하나님의 말씀으로 뚫고 들어가는 것이다. 이 때, 성령, 곧 하늘로부터 온 헤르메스(Hermes)가 성경을 이해시키는 과정 속으로 들어가게 하는 것이다.[4]

성경이 우리를 하나님의 말씀으로 관통케 하시는 것은 성령의 특별한 역사이다. 성령은 말씀의 주인공이실 뿐만 아니라 말씀보다 크신 분이시다. 성령이 성경보다 더 크시다는 의미가 오해를 불러일으킬 여지가 없는 것은 아니다. 성령은 지금도 계속적으로 성경과 같은 계시를 주실 수 있다는 의미로 받아들일 수 있기 때문이다. 하지만 여기에서 성령이 성경보다 크시다는 의미는 성령의 역사가 지금도 계속된다는 의미이지 성경과 같은 계시를 우리에게 계속적으로 주신다는 의미는 아니다.

성경과 성령의 역사와의 관계를 바로 알기 위해서는 계시에 대한 바른

---

3) W. J. 보우스마, "존 칼빈의 영성," 484.
4) Bernard Ramm, *Questions About the Spirit* (Nashville: W Publishing Group, 1980), 84.

이해가 요구된다. 먼저 일반계시다. 이 계시는 자연과 경험을 통해 하나님의 존재와 능력을 보이지만(롬 1:20) 인간을 구원으로 인도할 만큼 구체적이거나 온전하지 않다. 따라서 하나님은 성경을 통해 분명하고 명백한 특별계시를 주셨다. 바로 성경이다. 특별계시는 오늘날에는 주어지지 않는다. 성경은 인간의 구원을 위한 하나님의 최종적인 계시이다. 일반적으로 성령께서 우리로 하여금 이 계시를 깨닫도록 하는 것을 조명이라고 한다. 조명은 우리로 하여금 하나님의 계시인 말씀을 깨닫도록 하는 성령의 역사다. 즉 조명은 하나님의 계시인 성경의 진리를 성령께서 우리의 영적 생활에 적용하시는 것이다. 그러나 특별 계시의 종결을 성령의 역사의 종결과 동일시해서는 안 된다. 성령이 성경을 통해서 역사하신다는 의미를 성령은 성경만을 통해서 역사하신다는 의미로 이해해서는 안 된다.

하나님은 인간이 하나님을 모른다고 결코 변명할 수 없게 하기 위하여 인간의 본성과 자연계와 섭리를 통해서 항상 계시하고 있다(롬 1:19-20; 시 19:1-6).[5] 이 일반계시는 그 자체로서는 구원에 이르는 지식을 주기에 불충분한 까닭에 하나님은 자기 백성을 위하여 말씀계시를 안경과 같은 방편으로 마련해 주셨다.[6] 논란의 여지가 있지만, 성경이 정경으로 완성된 이후로는 계시가 종결되었기 때문에 이제는 하나님의 조명 사역만 있고 계시 행위는 아예 없으며, 따라서 계시의 중요한 수단인 방언, 축사, 치유 등도 필요 없게 되어 이제는 중지되었다는 견해가 있다. 하지만 칼빈은 성령의 조명이란 성경의 진리성, 곧 성경이 하나님의 계시의 말씀이라는 사실에 대한 확증일 뿐 아니라,[7] 성경에 말씀으로 계시되어 있는 모든 구원의 진

---

5) John Calvin, *Institute of the Christian Religion*, Translated by Ford Lewis Battles (Grand Rapids: Eerdmans, 1995), I, v, 1-3, 8.
6) John Calvin, *Institute of the Christian Religion*, I, vi, 1, 3.
7) 루이스 벌코프, 『조직신학 上』 권수경 외 역 (일산: 크리스찬다이제스트, 1991), 196.

리들을 깨닫게 하는 사역으로 이해했다.[8] 때문에 성령의 조명 사역은 하나님의 특별계시인 성경을 가지고 하나님의 구원의 비밀들을 깨닫게 하시는 계시 행위인 것이다. 성령의 조명 사역이 계시 행위라는 사실은 첫째, 성경이 밝히 말한다. 지혜와 계시의 성령이 우리의 마음의 눈을 밝혀 하나님을 알게 하시고(엡 1:17-18), 진리의 성령이 우리 안에 영원히 계셔 예수님을 증거하여 알게 하시며 그의 말씀들을 깨닫게 하신다(요 14:16-17, 26; 15:26; 16:13).

이 시대의 설교자에게 가장 중요한 것은 바로 '문의 설교에서 영의 설교'로 전환하는 것이다. 설교는 사색적이고 묵상적일 뿐만 아니라 영적 생명력을 체험적으로 발산해 내는 설교가 되어야 하기 때문이다. 그러나 현대 과학주의 사회 안에서 말씀과 전통교리를 강조하는 설교자들은 근본주의로 나아가는 경향이 있고, 성령을 강조하는 설교자들은 체험주의로 흐르는 경향이 있다. 콕스(Harvey Cox)는 과학적 현대주의와 기존 종교가 영적 의미의 근거를 제공해 줄 수 있는 능력을 점차 잃어감에 따라, 근본주의(fundamentalism)와 체험주의(experientialism)라는 두 가지 새로운 세력이 출현하게 되었다고 주장한다.[9]

먼저 근본주의자들은 스스로 가장 본질적이고 정통적인 뿌리를 가지고 있다고 주장하지만, 그것이 실제로 드러내는 현상은 전통의 역사적 표현의 본질과는 거리가 멀다는 것이다. 콕스의 생각에 근본주의자들은 전통적 교리들의 본질을 교묘하게 벗겨내고 새롭게 포장하여 적대 세력에 대한 이념적 무기로 사용한다는 것이다. 또한 근본주의자들은 놀랍게도 인지적 개념의 신앙관에 빠져있다는 것이다. 그러므로 근본주의자들의 소리는 우

---

8) John Calvin, *Institute of the Christian Religion*, I, vii, 4; I, ix, 3.
9) 하비 콕스, 『영성 음악 여성: 21세기 종교와 성령운동』, 414 ff.

리에게 잊혀진 과거의 지혜를 상기시키기보다는 현대주의의 무기를 사용하면서 현대주의를 필사적으로 공격하는 것과 같이 스스로 모순된 시도에 불과하다고 말한다. 근본주의자들의 본질적인 문제는 종교 전통의 회복이나 고수가 아니라 그 종교 전통의 왜곡에 불과하다고 주장한다.

체험주의는 여러 가지 형태를 취하지만 체험을 회복하려는 공통의 노력에 의해 신앙의 핵심 고리로서 일치점을 갖는다는 것이다. 하지만 이들이 사용하는 체험이라는 용어는 매우 논쟁의 여지가 있고, 성령에 대한 충분한 이해가 결여된 경향이 있다고 말한다. 콕스는 체험주의자들이 성령 체험의 의미를 명확히 하지 않는다면 감정적 흥분을 자극하는 새로운 요소 추구의 경향들과 영합하게 됨으로써 성령운동 자체의 권위를 무너뜨리는 결과를 초래할 수도 있다고 주장한다.[10] 콕스의 견해는 현대교회의 영적 갱신의 필요성을 일깨워주고 있다고 할 수 있다.

설교에서 중요한 것은 설교자 자신의 영적 갱신 없이 신자들의 영적 삶을 갱신할 수 없다는 진리로부터 출발해야 한다는 것이다. 예수님은 진정 생명이 들어가려면 서기관과 바리새인의 의보다 나아야 한다고 우리에게 말씀하신다. 생명이란 율법에 의해 오는 것이 아니다(갈 3:21). 율법은 글자다. "의문은 죽이는 것이요 영은 살리는 것"(고후 3:6)이다. 설교자의 영적 갱신은 바울의 고백에 기초해야 한다. 그는 "복음이 말로만 너희에게 이른 것이 아니라 오직 능력과 성령과 큰 확신" 덕분이라고 말한다(살전 1:5).

---

10) 하비 콕스, 『영성 음악 여성: 21세기 종교와 성령운동』, 428.

3. 하나님의 신비에 눈뜨는 설교

설교자는 이성을 초월하는 특별한 사건이나 위력적인 결과를 체험할 때 하나님의 임재를 의식할 수 있어야 한다. 하나님의 성령이 우리와 함께하는 역사를 일으킨다는 표지는, 우리 인간의 능력만으로는 그 결과를 풀이할 수 없다. 설교사는 인간의 이성으로 설명되지 않는 하나님의 초월적 역사가 성경 전반에 걸쳐 그리고 그리스도의 사역에 자주 나타나고 있음을 알아야 한다. 무디는 다년간 성공적인 사역을 한 후 자신이 한 체험에 대해 이렇게 말했다.

> 뭐라고 꼬집어 말하기에는 너무 성스러운 체험이다…하나님이 내게 자신을 보여 주신 것으로 밖에 표현할 수 없다. 그 손을 거두시지 말아 달라고 간청해야 할 정도로 그분의 사랑을 깊이 체험했다. 다시 설교하러 갔다. 설교는 똑같았다. 새로운 진리를 제시한 것도 아니다. 그런데도 수백 명이 회심했다. 이제 나는 온 세상을 준다 해도 이 복된 체험 이전으로는 절대 돌아가지 않을 것이다.[11]

성경에서 아브라함은 자연법칙과 거슬러 사라의 몸을 통해 약속과 영의 아들인 이삭을 낳았다. 이는 인간의 자연법칙을 완전히 초월하여 하나님의 능력으로 이루어진 일이다. 그러나 그 전에 아브라함과 하갈은 단순히 육체의 힘으로 이스마엘을 낳은 능력이 있었다(창 4:22-28). 자연을 초월하는 결과를 누리는 삶은 언제나 우리와 하나님 사이의 친밀한 상호 교류에 달려 있다. 신약에서도 첫 번째 선교 여행에 오른 바울과 바나바는(행 13-14장) 가는 곳마다 자신들을 훨씬 능가하는 능력을 따라 움직였다. 수리아 안디옥의 본교회에 돌아온 그들은 신자들의 공동체를 모이게 한 뒤 "하나님

---

11) A. P. Fitt, *The Shorter Life of D. L. Moody* (Chicago: Moody Press, 1900), 67.

이 함께 행하신 모든 일과 이방인들에게 믿음의 문을 여신 것"을 사실 그대로 보고 했다(행 14:27). 인간을 초월하는 힘으로 그들의 선교 활동에 능력을 주신 분이 하나님이셨기에 그분이 그들 곁에 임재하셨다는 데는 의심의 여지가 없었다.

성령의 기적과 은사는 사도 시대의 초대교회 때에 끝났다는 견해에 대해 앤드류 머레이(Andrew Murray)는 이렇게 진술했다.

> 성경에 근거하여 나는 성령의 기적과 기타 은사들이 초대교회 때에만 국한된 것이 아니며, 기독교의 기초형성이라는 소임을 다한 후 하나님이 거두어들이심으로 자취를 감춘 것도 아니라고 믿는다…이 은사들은 성령과 믿음의 분량에 따라 언제나 주어질 수 있다는 것이 성경 전체에 선포된 내용이다.[12]

그는 하나님의 특수한 임재가 기독교 초기에만 필요했다는 견해를 아주 강하게 일축한다. "절대 그럴 수 없다. 오늘날에도 복음이 침투하는 곳마다 존재하는 이교주의의 위력을 어떻게 하란 말인가! 그것은 우리가 사는 현대 사회에도 있고 심지어 기독교 국가들에 성행하는 무지와 불신 속에도 버티고 있다."[13] 현대 이성주의와 과학주의 사상에 빠져 오늘날 우리는 삶과 사역을 위해 하나님이 주신 자원을 차단하는 경우가 너무나 일반화 되어 있다. 시편 103:2에 대한 스펄전의 주해는 그런 점에서 핵심을 찌른다.

> 적어도 우리 자신의 역사를 하나님이 충만한 것으로, 그분의 선하심과 진리가 충만한 것으로, 그분의 신실함과 진실성의 충분한 증거로 그리고 앞서간 모든 성도의 삶으로 보는 것이 마땅하지 않겠는가? 주님이 초대교회 성도들에게는

---

12) Leona Choy, *Andrew Murray: Apostle of Abiding Love* (Fort Washington, Penn: Christian Literature Crusade, 1978), 152.
13) Leona Choy, *Andrew Murray: Apostle of Abiding Love*, 152.

모든 능력을 행하시며 강한 자로 나타나시고 지금 이 땅을 사는 성도들에게는 손을 펴시거나 기적을 행하시지 않는다는 생각은 그분을 부당하게 대하는 처사다. 우리 자신의 삶을 한 번 돌아보자. 분명 그 속에서 자신에게 새 힘을 주고 하나님께 영광을 돌릴 벅찬 사건들을 찾을 수 있다. 당신은 난관 중에 구원 받은 적이 없는가? 하나님의 임재를 힘입어 강을 건넌 적이 없는가?…분명코 하나님의 선하심은 옛 성도들에게나 우리에게나 동일하다.[14]

설교자들은 자신이 직접 인간의 이성으로 이해할 수 없는 체험을 하거나 다른 사람들이 그런 체험을 말할 때 기본적으로 놀라거나 의심에 빠져서는 안 된다. 물론 분별을 위한 지혜는 지극히 요구된다. 교회의 존재와 역사 그리고 기록된 성경의 존재로 인해 하나님이 인간을 다스리시는 방식의 정황이 달라지고 그 차원이 새로워진 것은 사실이다. 그러나 성경에 나오는 하나님과 인간의 소통 방법들이 교회의 존재나 정경 종료로 인해 다른 것으로 대체되었거나 폐기되었다는 암시는 성경에 없다. 정경의 종료는 하나님과 인간의 대화에서 중요한 부분이다. 기독교 신앙의 정수를 형성하는 원리와 가르침은 정경 안에서 인간의 언어로 충분히 기술되어 있어 이제 전반적으로 더 이상 말할 것이 없다. 하나님이 그 원리들을 확장하거나 번복하겠다고 말씀하시지 않으리라는 것이 성경적 그리스도인들의 믿음이다.

그러나 성경적 그리스도인들은 성경에 관한 특정한 믿음을 지키기만 하는 것이 아니라, 성경이 보여주는 삶의 실제를 실천하는 자다. 그 실천적 삶은 하나님과의 교제다. 하나님이 오늘날 우리에게 구체적으로, 개인적으로, 실제적으로 대해 주시지 않는다는 견해는 우리의 신앙에서 가장 해

---

14) Charles Haddon Spurgeon, *Morning by Morning* (London: Christian Art Publishers, 2009), 191.

로운 것 중의 하나이다. 이러한 견해는 하나님과 인격적 관계로 나아가려는 우리의 삶을 무의미하게 만들어 버린다. 바울은 로마서 1:19-21에서 "이는 하나님을 알 만한 것이 저희 속에 보임이라 하나님께서 이를 저희에게 보이셨느니라 창세로부터 그의 보이지 아니하는 것들 곧 그의 영원하신 능력과 신성이 그 만드신 만물에 분명히 보여 알게 되나니 그러므로 저희가 핑계치 못할지니라"고 하였다.

설교자들은 하나님의 역사를 경험할 때 또는 설교할 때 하나님께로부터 온 선물보다는 선물의 공급원이신 하나님의 임재에 초점을 두어야 한다. 설교자는 주체와 대상을 분명히 구분할 줄 알아야 한다. 지혜로운 설교자는 마음을 선물에 두지 않고 모든 선물을 주시는 하나님께 초점을 둔다. 설교자는 또한 하나님이 인간에게 말씀하시는 다양한 방식이 있음을 알아야 한다. 하나님은 초월적으로만 역사하시는 분이 아니기 때문이다. 설교자가 하나님이 말씀하시는 다양한 방식을 바르게 이해하게 될 때, 설교자는 하나님과 인간 사이의 가장 보편적이고 바른 관계에 따른 설교를 할 수 있기 때문이다. 스탠리 존스(E. Stanley Johns)는 이렇게 말했다.

> 분명 하나님은 우리 안에 자발성을 기르시는 방식으로 우리를 인도하심이 틀림없다. 이런저런 구체적 문제에 대한 지시보다는 성품의 개발이야말로 하늘 아버지의 기본 목표임이 분명하다. 그분은 우리를 인도하시지만 우리의 자리까지 침범하시지는 않는다. 그 사실을 알면, 연필과 빈 종이를 들고 앉아 그분이 불러 주시는 대로 하루 일과를 받아 적는 식의 태도는 삼가야 한다. 부모가 자식에게 그 날 해야 할 일을 소소하게 다 불러 준다고 생각해 보라. 아이는 그런 체제에서 제대로 발육되지 않을 것이다. 부모는 자녀 스스로 바른 결정을 내릴 수 있도록 자율성을 길러 주시는 방식으로 그 정도까지 지도해야 한다. 하나님도 이와 똑같이 하신다.[15]

---

15) E. Stanley Johns, "For Sunday of Week 41," *Victorious Living* (Nashville: Abingdon, 1938), 281.

하나님이 창조하신 자연 세계에서도 볼 수 있듯이 땅에 씨앗을 심은 후 과도한 간섭은 오히려 정상적인 성장을 방해하게 된다. 스탠리 존스는 하나님의 초월적인 역사와 우리의 성장과의 관계를 바르게 설명해 준다.

> 나는 기적을 믿지만 너무 많은 기적은 좋지 않다고 본다. 기적이 너무 많으면 우리는 약해지며, 자연의 법칙에 순응하기보다 기적을 의지하게 되기 때문이다. 기적은 그분이 계시다는 것을 알게 해줄 정도면 충분이며 너무 많을 필요가 없다. 그래야 우리의 성장을 위해 하나님이 정해 두신 질서와 그의 주도권을 의지해야 할 때 엉뚱하게 기적에 의존하지 않을 수 있다.[16]

나아가 하나님이 우리의 삶에 개입하실 때 그 체험의 의미를 충분히 인식할 수 있으려면 먼저 우리의 이해력이 자라야 한다. 하나님의 방식에 대한 올바르고 전반적인 이해가 있어야 한다. 예수님이 부자에게 "모세와 선지자들에게 듣게 하라"고 말씀하신 것도 바로 그 때문이다. 성경과 성경 해석의 역할은 우리로 하여금 하나님에 대한 전반적인 이해력을 갖게 하고 그에 상응하는 믿음을 불러일으켜 자라게 하는 것이다. 신비를 창출하는 가장 큰 원동력은 말씀이다. 왜냐하면 그 말씀은 문이 아니라 생명이요 신비이기 때문이다.

4. 설교자의 영적 능력

홈즈(Urban Homes)는 영성이 갖는 특징을 다섯 가지로 설명한다. 첫째,

---

16) E. Stanley Johns, *A Song of Ascents* (Nashville: Abingdon, 1979), 191.

관계성을 위한 인간의 능력이다. 둘째, 인식 현상을 초월한다. 셋째, 이 관계성은 우리 자신의 노력에 관계없이 증폭되고 고양되어 우리에게 인식된다. 넷째, 역사적인 구조 안에서 존재한다. 다섯째, 세계 안에서의 창의적인 활동 안에 자신을 노출한다.[17]

영성에 대한 홈즈의 견해가 옳다면, 영성은 관계성을 위한 능력이기 때문에 어떤 활동을 추구한다. 영성은 고정된 에너지나 정지된 힘이 아니라 능동적이고 활동적인 힘이다. 우리는 영적인 추구나 활동을 영적 수련 또는 훈련으로 이해한다. 영성은 관계성, 초월성 그리고 고양된 인식과 같은 결과를 낳는다. 때문에 영성수련을 통하여 통전적인 관계, 더 큰 가치 인식, 향상된 반응을 가진 사람은 상당한 효율성을 지니게 된다. 이러한 사람에게는 보통을 능가하는 힘이 있다. 하지만 수련에 의한 이러한 힘을 들어 영성이라고 하기에는 빈약한 면이 있다. 영성은 관계성을 위한 능력이므로 그에게 사랑이 있는가를 물어야 할 것이다. 일본의 봉건 시대 닌자들은 바로 그런 힘을 지니기 위해서 명상 또는 관상 수련을 했고, 이 세상에서 가장 효율적인 암살자들이 되는 데 그 능력을 사용했다.[18]

어떤 영적 수련이든지 그것이 악한 곳이 아니라 선한 곳에 사용되리라 보장해 주는 것은 본질적으로 아무것도 없다. 영적인 것들이 너무나 무정한 목적에 사용될 수도 있다.[19] 설교자들이 기억해야 할 것은 영적 수련은 수련 그 자체가 결코 목적이 아니라는 사실이다. 영적 수련을 통해 얻은 능력을 가지고 서로를 공격하는 데 얼마든지 사용할 수 있다. 영적 수련의 본질적인 목적은 사랑이다.

---

17) Urban Tigner Homes, *Spirituality for Ministry* (San Francisco: Harper & Row, 1982), 12.
18) 제랄드 메이, 『사랑의 각성』, 117.
19) 제랄드 메이, 『사랑의 각성』, 117.

영적 수련을 통해 받은 선물을 이기적으로 사용하는 것은 바른 영적 힘이 될 수 없다. 대부분의 영적 이기주의는 우리가 아무리 좋은 의도를 가지더라도 일어날 수 있다. 우리는 사랑, 관계, 성숙을 추구한다. 그러나 반면 무의식적으로 교만해지거나 조종하려 들기도 한다. 은혜의 능력은 이러한 자기기만에서 우리를 구원하는데 필수적이다. 설교자는 자신의 지각과 경험을 왜곡하기 쉽기 때문에 혼자 힘으로 그 일을 할 수 없다. 그러므로 설교자는 통제력이 없음을 정직하게 인정하고, 의식적으로 하나님의 더 큰 능력이 주시는 은혜를 구해야 한다.[20] 메이는 영적 생활에서 복잡하게 발생하는 동기에 대해서 다음과 같이 기술한다.

> 우리의 동기는 완전하게 순수한 경우가 좀처럼 없다. 우리는 우리의 기본적인 갈망이 어떠한 대가를 치르건 사랑 안에 머무는 것이라고 주장하고 또 진정으로 그렇게 느낄 수도 있겠지만, 매일 수없이 많은 동기들이 우선순위를 차지한다. 우리는 사랑 안에 머물기를 원하기보다는 우리 안에 놓인 문제를 해결하거나 마음의 평화를 얻는 데 더 관심이 있는 자신을 본다. 그리고는 두 마리 토끼를 다 잡기를 바랄지도 모른다. 사랑 안에 머무는 것이 동시에 우리의 문제도 해결해 주기를 바라는 것이다.[21]

하나님의 은혜와 구원의 능력을 강조하는 것은 매우 정통적이다. 그러나 그것은 사랑을 위한 것인가, 효율성을 위한 것인가? 많은 경우, 회복 자체가 우상이 된다. 중독에서의 회복이 인생의 최우선 과제가 되고 하나님은 마치 우리가 원하는 목적을 달성하기 위해 접속해야 할 우주적인 전원 콘센트인 것처럼 은혜의 공급원으로 전락한다. 이것이 바로 피난처이기만

---

20) 제랄드 메이, 『사랑의 각성』, 118-19.
21) 제랄드 메이, 『사랑의 각성』, 119.

한 하나님, 절망 속에서만 만나는 하나님, 우리를 구원하는 것이 유일한 목적인 하나님이다. 물론 하나님을 구원자로 보는 데는 문제가 없다. 다만 문제는 하나님은 훨씬 그 이상의 존재이시며 또 그러한 분이시다. 하나님은 우리의 필요를 채워 주고 상처를 치유해 주고 곤경에서 구해 주며 또는 우리의 효율성을 높여 주는 분으로, 단지 이용하는 차원을 뛰어넘기를 원하신다. 하나님은 우리가 이러한 효율성의 가치로 하나님과 관계 맺는 것을 넘어 사랑하도록 부르신다.

설교자의 진정한 능력은 많은 지식이 아니라 사랑이다. 이것은 설교자에게 소설 같은 이야기가 아니라 진실이다. 설교자에게 사랑이 들어가면 성도에게 감동을 주는 설교가 나오고 과학자에게 사랑이 들어가면 어려운 사람에게 희망을 주는 발명품이 나온다. 영혼을 귀하게 여기며 사랑의 마음을 가진 설교자가 감동을 준다. 사랑으로 발전되지 않은 지식은 바른 성경적 지식이 아니요 무례함과 교만을 낳는 도구가 되어 버린다.

고린도전서 8장에 보면, 고린도교회 성도들이 우상의 제물을 먹는 문제로 인하여 바울에게 질문을 하였다. 이 때, 바울은 "우상의 제물 먹는 일에 대하여는 우리가 우상은 세상에 아무것도 아니며 또한 하나님은 한 분밖에 없는 줄을 아노라"(고전 8:4)고 말하여 그들이 바른 지식을 갖도록 한다. 하지만 곧이어 바울은 "지식이 있는 네가 우상의 집에 앉아 먹는 것을 누구든지 보면 그 약한 자들의 양심이 담력을 얻어 어찌 우상의 제물을 먹지 않겠느냐 그러면 네 지식으로 그 약한 자가 멸망하나니 그는 그리스도께서 위하여 죽은 형제라 이같이 너희가 형제에게 죄를 지어 그 약한 양심을 상하게 하는 것이 곧 그리스도에게 죄를 짓는 것이니라 그러므로 만일 식물이 내 형제로 실족케 하면 나는 영원히 고기를 먹지 아니하며 내 형제를 실족치 않게 하리라"(고전 8:10-13)고 말하는 것을 보게 된다. 바울은 여기서 지식보다도 더 중요한 것이 있음을 암시한다. 바로 사랑이다. 지식보다 더 중요한 것이 사랑이라고 말하면서 지식은 사랑을 위한 종이 되어야 한다고 강조한다. 이것이 지식의 성경적 원리다. 지식은 사랑의 종이다. 설교자에게 가장 위험한 것은 사랑이 없는 지식과 정보 전달의 설교이다.

14세기의 작품『무지의 구름』(The Cloud of Unknowing)의 저자는 하나님에 관한 지식은 사고가 아닌 사랑을 통해서 획득되는 것으로 이해했다.[22] 설교자가 사랑이 아닌 다른 것에서 감정의 동력을 끌어오면, 특별히 고통당하는 자들에게 자비가 없는 재앙만을 선포하며 구원에 대한 비전이나 약속이 없이 그저 심판만을 제시하면서 예언자적인 설교이기를 바란다면 이는 사실 선지자들에 대한 잘못된 모방에 불과하다.[23] 노리치의 줄리안은 서른살에 병상에 누워 있는 중에 예수님에 대한 환상에서 "아무도 너를 이길 수 없을 것이다"라는 말을 들었다. 줄리안은 그 환상을 거의 20년 동안이나 숙고하고 묵상했다. 그녀는 자신의 이런 과정을 통해 배운 것으로 그녀의 책을 마무리했다.

> 사랑이 그 의미였다.
> 누가 그것을 너에게 보여 주었나? 사랑이.
> 무엇을 너에게 보여 주었나? 사랑을.
> 왜 그것을 너에게 보여 주었나? 사랑 때문에.
> 너 자신을 항상 그 사랑 안에 두라.
> 그러면 너는 더욱 사랑을 배울 것이다.
> 그리고 다른 것은 전혀 배우지 않을 것이다.
> 절대로![24]

---

22) Anonymous, *The Cloud of Unknowing* (Chester: Kessinger Publishing, 2004) 참조.
23) Zack Eswine, *Preaching to a Post-Everything World: Crafting Biblical Sermons That Connect with Our Culture* (Grand Rapids: Baker Books, 2008), 123.
24) 제랄드 메이,『사랑의 각성』, 348에서 인용.

줄리안의 고백은 우리로 하여금 예수님이 베드로에게 하셨던 질문 속으로 인도한다. 예수님이 베드로에게 "너는 나를 사랑하느냐?"고 하신 질문이다. 이 질문은 베드로를 극도의 긴장 속으로 몰고 가는 질문이었다. 질문의 내용뿐만 아니라 그 방식도 베드로를 놀라게 만들었을 것이다. 왜냐하면 이때 예수님은 그에게 베드로가 아니라 시몬이라고 불렀기 때문이다. 예수님의 질문에 베드로는 "예 그러합니다. 주님"이라고 대답했다. "제가 주님을 사랑하는 줄 주께서 아십니다." 이 대답에도 불구하고 예수님이 다시 물으셨다. "너는 나를 사랑하느냐?" 다시 물으시는 이 두 번째 질문에서는 과거에 주님을 배신한 잘못이 떠오르며 두려움이 밀려왔을 것이다. 이 질문에 베드로는 "예 주님 그러하외다 내가 주를 사랑하는 줄 주께서 아시나이다"라고 대답했다.

하지만 예수님의 시선이 베드로에게 더욱 강하게 다가오면서 베드로의 과거의 아픈 상처가 활짝 드러났다. 그런 고통에도 불구하고 예수님은 베드로의 마음에 고통이 계속 남아 있는 것을 원하지 않으셨다. 예수님이 집요하게 물으신 질문은 양들을 인도할 베드로의 동기를 일깨워주기 위함이었다. 베드로가 예수님의 양들을 인도하기 위해서는 주님에 대한 분명한 사랑이 필요했기 때문이다. 예수님은 베드로의 대답에 이어서 "내 양을 먹이라"고 말씀하셨고 베드로는 그 말씀에 순종했다(요 21:15-19). 설교자에게 진정 필요한 것은 사랑이다. 사랑 없는 지식이 아니라 사랑을 위한 지식이다. 설교자의 진정한 영적 능력은 사랑이다. 사랑의 마음이요 사랑의 기술이다.[25]

---

[25] 설교자의 인격의 중요성을 이해하기 위해서는 필립스 브룩스, 『설교론 특강』 서문강 역 (일산: 크리스챤다이제스트, 2001)을 참조.

5. 설교자의 영적 자질

우리가 살아가는 사회는 무한 경쟁 속에 있고, 뭔가를 생산하려는 부단한 압력을 받는 삶은 군중의 심리와 별반 다르지 않은 마음구조를 만들어 냈다. 우리는 우리가 행하는 것에 대해 많이 생각하지도 않고, 숙고하지도 않은 채 행동의 정도로 생산과 효율성이라는 가치에 잠식되어 있다. 이러한 사회 속에서 시편 기자가 "하나님이여 나를 살피사 내 마음을 아시며 나를 시험하사 내 뜻을 아옵소서 내게 무슨 악한 행위가 있나 보시고 나를 영원한 길로 인도하소서"(시 139:23-24)라고 기도했듯이, 설교자가 하나님 앞에서 자기 자신을 점검하는 일은 무엇보다도 중요하다. 윌리엄 바클레이는 "그리스도인의 삶에서 가장 무시되는 의무들 중 하나가 자기점검이고, 이는 너무나 굴욕스러운 훈련이기 때문에 무시되는 것 같다"고 했다.[26] 설교자의 자기점검은 세상에서의 실재뿐 아니라 내적인 실재에 직면하도록 한다. 하지만 설교자의 자기점검은 설교자의 결함과 약함을 생각하는 것 이상이다. 즉 설교자의 자기점검은 항상 하나님의 말씀과 하나님의 임재 가운데 진행되어야 한다. 성인(saint)과 신경 정신증 환자를 구별시켜 주는 것은 자기를 어떤 관점에서 보는가에 있다. "성인은 자신을 하나님의 계시의 관점에서 보고, 신경 정신증 환자는 단지 자신만을 본다."[27] 설교자의 자기점검은 자기 자신의 양심과 죄에 대한 점검의 기회이기도 하지만, 하나님으로부터 받은 좋은 것들에 대한 감사의 기회이기도 하다.

설교자가 효과적인 기교를 찾다 보면 설교준비와 전달과 같은 설교학적

---

26) William Barclay, *Flesh and Spirit: An Examination of Galatians 5.19-23* (Edinburgh: St Andrew Press, 1978), 72.
27) 사이몬 찬, 『영성신학』 김병오 역 (서울: IVP, 2002), 219.

인 쟁점들만 중요시 할 수 있다. 하지만 여러 가지 좋은 것들에 관한 논의가 자칫 최고의 것에 관한 필수불가결한 논의를 배제시킬 수 있다. 존 브로더스(John Broadus)는 설교학의 기술을 배우려는 설교자들은 하나님에 대한 필요를 잊어버릴 수도 있다고 지적했다.[28]

설교자가 알아야 할 것은 우리의 뇌와 몸속에서 일어나는 망각의 두 가지 방식이다. 하나는 인간이 어떤 활동이나 인간관계에 완전히 몰입할 때, 또는 모든 것이 너무 일상적이고 무디어져서 인간의 의식 전체가 자동 항해를 하게 되는 때 그런 일이 일어난다. 이와 정반대의 현상도 발생한다. 자각을 잃어버리는 대신 자의식이 생긴다. 이것은 인간이 자신의 행동이나 책임에 대해서 다른 사람들이 자신을 어떻게 생각할지 또는 제대로 살고 있는지 지나치게 걱정할 때 일어나는 것이다. 인간은 자신에게 지나치게 몰두할 때 사랑의 현존을 망각하게 된다. 설교자에게도 이런 현상이 발생할 수 있다. 설교자가 설교할 때 마치 강의하는 것처럼 그 자체에 집중하다 보면 입을 열자마자 하나님을 완전히 잊게 되는 경우가 발생할 수 있다. 설교자가 청중들에게 어떻게 보일지에 대해 너무 걱정한 나머지 하나님을 느낄 공간을 상실하게 되는 것이다.

예수님이 마리아와 마르다의 집에 초대받으셨을 때, 마리아가 예수님 앞에 앉아 있는 동안 마르다는 저녁 식사를 준비하느라 바빴다. 이 때 마르다는 마리아가 자신을 도와주지 않는다고 불평했다. 예수님은 마르다에게 너무나 많은 것을 걱정하고 있다고 지적하면서, 마리아가 진정 중요한 것을 택했다고 말했다. 우리의 상식으로는 예수님의 말을 받아들이기가 쉽지 않다. 겉으로 보면, 이 말은 마치 예수님이 저녁 대접하는 일을 준비하

---

[28] John A. Broadus, *On the Preparation and Delivery of Sermons* (London: HarperCollins Publishers, 2001), 16.

고 있는 마르다를 꾸중하시고 그리고 수동적으로 듣기만 하고 있는 마리아는 칭찬하시는 것처럼 들릴 수 있기 때문이다. 하지만 자세히 보면, 예수님은 마르다가 하고 있는 일이 아니라 그녀가 하고 있는 걱정들에 도전하시는 것이다. 그리고 마리아의 유순함이 아니라 그녀가 예수님과 함께 있는 것을 칭찬하시는 것이다. 마르다의 마음 상태를 묘사하는데 사용한 헬라어 단어는 **메림나오**(merimnuao)다. 이 용어는 수많은 일에 몰두하여 산만한 상태를 의미하며, 양쪽으로 잡아당겨 둘로 쪼개진다는 의미인 **메리스모스**(merismos)라는 어원에서 파생되었다. 문제는 마르다가 일하고 있다는 사실이 아니라 그녀가 일 자체에 집착하고 있었다는 것이다. 마르다의 문제는 일에 몰두하여 자신의 자각을 하나님의 임재로부터 빼앗아 버렸다는 것이다. 하지만 마리아는 관상의 마음을 가진 여인이었다. 하나님의 말씀을 청종하는 것을 선택했다.

많은 설교자들이 마르다처럼 설교 그 자체에 몰두하다보면 하나님을 망각하고 말씀에 대한 정보를 전달하는 것에 빠져들 수 있다. 프란체스코 살레시오(Franciscus de Sales)는 우리에게 마치 어린아이가 사랑하는 부모를 따라 길을 걷듯이 하나님과 동행하는 삶의 감각을 길러야 한다고 했다.[29] 5세기 초 어거스틴의 기도는 야곱의 깨달음을 반영했다. "나는 너무 늦게 당신을 사랑했습니다. 오, 오랫동안 계속된 당신의 아름다움이여, 하지만 항상 새롭나니! 나는 너무 늦게 당신을 사랑했습니다. 그리고 보십시오. 당신은 내 안에 계셨고 나는 멀리 떨어져 있었습니다." 어거스틴은 거룩한 지혜에 대해 말하면서 그는 "그 속에는 과거도 미래도 아닌, 오직 현재만 있다. 왜냐하면 그것은 영원하기에"라고 했다.[30] 거룩한 지혜를 소유한 사람

---

29) 제랄드 메이, 『사랑의 각성』, 266.
30) 제랄드 메이, 『사랑의 각성』, 113에서 인용.

은 하나님을 만난 기억이 점차 희미해지는 것이 아니라 계속적으로 새로워지는 현재성이 있다.

설교자는 하나님의 임재에 대한 내적인 경험이 필요하다. 하나님의 임재는 모든 곳에 있지만 하나님은 주의력을 집중할 수 있는 어떤 활동, 생활, 사물이 아니다. 그 어떤 기억 방법, 내면의 기도, 감정, 태도, 행동방식, 관계에 대한 느낌, 경험도 하나님은 아니다. 설교자는 하나님 대신에 이런 행동과 감정에 중독되기 쉽다. 때문에 설교자에게 핵심적으로 요구되는 영적 자질은 묵상적인 자질과 관상적인 자질이다. 분명히 하나님은 설교자가 설교할 때 하나님의 임재에 대해 의식적으로 주의를 기울이거나 기울이지 않을 자유를 주셨다. 그러나 하나님이 원하시는 것은 설교자의 마음이 사랑이신 그분의 임재를 느끼며 그분과 함께 모든 설교를 하며 성도들과 호흡하는 것이다.

6. 설교자의 영성 형성

설교자는 말씀을 전하는 자일 뿐만 아니라 말씀에 의해서 형성되는 경험을 계속적으로 하는 자이어야 한다. 말씀에 의해서 형성되는 경험이 없이 설교하는 것은 우리 시대의 설교자들이 가장 경계해야할 사항이다. 설교자는 결코 성경의 정보나 지식을 전하는 자가 아니라 성경에 나타난 영적 생명을 전하는 자이다. 케네스 리치(Kenneth Leech)는 영성 형성을 위해 성경을 사용하는 세 가지 접근법을 제시하였다.[31]

---

[31] Kenneth Leech, *Spirituality and Pastoral Care* (Cambridge: Cowley Publications, 1987), 14-6.

첫째, 씨름하기이다. 리치는 야곱이 하나님과 씨름하는 이야기로부터 이 이미지를 가져온다(창 32:24-32). 그는 야곱의 이야기로부터 두 가지 특징을 언급한다. 하나는 야곱이 하나님과 씨름하여 탈진상태에 처하게 되는 씨름의 말미에도 하나님의 이름을 알지 못하는 것으로 묘사한다(창 32:29). 거기에 신비와 미완성이 존재한다는 것이다. 다른 하나는 야곱은 상처를 입는다(창 32:25, 32). 이런 야곱의 모습을 통해서 리치는 영적성숙이란 상처가 전혀 없는 것을 의미하지 않는다고 말한다. 리치는 진리를 향한 오르막 길을 오르는 일은 깨어짐의 위험을 감수할 때에만 가능할지 모른다고 말한다. 하나님의 말씀과 우리 시대의 딜레마와 혼란들 사이의 대결에 있어서 수월한 질의응답의 과정은 존재하지 않는다. 때문에 설교자가 성도들을 바람직한 영적 삶의 길로 인도하려면, 하나님의 말씀과 우리 시대의 목소리들을 함께 부여잡고 고군분투하는 과정을 통해 말씀의 이해와 세상에 대한 응답에 있어 성숙해지기를 추구해야 한다.

둘째, 숙고하기이다. 리치는 묵상의 중요성을 제안한다. 그는 묵상(meditation)이 파생되어 나온 헬라어 **메레테(melete)**가 끊임없이 숙고하는 것을 의미한다고 말하면서, 묵상은 초기 이집트 수도원 생활에 기원을 두고 있으며, 그 당시는 기도의 형태로 성경본문을 반복하는 것을 의미했다고 강조한다. 그는 성경이해에 있어서 묵상의 중요성을 다음과 같이 진술하고 있다.

> 오늘날 성경연구는 부정적인 의미에서 너무도 지나치게 학문적이다. 영적인 삶에 있어 성경의 중심적인 위치를 회복하려 한다면, 우리는 묵상의 접근법을 발전시킬 필요가 있다. 이 묵상의 접근법이란 내적으로 말씀을 소화시키는 것을 포함한다. 성경적 의식과 성경적 영성을 획득하려 한다면, 성경본문들을 숙고하는 것은 필수적이다…묵상의 방식으로 성경을 사용하면 히브리서에 기록

된 말씀, "하나님의 말씀을 맛보는 것"(히 6:5)이 의미하는 바를 어느 정도 경험할 수 있다.[32]

셋째, 제초하기이다. 즉 우리의 성경 이해와 해석은 왜곡될 수 있음을 인정하고 끊임없이 왜곡된 해석을 잘라내는 것이 필요하다는 것이다. 리치는 이러한 작업은 결코 쉬운 작업이 아니지만 기도, 비판적 성찰, 협동적 토론을 포함하는 정화의 과정이 필요하다고 제안한다. 이렇게 함으로써 우리는 성경의 감추어진 열매를 발견하여 맛볼 수 있게 된다고 그는 말한다.

리치는 말씀과 함께 씨름하는 자, 사려 깊게 숙고하는 자, 제초하는 자 이 세 가지 이미지들 사이에는 하나의 공통점이 있다고 분석한다. 그는 이렇게 말한다.

> 동틀 무렵까지의 씨름. 홀로 방해받지 않은 채 행해지는 묵상적인 숙고, 지칠 줄 모르는 잡초와 장애물 제거, 하나님의 말씀을 대면할 때 우리는 이 세 가지 형태를 유지해야 한다…오직 이런 방식에 의해서만 성경은 우리 안에서 살아 역사하게 되고, 우리를 뒤흔들 수 있게 되며 우리 안에서 자랄 수 있게 되고, 우리의 비전을 통합할 수 있게 된다. 이러한 과정의 목적은 우리가 성경적 백성이 되는 것이다. 말씀에 의해 조성되고 자양분을 공급받는 사람들, 세상과 반대되고 세상과 참된 불일치를 이룬 사람들이 되는 것이다.[33]

리치의 견해를 사랑하는 설교자라면, 설교자에게 그 무엇보다 중요한 것은 바로 설교자 자신이 먼저 성경적 백성이 되는 것임을 깨달을 것이다. 말씀을 통해 영적인 통찰과 깊이를 지닌 설교자로 형성되는 것은 그 어떤 자질보다도 더 중요하다. 설교자는 말씀을 잘 이해하고 분석해 내는 자로서

---

[32] Kenneth Leech, *Spirituality and Pastoral Care*, 17.
[33] Kenneth Leech, *Spirituality and Pastoral Care*, 15-6.

만이 아니라 말씀이 설교자 자신의 심령 깊숙이 들어가는 사람, 자기 자신의 내적 사막의 황무지들을 탐험하는 사람, 자기 자신의 중심에 있는 어두움을 직면해 본 사람이어야 한다. 아무리 많은 매력이나 공부도, 혹은 능수능란한 의사소통도 이러한 것들을 대신할 수는 없다.

스탠리 에반스(Stanley Evans)는 성실하고 헌신적인 마음으로 인간의 깊은 문제들을 내버려지 않은 채 교회의 이미지를 고양해보려는 교회의 시도들이 무의미함을 지적하면서, "너무 많은 사람들이 모두 교회의 현대화에 대해 생각하는 것 같다. 젊은이들은 아마도 활발한 음악을 선호할지 모른다. 그러나 그들은 그것에 의해 오랫동안 우롱당하지는 않을 것이다. 활기찬 음악, 더욱 짧아진 시편, 기초성경, 푹신한 의자들, 춤추는 목회자들, 통로에서 추는 춤, 이런 것들이 아니라 오직 성실과 진리만이 교회를 현대화할 것이다"라고 했다.[34] 이와 비슷하게 삶과 사회에 힘을 주는 설교는 현란한 말과 현대적인 수사학으로 꾸며진 설교가 아니라 성실과 진리를 바르게 전하는 것에서 온다고 할 수 있다.

---

34) Stanley G. Evans, *Junction* 8 (October, 1959), Kenneth Leech, *Spirituality and Pastoral Care*, 88에서 인용.

제 3 장

설교와 우상
Preaching & Idols

1. 설교자와 바벨론

　성경에 나오는 예언자 다니엘은 주전 7세기 후반에 태어났다. 이스라엘 북 왕국은 이미 앗수르의 포로가 된지 오래였다. 다니엘 시대에 그의 고향인 유다마저 바벨론에 빼앗겼다. 바벨론은 당대에 가장 큰 강대국이었다. 국력이 약했던 유대 백성은 밀려오는 군사들을 어찌 해볼 도리가 없었다. 예루살렘은 포위당했고, 얼마 못 가 완전히 폐허가 되었다. 유대 백성은 바벨론의 포로로 살면서 하나님에 대한 믿음을 잃지 않고 꺼져가는 희망의 불씨를 살렸다.

　바벨론 제국은 전쟁과 영토 확장을 통해 전쟁에서 승리했다고 해서 정복자들을 전멸하지 않고 정복한 곳의 일부를 살려 두었다. 바벨론 제국이 넓은 지역을 통치하려면 그 군대의 수가 부족했기 때문이다. 그리고 그 사람들이 농업과 상업을 재개하여 제국에 조공을 바칠 수 있었기 때문이다. 이와 같은 전략은 바벨론에 잘 들어맞았다. 그들은 정복 국가의 독특한 문화 정체성을 없애고 그 나라 국민들을 새로운 정권의 문화에 동화시켰다. 수백 년 후, 유대인들은 이런 동화 전략을 거부해서 로마 제국의 눈엣 가시가 되었다.

다니엘 1장 전반부에 보면 유대인 동화 작업이 이미 시작되었음을 보여준다. 예루살렘 성전 기물을 가져다가 바벨론 시의 신전을 꾸몄다. 유대인 청년들은 바벨론으로 강제 이송됐다. 이 젊은이들에게 바벨론의 언어와 학문을 가르치며 왕의 음식과 최고급 포도주를 먹였다. 이들은 새로운 이야기를 배우고, 더 나은 미래를 보장받았다. 새로운 사고방식과 생활방식을 습득하고 개발했다. 이는 유대 백성의 자의식을 없애고 바벨론 문화에 복속시켜 유대 문화를 정복하려는 수법이었다.

이런 동화 전략은 먼 옛날 바벨론에서만 있었던 일이 아니다. 요즘 우리에게도 비슷한 일이 일어나고 있다. 우리는 새로운 세속적 이야기를 만나고, 새로운 세속적 사고방식과 생활방식을 접한다. 이런 현상은 어느 누구도 피할 수 없다. 복음으로 마음이 새로워지고 그리스도의 능력을 힘입어 삶이 형성되지 않으면, 우리는 주변 세속 문화를 따라갈 수밖에 없다. 이런 의미에서 설교자에게 가장 필요한 것은 바로 그리스도의 복음과 힘으로 바른 영적 가치를 형성하는 것이라 할 수 있다.

다니엘과 세 친구 하나냐, 미사엘, 아사랴는 바벨론의 동화전략을 꿰뚫어 보았다. 그들은 왕의 진미와 포도주로 몸을 더럽히지 않고, 자국의 식문화를 고수하기로 결심했다. 그들의 훈련을 감독하는 환관장을 설득하여 열흘 동안 채소와 물만 섭취했다. 열흘 후 이들은 다른 포로들보다 더 건강하고 혈색이 좋았고 이에 환관장은 계속해서 그들의 식사법을 허락해 주었다. 성경에 이 음식 이야기가 기록된 것은, 이것이 신실한 젊은 유대인들의 대응 전략에서 가장 기초적인 첫 단계를 보여주기 때문일 것이다. 이들은 작은 일에 주의했고, 하나님의 공급을 신뢰했다. 이 네 청년은 유달리 머리가 뛰어났다. 성경은 "하나님이 이 네 소년에게 학문을 주시고 모든 서적을 깨닫게 하시고 지혜를 주셨으니"(단 1:17)라고 기록한다. 이들은 머리만 좋았던 것이 아니다. 삶의 상황에서 어떤 일이 닥치더라도 하나님께 신실했던 것이야말로 이들이 가진 최고의 자질이었다. 이 네 사람의 자질은 동일하게 설교자들에게도 가장 중요하고 우선시 되는 자질이라 할 수 있다.

다니엘과 세 친구는 바벨론의 문화권에서 일하면서도 바벨론의 가치관과 우상에 사로잡히지 않았다. 정도의 차이는 있지만, 우리 모두는 바벨론에 동화되었다. 이 시대의 지배적인 문화에 적응하고 그 우상들을 섬기도록 직간접적으로 훈련받았다. 현대 사회는 문명이란 이름으로 수많은 현대적 우상을 우리에게 강요하고 있다. 제임스 휴스톤(James Huston)은 "하나님을 향한 좌절된 갈망은 다른 사물이나 사람들에 대한 갈망과 숭배로 변한다. 방향이 잘못된 사랑은 선물을 주는 사람 대신 선물을 붙들게 된다. 그 결과 우리는 현대적인 형태의 온갖 우상, 물질주의, 자아 성취, 명예욕 등에 빠진다"고 했다.[1] 이러한 유혹에 설교자들도 결코 자유로울 수 없다. 설교자들은 이러한 상황 속에서 일하면서도, 이러한 유혹에 맞서는 법을 훈련하고 터득해야 한다.

---

[1] James Houston, *The Transforming Power of Prayer: Deepening Your Friendship with God* (Colorado Springs: NavPress, 1996), 270.

2. 지배적인 우상들

우리는 일반적으로 우상숭배를, 눈에 보이는 어떤 형상을 섬기는 것으로 생각한다. 바다, 동물, 바위, 나무 또는 땅을 하나님 대신 예배하거나 이런 대상을 향해 복을 비는 것으로 생각한다. 하지만 우상은 눈에 보이는 물리적인 것뿐만 아니라 정신적인 개념(mental concept)으로도 나타날 수 있다. 모든 물리적인 이미지 배후에는 우리 마음을 꾀는 정신적인 개념들이 들어 있는 것을 안다면, 물리적인 우상보다도 정신적인 우상이 더 파괴적일 수 있다.[2] 우상의 정신적인 양상은 우상적 생각(idol thought)과 관련된 것으로서 하나님과 분리되는 삶을 위하여 생각이나 상상력을 사용할 때 그 생각이나 상상력은 곧 우상숭배가 된다. "우상은 하나님의 대용품으로 하나님 대신 사용될 정도로 부풀려진 것이다."[3] 우상은 또한 하나님의 사랑을 변질시키거나 하나님에게만 속한 사랑을 다른 것으로 바꾸어 버린다.[4]

에즈윈은 하나님의 은혜마저도 우상으로 변질될 수 있다고 말한다. 그는 우리들의 삶을 불편하게 할 것 같은 두려움 때문에 은혜로운 공급의 우상(idolatry)이 만들어진다고 지적한다.[5] 그는 계속적으로 공급의 우상은 경제적이고 물질적인 우상과 깊이 관계되어 발생한다고 지적하면서, "경제적인 우상숭배가 팽배해지고 하나님을 향한 사랑이 물질적인 소득에 대한 사랑으로 바뀌면서, 사랑의 수조가 망가져서 더 이상 사람들에게 필요한

---

2) Vinoth Ramachandra, *Gods That Fail* (Downers Grove, IL: Inter-Varsity Press, 1997), 107.
3) Richard Keys, "The Idol Factory," in Os Guinness and John Seel, eds., *No God but God* (Chicago: Moody Press, 1992), 32.
4) Paul David Tripp, *War of Words: Getting to the Hear of Your Communication Struggles* (Phillipsburg, NJ.: Presbyterian and Reformed, 2000), 59.
5) Zack Eswine, *Preaching to a Post-Everything World*, 224-25.

물줄기를 공급해 주지 못하고 있다"고 주장한다.[6]

우상숭배는 사람들이 하나님을 우상처럼 여기거나 섬기는 것이다. 하나님을 미신처럼 여기는 것이다. 사람들이 이 땅에서의 삶에서 더 복을 받고 편안하게 살기 위하여 종교적인 행동을 하는 경우다. 내가 예배를 드리면, 헌금을 많이 하면, 기도를 많이 하면 반드시 복을 받는다고 여기는 것이다. 이러한 우상은 단순주의, 도덕주의, 율법주의와 깊이 연계되어 발생하는 경우가 많다. 예를 들어 설명하면, 하나님의 은혜를 부인하고, 하나님은 어떤 규칙을 지키거나 어떤 행동을 하면 사랑하신다는 것이다. 또한 현대적 우상은 주지주의 형태로 나타나기도 한다. 하나님을 인격적으로 섬기기보다는 철학적이고 관념적인 하나님을 섬기는 경우다. 이러한 하나님은 생각의 하나님, 관념의 하나님일 뿐이다. 이러한 주지주의는 기능론적 무신론 형태로 바로 탈바꿈한다. 기능론적 무신론이란 하나님을 우리의 지성으로만 이해하고 우리 자신의 노력에 따른 자발적 성취만이 유일한 희망이라는 확신을 가지고 살아가는 무신론이다.[7]

에즈윈은 영적인 시각(spiritual visual)도 우상숭배의 도구가 될 수 있다고 말한다. 그는 "만일 현실 세계의 우상이 하나님의 능력을 배제시키고 우리를 다른 사람들과 장소 또는 자아와 서로 연결시키려고 한다면 구속의 진리에 관한 왜곡된 우상은 우리를 하나님께로 무작정 연결시키려고 하는 맹목적인 시도를 보여준다"고 말한다.[8] 교리와 은사도 우상으로 변질될 수 있다. 교리를 알고 은사를 가진 사람들이 교만해져 다른 사람들을 무시하거나

---

[6] Zack Eswine, *Preaching to a Post-Everything World*, 225.
[7] Gerald G. May, *The Dark Night of The Soul: A Psychiatrist Explores the Connection Between Darkness and Spiritual Growth* (New York: HarperCollins Publishers, 2005), 130; 최창국, 『영혼 돌봄을 위한 영성과 상담』 (서울: 기독교문서선교회, 2011), 128을 참조.
[8] Zack Eswine, *Preaching to a Post-Everything World*, 220.

오직 하나님만이 받아야 할 영광을 차지하는 경우다. 이러한 예는 고린도교회에서 볼 수 있다. 바울파, 아볼로파, 게바파, 예수파라는 편향적인 형식과 주장들만이 현실세계와 생각을 지배하는 기준으로 자리 잡게 되는 경우다.

3. 설교자의 우상

에즈윈은 설교자를 침체케 하는 가장 중요한 이유가 마음속에 자리 잡고 있는 우상들 때문이라고 말한다. 그는 설교자에게서 흔히 발생할 수 있는 우상의 형태는 미신(superstition), 회의론(skepticism), 의심(suspicion), 명성(stardom), 절도(stealing), 낭비(squandering)라고 기술한다.[9]

첫째, 미신이다. 설교자는 설교를 할 때마다 항상 똑같이 통제되고 항상 똑같은 느낌을 주어야 하고 은혜가 있어야 한다고 생각한다. 때문에 하나님이 은혜를 베푸셨기 때문이 아니라 설교자 자신의 노력과 말과 느낌 때문에 설교에 하나님의 은혜가 임했다고 생각한다. 그 결과 미신적인 설교자는 설교자가 의도하거나 계획하지 않은 것까지도 하나님이 충분히 하실 수 있는데도, 매주의 설교적인 예식이 하나라도 바뀌면 좋은 일보다는 오히려 나쁜 일이 일어날 것처럼 두려워한다.

둘째, 회의론이다. 회의론에 빠진 설교자는 설교에 대한 깊은 고민과 성찰을 거부한다. 어떤 설교자는 열정을 무시하고 원고대로 설교하려고 한다. 또한 감정에 지나치게 의존하면서 즉흥적으로 설교하는 것만을 고집하는 설교자도 있다. 설교자 개인의 기질이나 소명도 각자 좋아하는 방향

---

9) Zack Eswine, *Preaching to a Post-Everything World*, 256-57.

으로 받아들인다. 이러한 설교자는 자신이 고집하는 방법이 나름대로 효과적이라고 믿기 때문에 다른 방법은 시도하려고 하지 않는다.

셋째, 의심이다. 설교자가 다른 설교자들에 대해서 의심하는 것이다. 성령께서 내가 아닌 다른 사람들을 통해서 역사하시는 것에 대해 의심하면서 그분은 오직 자신을 통해서만 일하신다고 생각하는 경우다.

넷째, 명성이다. 명성의 우상에 갇혀 있는 설교자는 성경 본문이 죄와 심판에 관하여 말씀하는 것을 그대로 전하면 사람들이 설교자를 싫어하거나 때로는 교회를 떠날 수도 있다고 생각한다. 성경 본문의 진정한 의미보다는 청중의 구미에 따라 설교의 분위기를 바꾼다. 본문의 분위기에 따라 설교하기보다는 지성을 중시하는 청중들을 향하여서는 지성적인 설교를 하고 감성을 중시하는 사람들에게는 지나치게 감성적인 설교를 한다.

다섯째, 절도다. 남의 말을 내 것처럼 훔치거나 표절하는 경우다. 여러 이유로 하나님이 깨닫게 하신 깊은 통찰들을 표절하는 경우다. 물론 다른 사람의 설교를 읽고 아이디어를 얻는 경우는 다르겠지만, 설교자 자신이 깊이 연구하지 않고 너무나 쉽게 다른 사람의 설교를 갖다가 설교하는 경우다. 예를 들면, 설교자 본인이 설교준비를 하지 않고, 설교를 작성해서 정기적으로 제공해 주는 곳에 돈을 지불한 후 보내준 설교 원고를 가지고 그대로 설교하는 경우 등이다.

여섯째, 낭비하는 경우다. 설교자가 성령을 근심하게 하거나 소멸시키는 것이다. 그래서 신앙 공동체에 속한 사람들에게 공급되어야 할 하나님의 말씀의 능력이 훼손되는 경우다. 이런 일은 설교자가 설교준비 과정에서 성령께 전혀 귀를 기울이지 않거나 기도와 묵상을 하지 않을 때 발생할 수 있다.

설교자는 자신의 마음속에서 이런 형태의 우상들이 표출될 수 있음을 주의해야 한다. 그러나 우리 마음속에 이러한 우상적 생각들이나 부족한 부분이 있다고 해서 설교자로서 가져야 할 말씀에 대한 소명을 의심하거나 설교 사역을 부정적으로 생각해서는 안 된다. 왜냐하면 성령께서는 늘 말씀을 통하여 우리 마음속에서 역사하시며 우리를 새롭게 인도하시기 때문이다.

4. 설교와 단순주의

현대 설교에서 빠지기 쉬운 또 다른 우상의 형태는 단순주의이다. 성경에 등장하는 욥의 이야기는 설교자들에게 많은 지혜를 준다. 욥은 동방의 의인이라 칭해졌던 사람이었지만 어느 날 갑자기 그가 소유한 모든 것들이 한 순간에 사라져 버리는 고통을 겪으며 옷을 찢었다. 뿐만 아니라 온갖 질병과 고통이 그의 육신을 괴롭혔다. 이런 상황에 처한 욥에게 그의 친구들이 찾아와서 욥의 비극적인 상황과 관계가 있음직한 하나님의 진리를 전해 주려고 애썼다. 이들의 모든 관심은 욥이 좋은 길과 나쁜 길을 구분하여 나쁜 길을 버리고 좋을 길을 택하여 따르도록 권면하는 것이었다. 그렇게 하면 모든 문제가 해결되리라고 생각했다. 이들 모두는 한결같이 한 분 하나님을 믿고 있었다. 하지만 성경은 두 가지 길 중 하나를 강요하는 친구들의 메시지가 신학적으로는 빈틈이 없을지 모르지만 결국 어리석은 메시지였다고 평가한다(욥 42:7-8).

욥의 친구들의 메시지는 이원론적이고 단순주의적인 경향이 있다. 설교자는 이런 이원론적이고 단순주의적인 사고에 쉽게 빠질 수 있다. 성경은 하나님의 길과 육적인 길을 자주 언급하고 있기 때문에 설교자들은 원론적인 사고로 나아가기 쉽다. 단순주의는 순진함과 오만함을 결합하여 삶의 고난을 설명해 보려고 시도하는 곳에서 발견된다.[10] 단순주의에 빠진 설교자는 올바른 신학을 잘못 사용하는 오류에 빠지게 된다. 더렉 키드너(Derek Kidner)에 의하면, "욥의 친구들의 근본적인 문제는 자신들이 알고 있는 진리를 과대평가하였고, 잘 모르는 상황에 잘못 적용하였으며 자신들이 알고 있는 것과 모순되는 사실에는 마음의 눈을 감아 버렸다."[11]

설교자가 단순주의에 빠지면 성경을 올바로 인용하기만 하면 좋은 결과가 뒤따를 것처럼 행동한다.[12] 욥의 친구들은 욥이 처한 상황에 대한 자신들의 판단이 정확하다고 나름대로 자부했던 것 같다. 잠언에서도 "재앙은 죄인을 따르고 선한 보응은 의인에게 이르느니라"고 가르치고 있기 때문이다(잠 13:21). 하지만 문제는 성경은 죄인의 재앙과 의인의 행복을 교훈하면서도 그와 동시에 인과율적으로는 모순된 가르침도 포함되어 있다. 전도서에 "내가 내 헛된 날에 이 모든 일을 본즉 자기의 의로운 중에서 멸망하는 의인이 있고 자기의 악행 중에 장수하는 악인이 있으니"(전 7:15)라고 기록되어 있다.

간단하게 정의할 수 없는 것이 인생이다. 욥이 고난을 당한 이유도 단순히 악을 따르기 때문이 아니었다. 성경에는 의인에게도 고난이 뒤따른다는 것을 보여준다. 욥기에 하나님과 사탄이 대화를 나눈 것처럼 우리가 논리적으로 설명할 수 없는 일과 모순된 현실들도 분명 많이 있다. 우리의 신앙이 단순주의에 빠지게 되면 나쁜 일이 닥칠 때 곧 하나님을 저주하며(욥 2:9-10), 인생에 관한 하나님의 교훈도 무시한다(잠 1:7). 이 세상에서는 신자라도 위기에 처할 수 있으며 불신자라도 번성할 수 있음을 잘 안다. 또한

---

10) Zack Eswine, *Preaching to a Post-Everything World*, 150.
11) Derek Kidner, *The Wisdom of Proverbs, Job and Ecclesiastes: An Introduction to Wisdom Literatures* (Downers Grove, IL: InterVarsity, 1985), 60.
12) Zack Eswine, *Preaching to a Post-Everything World*, 150.

신자와 불신자를 막론하고 악을 행할 수 있으며 불의한 자라도 옳고 선한 일을 행하기도 하며, 교회가 악한 일을 저지를 수 있고 교회 밖의 사람들이 옳은 일을 할 수도 있다.[13]

설교자가 단순주의에 빠지면 어떤 것을 범주화하는 것을 이해와 동일하다고 생각한다. 설교자가 이 세상의 문화나 통계, 사람들의 집단 또는 철학적인 조류의 이름을 안다고 해서 모든 것을 이해하는 것은 아니다. 게다가 같은 집단 안에 있는 여러 사람들이 겪은 경험의 다양성 때문에 일반적인 상식 수준의 접근은 문제가 있기 마련이다. 단순화된 설교는 고통스러워하는 마음에 대고 노래를 부르는 것과 마찬가지다.

설교자가 빠질 수 있는 단순주의의 다른 형태는 바로 성경을 문자적으로만 이해하는 것이다. 성경에서 궁극적으로 말하고자 하는 의미를 모르고 성경을 문자적으로 지엽적으로만 이해하는 경우다. 예를 들면, 사도행전 6:7에 "하나님의 말씀이 점점 왕성하여 예루살렘에 있는 제자의 수가 더 심히 많아지고 허다한 제사장의 무리도 이 도에 복종하니라"라는 내용이 있다. 여기서 "하나님의 말씀이 점점 더 왕성하여"라는 말씀이 무엇을 의미하는지 깨달아야 하나님의 말씀이 왕성하다는 것이 무엇인지를 알 수 있다. 종종 어떤 설교자들은 이 내용을 잘못 오해하는 사람들이 있다. 즉 설교에서 성경 말씀을 잘 설명해 주고 성경 말씀 외에는 다른 내용은 말하지 않는 것으로 이해하는 경우다. 그래서 어떤 설교자들은 예화도 쓰지 않는다. 문자적으로 이해한다. 하지만 하나님의 말씀이 점점 왕성하여졌다는 것은 하나님의 말씀에 복종하는 사람들의 숫자가 많아졌다는 것이며, 하나님의 말씀에 대한 순종의 수준과 순종에 대한 강도가 높아졌다

---

13) Zack Eswine, *Preaching to a Post-Everything World*, 150.

는 것을 의미한다. 말씀의 왕성이란 그 말씀의 의미와 깊이를 깨닫는 것이요, 그 깨달은 하나님의 말씀을 모든 영역에서 실천하고, 그 말씀에 순종하는 것을 말한다.

설교자가 단순주의에 빠지면 성경을 충분히 연구하지 않고 성경의 내용을 지나치게 상징적으로 해석하려고 하거나 영해에 의존하는 경향을 보일 수 있다. 사무엘상 17장에는 다윗이 골리앗을 쳐서 이긴 승리의 이야기가 나온다. 골리앗의 키는 여섯 규빗 한 뼘이었다. 6척이나 되는 장수였다. 3미터에 육박하는 키였다(삼상 17:4). 육척 거구의 골리앗이 이스라엘 군대를 향해 "너희가 어찌하여 나와서 전열을 벌였느냐 나는 블레셋 사람이 아니며 너희는 사울의 신복이 아니냐 너희는 한 사람을 택하여 내게로 내려 보내라"(삼상 17:8)고 했다. 골리앗의 제안은 전면전을 하지 말고, 양쪽에서 한 사람씩 택하여 대표하는 장수끼리 싸워 승패를 결정짓자는 제안이었다. 진 자는 이긴 자의 종이 되는 조건으로 두 대표 장수가 대결하자는 것이었다(9절). 이런 제안을 받은 사울과 이스라엘이 골리앗의 말을 듣고 놀라 크게 두려워하고 있었다(11절).

이때 32절에 보면 다윗이 사울을 향해 "주의 종이 가서 저 블레셋 사람과 싸우리라"라고 말한다. 하지만 사울은 다윗이 너무 어리다는 이유로 그의 출전을 만류하며, "네가 가서 저 블레셋 사람과 싸울 수 없으니 너는 소년이요 그는 어려서부터 용사임이니라"(33절)고 말한다. 하지만 다윗은 이렇게 말한다. "여호와께서 나를 사자의 발톱과 곰의 발톱에서 건져내셨은 즉 나를 이 블레셋 사람의 손에서 건져내시리이다"(37절). 이 두려움 없는 확신에 감동된 사울이 다윗의 출정을 허락한다. "가라, 여호와께서 너와 함께 계시기를 원하노라"(37절). 사울은 출정하는 다윗에게 자기 군복을 입히고 자기 놋 투구를 그의 머리에 씌우고 또 그에게 갑옷을 입혔다(38절). 하지만 다윗은 이런 것들을 벗어버리고, '나무와 물맷돌 다섯 개'를 가지고 '만군의 여호와'를 의지하고 나아간다.

어떤 설교자들은 다윗과 골리앗의 이야기에서 물맷돌에 관심을 가지고 물맷돌 다섯 개는 무엇을 상징하는가 하는 것에 관심을 갖는다. 그리고 물맷돌 다섯 개의 5라는 숫자를 가지고 한 시간을 설교한다. 사람들은 그 설교를 들으면서 "야, 저분이 성경을 예리하게 해석한다"고 말할 수 있다. 하지만 분명한 것은 물맷돌 다섯 개는 아무런 의미가 없다. 그냥 물맷돌 다섯 개를 주워가지고 골리앗을 향해서 간 것이다. 다섯 개의 돌에 상징적인 해석을 하려고 해서는 안 된다. 하나 던져서 안 맞으면 다시 던지기 위해서 다섯 개를 취한 것이다.

다윗이 살던 그 시대에 싸울 때 물맷돌을 사용하던 것은 일반화된 방법 중의 하나였다. 많은 사람들이 물맷돌을 무기로 사용하는 훈련을 했다. 사사기 20:16에 보면, "이 모든 백성 중에서 택한 칠백 명은 다 왼손잡이라 물매로 돌을 던지며 호리도 틀림이 없는 자더라"라고 하였다. 여기서 모두 왼손을 쓰는 칠백 명의 군인들은 모두 물맷돌을 던지는 기술이 탁월한 병사들이었다. 고대 중동지방에서 이 물맷돌을 던지는 것은 훌륭한 무술 중에 하나였다. 아마 다윗도 물맷돌을 던지는 훈련을 자주했을 것이다.

물맷돌에 지나치게 영적 의미를 가해서는 안 된다. 45절에서 다윗은 하나님의 이름을 의지해서 물맷돌을 던진 것이지 단지 물맷돌을 던진 것이 아니다. 물맷돌 자체가 중요한 것이 아니다. 다윗에게는 하나님의 능력을 신뢰하는 믿음이 있었다. "다윗이 블레셋 사람에게 이르되 너는 칼과 창과 단창으로 내게 오거니와 나는 만군의 여호와의 이름 곧 네가 모욕하는 이스라엘 군대의 하나님의 이름으로 네게 가노라." 골리앗의 군대가 아무리 거창하고 놀라운 힘을 가졌다 할지라도 다윗은 살아계시고 거룩하신 하나님의 능력을 신뢰하였다. 다윗이 승리한 것은 하나님을 향한 믿음 때문이었다. 다윗은 시편 20:7에서 "혹은 병거, 혹은 말을 의지하나 우리는 여호와 우리 하나님의 이름을 자랑하리로다"라고 고백한다. 또한 예로 예수님이 갈릴리 가나의 혼인잔치에 참석했을 때 거기 항아리 여섯 개가 있었다. 어떤 사람들은 "6이라는 숫자는 사람의 숫자이며, 물은 하나님의 말씀이다. 그래서 말씀인 물이 사람 속에 들어갔더니 그것이 포도주가 되었다. 그리고 구원의 위대한 기쁨이 되었다"는 식으로 해석을 한다. 이것은 너무나 단순한 해석일 뿐만 아니라 잘못된 해석이다.

대부분의 이단은 성경을 문자적으로 이해하거나 단순주의에 함몰될 때 발생하는 경우가 많다. 우리나라에서 생긴 이단 중에 이상한 이단이 있다. 기도도 하지 말라. 새벽기도도 하지 말라. 이런 이단이 있다. 구원파다. 그들은 하나님은 인간을 사랑하시지만 인간은 하나님을 사랑할 수 없다고 주장한다. 너무 극단적이다. 보통 이단들은 극단적인 사상을 가르치는 경우가 많다. 예수님을 영접하고 회개함으로써 구원을 받는 것이 아니라 죄 사함의 비밀을 깨달음으로써 구원을 받는다는 것이다. 회개하고 예수를 영접하라고 설교했던 빌리 그래함 목사는 구원받지 못했다는 것이다. 성령은 구원파 안에서만 역사하기 때문에 기존 교회는 구원이 없다고 설교한다. 일단 구원받으면 완전히 죄 사함을 받았기 때문에 회개기도가 필요 없다고 주장한다. 일단 구원 받으면 죄를 지어도 죄짓는 것이 아니라고 가르친다. 생활 속에서 육신적으로 짓는 죄는 죄가 아니라고 가르친다. 뿐만 아니라 율법과 종교의 억압에서 해방되는 것이 구원이라고 생각한다. 기도는 아무나 하는 것이 아니고 교회 안에서 사역을 하는 사람들이 하는 것이라고 믿는다. 교회의 비밀이 2천 년 만에 자기들의 교회에서 깨달아졌다고 강조한다. 신앙생활은 개인이 하는 것이 아니고 교회가 대신한다고 말한다. 그러므로 구원파의 사업공동체에 붙어있기만 하면 예수님이 재림하실 때 들림을 받을 수 있다고 믿는다. 지나치게 단순주의적인 신앙관이라 할 수 있다.

5. 설교와 율법주의

하나님의 창의적인 말씀을 설교하는 설교자는 말씀의 능력이 마술 혹은 미신과 어떻게 다른가를 구분할 수 있어야 한다. 마술은 미신의 한 형태로써 모종의 행동이나 물체나 상황이 특정 사건의 경로와 논리적으로 혹은 자연적으로 아무 관련이 없는데도 제대로 접근만 하면 그런 사건의 결과에 영향을 미친다는 신념에 바탕을 둔다. 미신은 '위로 서다'는 뜻의 단어가 모여 된 말로써, 불가해한 일을 보고 놀람과 경이로 일어서는 것을 의미한다.[14] 마틴 부버는 "마술은 관계에 들어가지 않은 채 효과를 얻으려 하고 공백상태에서 술수를 쓴다"고 말했다.[15] 미신이란 마술을 믿는 것이며 마술은 인과적 힘에 대한 막연한 주장이다. 그러나 기독교 신앙은 미신이나 마술과 같은 것이 아니다.

설교자들이 말과 의식을 미신적으로 사용하는 경우가 있다. 우리의 활동이 신앙과 하나님과의 연합 그리고 자신이 바라는 결과 사이의 연관성을 바로 이해함으로써 나온 것이 아니면, 즉 하나님 나라가 우리 가운데 어떻게 작용하는지를 잘 모르고 있을 때 그렇게 될 수 있다. 설교자들이 종종 말의 중요성을 말하면서 생각과 말을 미신적으로 사용하는 경우다. "말하는 대

---

14) 달라스 윌라드, 『하나님의 음성』 윤종석 역 (서울: IVP, 2010), 201.
15) Martin Buber, I and Thou, Translated by Ronald G. Smith (New York: Colllier, 1958), 83.

로 된다"는 것을 강조하는 경우다. 자기가 원하는 것을 말로 고백하면 그대로 된다고 설교를 한다. 이러한 설교는 설교자가 우상적 생각에 자기도 모르게 사로잡혀 있거나 성경에 대한 잘못된 이해에서 비롯된 것이다.

> 기독교 신앙은 능력이 사용된 말이나 취해진 의식 자체에 있다고 믿지 않는다. 그렇게 믿는다면 우리도 미신 행위에 뛰어들 것이다. 오히려 우리는 말과 행동을 단순히 사물의 본성에 내재된 순리로 본다. 하나님이 친히 정하신 질서를 따라 당면한 일을 이루실 뿐이다. 말과 행동은 하나님 나라의 삶의 일부로 작용한다. 그것들은 우리가 바라는 결과를 얻어내는 도구인 것만이 아니며, 자기 나름의 목표를 이루기 위해 하나님 나라의 인격적 주체들을 기용한다. 우리는 권위 아래 있지 통제 아래 있는 것이 아니다. 하나님의 말씀으로 일하는 자들에게 임하는 지식과 믿음과 사랑과 소망이라는 구체적 조건은 그 말씀 본성 자체에 들어 있다. 거기에 앞으로 일어날 결과 내지 효과가 연결된다. 인간의 몸 내지 마음(치유의 경우)의 본성에, 창조와 구속의 성령 곧 하나님이 연결되는 것이다. 하나님 나라의 일부로서 이 조건은 필요와 공급 간의 적절한 경로를 형성한다. 영향력과 인과 관계의 자연적인(사실상 초자연적이지만) 질서를 이루는 것이다.[16]

설교자가 율법주의적인 성향에 강하게 사로잡히면 미신적인 설교를 자기도 모르게 할 수 있다. 율법주의는 인간의 외면적 행동 규율에 부합되는 가시적 행위를 통해 의롭게 되고 하나님을 기쁘시게 하며 복 받는 자가 된다고 믿는 것이다. 율법주의와 미신과 마술은 사람과 사건에 대한 통제를 강조한다는 점에서 서로 밀접한 관련이 있다. 율법주의자들은 결국 미신적 행위에 빠질 수밖에 없다. 율법으로 삶을 통제한다는 목적하에 삶의 순리적 연결 고리를 외면하기 때문이다.

---

[16] 달라스 윌라드, 『하나님의 음성』, 203-04.

율법주의는 행위가 하나님이 기대하시는 존재의 질을 보장한다고 여기는 것이다. 복음서에서 예수님이 바리새인과 끊임없이 투쟁하셨던 것이 바로 율법주의다. 바리새인들은 하나님과의 올바른 관계 안에 있기 위한 수단으로서 행위를 강조했을 뿐만 아니라 하나님이 기대하시는 모든 것이 되는(being) 수단으로서의 행위를 강조했다. 물론 행위의 가치를 무시해서는 안 된다. 존재와 행위는 균형을 이루어야 한다. 그러나 분명한 것은 성경에서는 행위로부터 존재를 규정하기보다는 존재로부터 행위를 강조한다는 점이다.

수전 무토(Susan Muto)는 "자신의 헌신과 충성에 대한 보상을 요구하지 않고 오로지 하나님을 기쁘게 하는 일에만 열중한다. 이 같은 내적 동기와 욕망의 정화는 우리의 이해를 초월하는 은혜를 통한 친밀감을 깊게 하는 길을 마련해 준다"고 말했다.[17] 우리가 우리의 내적 동기와 욕망을 정화할 수 있는 길은 행위로부터라기보다는 은혜를 통한 친밀감에 기반할 때다. 그렇다면 욕망의 정화를 행위가 아닌 은혜를 통한 정화라고 한다면, 하나님이 우리에게 순종하는 삶을 요구하시는 것에 대한 답변이 요구된다. 성경적 순종은 우리가 우리 자신을 하나님의 형상으로 만들기 위해 행하는 기능적인 것이라기보다는 하나님이 우리를 사용하시도록 말씀에 순종하는 것이다. 그러나 우리에게는 우리의 순종을 기능적인 것으로 여기려는 유혹이 항상 존재한다. 우리는 종종 "하나님, 내가 순종해 왔으니 그 보상으로 무엇인가를 기대합니다"라고 말하고 싶은 유혹을 받는다. 또 하나의 유혹은 내가 이것을 행하면, 내가 십일조를 드리면, 어떤 결과를 얻게 될 것이라고 생각하는 것이다.

---

17) Susan Annette Muto, *A Practical Guide to Spiritual Reading* (Denville, N.J.: Dimension Books, 1976), 26.

6. 설교와 도덕주의

설교에서 도덕주의는 복음을 도덕으로 축소시킴으로써 인간의 헛된 자존감을 부추긴다. 도덕주의적 설교는 설교자와 청중을 자칫 절망의 길로 떨어지게 할 수 있는 위험이 있다.

> 도덕주의는 왜 설교자들이 절망할 수밖에 없는지 그 이유를 보여준다. 도덕주의적인 설교에서 설교자들은 착한 사람이 되라고 설교하거나 어떻게 착해질 수 있는지를 제시한다. 하지만 다음 주에 다시 신자들을 만나면 그들은 여전히 나쁜 행동에 머물러 있는 것을 발견한다. 그래서 설교자들은 변하지 않는 청중 때문에 절망하기 마련이다. 이렇게 바람직한 행동을 요청하는 설교를 들었으면서도 여전히 나쁜 일을 일삼는지를 이해하려면 설교자는 먼저 자신의 삶을 살펴보면서 설교자도 그들과 마찬가지임을 인정해야 한다. 설교자가 선행을 실천하려면 먼저 은혜를 공급하는 포도나무와 연결되어 있어야 한다.[18]

도덕주의는 하나님의 은혜를 부인하고, 하나님은 올바른 규칙을 잘 지키는 사람을 사랑하는 반면에 그렇지 않은 사람은 싫어하신다고 주장한다. 하나님의 복을 받으려면 계명을 잘 지켜야 한다는 식의 논리다. 이러한 도덕주의는 하나님의 용납과 관계가 없다. 도덕주의는 하나님의 무한한 지혜를 외면하며 현실세계의 신비를 인간의 이해 가능한 차원으로 축소한다.

7. 설교와 주지주의

지성 편향적인 설교자는 무엇이 지혜로운지를 자신의 생각대로 판단함

---

[18] Zack Eswine, *Preaching to a Post-Everything World*, 54.

으로써 지혜를 어리석게 모방하려 든다. 이런 설교자들은 사람이 교리적인 생각과 판단은 옳을지라도 도덕적인 실천의 차원에서는 부패할 수 있음을 간과한다.[19] 예를 들면, 회개나 구원에 관한 교리를 정확하게 정의할 줄 알면서도 강퍅한 마음대로 생활하며 자신의 종교적인 행위를 과신하는 사람들도 있다. 반대로 교리들을 분명하게 설명하지 못하지만 자신의 실수를 인정하고 용서를 구하며 그리스도께서 베푸신 은혜를 기뻐하며 사는 사람들도 있다. 성경에 등장하는 욥의 친구들은 욥의 말 속에서 실수를 찾아내는 데는 빨랐지만 욥의 행동은 바로 주목하지 못했다. 어떤 사람의 성품이 행동으로 어떻게 나타나는지에 대해서 주목하지 못하고 단순하게 견해를 정확히 진술하는지의 여부에만 집중하다보면 지혜를 어리석게 모방하는 설교자가 되기 쉽다.[20]

욥의 친구들의 문제는 욥이 당한 초자연적인 문제와 세계를 올바로 파악하지 못했던 점에서 찾아볼 수 있다. 성경적인 설교자는 결코 지성에만 의존하는 설교를 피해야 한다. 성경에서 가르치는 지혜도 초자연적인 세계와 관련이 있음을 보여준다. 하나님이 다니엘과 그의 세 친구들에게 "지식을 얻게 하시며 모든 학문과 재주에 명철하신 외에 다니엘은 또 모든 이상과 몽조를 깨달아 알더라"라고 하였다. 다니엘과 세 친구들은 "왕이 그들에게 모든 일을 묻는 중에 그 지혜와 총명이 온 나라 박수와 술객보다 십 배나 뛰어났다"(단 1:17, 20). 다니엘의 지혜를 바벨론의 박수와 술객들의 지혜로부터 구분했던 것이 바로 "신통력 있는 지혜"(mantic wisdom)이다. 신통력 있는 지혜는 초자연적인 힘으로 말미암는 지혜이기도 하다. 하지만 신통력 있는 지혜는 때로 영적인 세계를 조작하기도 한다. 예를 들면, 애굽

---

19) Zack Eswine, *Preaching to a Post-Everything World*, 152.
20) Zack Eswine, *Preaching to a Post-Everything World*, 152.

왕 바로의 박사와 박수들도 모세의 기적 일부를 흉내 낼 수 있었다(출 7:11).

성경적인 안목을 지닌 설교자는 보이지 않는 초자연적인 권세를 무시해서는 안 된다. 욥의 가족과 종들의 갑작스런 죽음이나 재산의 상실 그리고 그 몸의 질병의 원인은 악한 영들의 간섭에서 찾을 수 있다. 욥기는 사탄의 초자연적인 실체를 분명히 보여준다. 욥의 친구들이 실패할 수밖에 없었던 것은 욥이 처한 상황에 악령들의 개입 가능성을 간과했기 때문이다. 때문에 설교자가 다루어야 할 주제는 자연과 이성 그리고 죄악뿐인 것처럼 설교하는 것은 단순주의에 빠진 것이고 성경적으로도 근거가 없다. 성경적인 설교자는 자연의 신호를 관찰하고 성찰해야 하지만 그와 동시에 우리 눈에 보이지 않는 영적인 존재들과 세계에 대해서도 지혜로운 성찰이 필요하다. 설교자가 이성적 사고에만 의존하여 영적 세계에 대해 무지하면 주지주의에 빠질 위험성이 있다. 역으로 이성적 사고나 가치를 무시하고 초자연적 역사만을 영적 세계로 생각하거나 영적 가치로 여길 때 지나친 신비주의에 빠질 수 있다. 때문에 항상 균형 있는 감각과 자세가 필요하다.

Spirituality & Preaching

제 4 장

설교와 성경
Preaching & The Bible

1. 성경적 설교

성경은 설교의 필수 내용이다. 그러면서도 성경은 또한 설교의 원리들의 근원이며 권위다. 성경의 내용이 중요한 이유는 그것이 인간에 대한 하나님의 뜻을 알려주기 때문이다. 성경은 "교훈과 책망과 바르게 함과 의로 교육하기에 유익하니 이는 하나님의 사람으로 온전케 하며 모든 선한 일을 행하기에 온전케"한다(딤후 3:16-17). 성경은 또한 신앙공동체로서의 교회의 기원과 본질, 생활과 사명에 대해 알려준다. 뿐만 아니라 하나님은 성경을 통해서 계속 우리를 새롭게 하신다. 성경은 설교의 가장 중요한 자료이다. 설교란 성경에 기초하여 사람들로 하여금 하나님의 뜻을 듣고 응답하고 명령을 수행할 수 있도록 성경을 해석하고 적용하는 행위이다. 성경을 떠나서는 궁극적으로 설교가 성립되지 않는다. 설교는 본질적으로 성경적이어야 한다.

그러면 성경과 설교의 관계로서 성경적인 설교란 어떤 것인가? 성경적 설교가 성경에 관해서 전하는 설교인가? 아니면 성경이 전하고자 하는 의미와 사상을 전하는 것인가? 토마스 롱(Thomas Long)은 이렇게 답한다. "성경적 설교란 단순히 성경에 관해 말하고 교리 논쟁을 위해 성경을 사용하거나 또 성경적인 원리들을 우리 일상생활에 적용시킨다는 것만이 아니다. 성경적 설교란 설교자가 사람들을 위해서 기도하는 마음으로 성경의 음성을 들을 때 일어나는 것이며 그리스도가 제대로 증거될 때만이 가능한 것이다. 성경적 설교는 설교에서 성경본문을 얼마나 많이 인용하느냐에 달려 있는 것이 아니다."[1] 데이비드 버트릭(David Butrick)은 "성경적인 설교는 메시지 자체에 충실할 뿐만 아니라 그 메시지의 의도에도 충실하려고 하는 것이다"라고 하였다.[2] 때문에 "설교란 사상에 관한 것이 아니라 삶에 변화를 가져오는 사상에 관한 것이다."[3] 성경적 설교란 성경의 음성을 잘 듣는 귀, 인간의 필요를 잘 알고 신앙과 삶을 연결해서 볼 수 있는 눈, 불타는 열정과 자비, 그리고 늘 자라나는 신앙과 진리를 말하고자 하는 용기가 절대적으로 필요하다.[4]

2. 설교자와 성경

우리가 피상적으로 보면 여호수아 1장의 주인공은 여호수아처럼 보인

---

1) 토마스 G. 롱, 『설교자는 증인이다』 서병채 역 (서울: 기독교문서선교회, 2005), 71-2.
2) David G. Buttrick, "Interpretation and Preaching," *Interpretation*, 25/1 (1981): 58.
3) O. C. Edwards, *Elements of Homiletic: A Method for Preaching to Preach* (New York: Pueblo Publishing, 1992), 63.
4) 토마스 G. 롱, 『설교자는 증인이다』, 29.

다. 하지만 하나님이 공급하시는 은혜가 아니면 여호수아는 아무것도 할 수 없었음을 설교자는 기억해야 한다. 이 점은 성경에서 만나는 모든 인물들을 대할 때에도 동일하게 적용된다. 요셉처럼 되려면 주께서 요셉에게 허락하셨던 은혜가 필요하며 바울처럼 되려면 바울이 누렸던 것과 동일한 하나님의 은혜가 필요하다. 때문에 설교자는 성경인물이 주는 교훈에서 본질적인 목표를 드러낼 수 있어야 한다. 즉 인물의 이야기를 하나님의 이야기로 전환시키는 방법을 알아야 한다. 설교자는 모든 본문에서 하나님을 만나야 한다. 주인공을 만나야 한다.

하나님이 모든 본문의 주인공이시라는 의미는 설교에서 설교자가 하나님의 주권을 높여야 하고 그분의 말씀의 진실성을 드높이며 우리 인간의 기쁨과 지혜의 원천으로서의 그분의 공급하시는 은혜를 탐구하며 그분의 말씀이 요구하는 것을 그대로 요청해야 한다는 뜻이다.[5] 때문에 모든 본문의 주인공으로서 하나님을 드러내는 설교는 본문의 의미를 명확하게 아는 것이다. 즉 저자의 의도를 바르게 아는 것과 깊이 관련되어 있다. 브라이언 채플은 설교자들이 빠질 수 있는 유혹을 이렇게 진술한다.

> 설교자는 청중이 하나님의 요구를 실천하는 데 도움을 준다고 생각되는 여러 가지를 제안할 수 있다. 하지만 이런 제안들이 곧 성경의 요구사항이라고 생각하거나 믿는 것은 큰 잘못이다. 매일 20분 정도 경건의 시간을 가지라고 권면하거나 또는 가족들끼리 저녁식사 시간에 성경을 읽거나 성경공부반에 가입하라고 하거나 성경암송 과정에 등록하라고 권면하는 것은 좋은 제안이다. 하지만 성경은 이런 구체적인 실천사항들을 전혀 요구하지 않는다.[6]

---

5) Zack Eswine, *Preaching to a Post-Everything World*, 236.
6) Bryan Chapell, *Christ-Centered Preaching: Redeeming the Expository Sermon* (Grand Rapid: Baker Books, 2005), 232.

C. S.루이스(C. S. Lewis)는 "우리 각자는 자기 나름대로 중요하게 강조하는 것이 있다. 각자는 신앙 이외에 진리라 생각되고 중요하다고 여겨지는 여러 견해들도 갖고 있다…그러면서도 우리는 나의 개인적인 종교가 아니라 기독교를 주장한다. 그래서 개인적인 견해를 피력하고자 할 때 우리는 개인적인 견해들과 신앙 그 자체의 차이점을 항상 분명히 해야 한다"고 지적했다.[7] 설교자가 성경의 주인공과 그 주인공의 관심과 생각을 잘 드러내지 못하면 설교는 왜곡되기 쉽다.

때문에 설교자가 자신의 주관적인 생각이나 가치를 가지고 본문의 저자의 생각이나 의도를 왜곡시킬 수 있음을 주의해야 한다. 설교자는 본문의 저자가 말하고자 하는 의미와 전혀 다른 의미를 주입하는 것을 주의해야 한다. 예를 들어 설명하면, 요셉이 형제들에 의해 구덩이에 던져진 내용을 가지고 설교하면서 구덩이란 단어를 설교자가 지나치게 자기 주관적으로 설명하거나 적용하는 경우다. "여러분의 인생에서 어떤 구덩이가 있습니까?"하고 물으며 인생의 구덩이를 재정문제, 성에 관한 문제, 심리적인 문제 등으로 제시한다. 하지만 성경본문에서 말하는 구덩이라는 단어는 은유가 아니다. 요셉이 들어간 구덩이는 재정문제와 관계가 없다. 요셉은 실제 구덩이에 던져졌다. 실제 구덩이였다.

설교자가 본문의 의미와 개념들을 바르게 읽어내는 일은 기초적인 것이다. 하지만 설교자는 결코 이 기초적인 작업으로만 충분하지 않음을 알아야 한다. 성경 본문에서 발견되는 인물들의 모습과 상태와 상황들 그리고 오늘날 우리가 사는 세상과의 긴밀한 공감대를 찾아내는 것은 기초적인 과정보다도 더 중요하다. 본문 저자의 의도가 파악되면 그 다음에 본문의 의

---

7) C. S. Lewis, "Christian Apologetics," in Walter Hooper, ed., *God in the Dock: Essays on Theology and Ethics* (Grand Rapids: Eerdmans, 1994), 90.

미와 청중 또는 청중의 삶 사이를 조절하는 연결 고리를 붙잡아야 한다. 설교자가 이런 능력을 길러야 생명력 있는 설교를 할 수 있다. 그래야 설교가 청중들에게 설명(explanation)을 넘어 이해(understanding)를 이끌어낼 수 있다.[8] 설교자는 문학적, 역사적, 문화적, 정치적, 경제적 혹은 신학적 분석 도구를 이용하여 본문을 검토하게 된다. 이것은 설명의 차원이다. 하지만 이해의 차원은 설명을 포괄하는 반면 설명은 분석적으로 이해를 발전시킨다.[9] 다시 말하면, 자기이해는 해석의 시작점이지만, 그것은 잠정적으로 설명적 방법에 의해 제한된다. 설교가 이러한 설명적 방법에만 제한되면, 본문 해석이 우리 삶의 진정한 필요와 가능성을 말하는 것으로부터 동떨어진 것이 되고 만다. 설교는 본문이 말하는 우리 삶을 위한 필요와 가능성들을 전해주어야 한다.

  설교자는 설교준비를 위해 성경을 읽는 방법을 여러 과정을 통해 훈련받는다. 성경연구 과정들에서는 안목 있는 본문 비평가들로부터 성경을 읽는 법을 배운다. 신학 과정들은 성경을 신학적으로 연구하는 방법을 이해하도록 돕는다. 문화 사회 비평 과정들은 성경의 세계와 현대 사회공동체 모두에 존재하는 상황을 이해하도록 돕는다. 하지만 이것은 죽어가는 한 여인이 요구하는 것은 아니다. 이 여인은 설교자의 숙련된 분석을 듣고자 하는 것이 아니라, 삶을 마감하고 있는 자신에게 설교자가 생의 진리가 담긴 설교를 하고 있는지를 듣고자 하는 것이다.

---

8) W. Dow Edgerton, *Speak to Me That I May Speak: A Spirituality of Preaching* (Cleveland, Ohio: The Pilgrim Press, 2006), 165.

9) Paul Ricoeur, "Explanation and Understanding," in Chares E. Reagan and David Stewart, eds., *The Philosophy of Paul Ricoeur: An Anthology of His Work* (Boston: Beacon Press, 1978), 163.

3. 설교자와 성경적 세계관

설교자는 고통스런 현실을 다루어야 할 뿐만 아니라 현실의 아름다움도 다루어야 한다. "현실의 아름다움이란 하나님이 지으신 피조세계와 성육신, 즉 그리스도의 인격과 사역을 통해서 하나님의 영광과 거룩함에 대한 진리가 눈부시게 빛을 발하는 것을 말한다. 아름다움은 하나님에게로 이끌리도록 하는 것이며, 말씀의 인도를 따라 믿음의 눈으로 그리스도를 바라볼 때 우리 마음을 황홀하게 만드는 것이다."[10]

성경은 인간이 타락했지만 여전히 하나님의 형상으로 창조된 존재라고 말한다. 하나님의 형상으로 창조된 인간은 타락했지만 여전히 "남아 있는 아름다움"이 있다.[11] 사람 속에 남아 있는 하나님의 형상은 비록 타락한 자라도 옳은 일을 할 수 있음을 보여준다. 예를 들면, 하나님의 존재를 의심하는 자라도 어떤 측면에서는 하나님의 기준에 따라 양심의 가책을 느끼기도 한다(롬 2:15-16). 죄인들도 사람을 사랑할 줄 알며, 선한 행동을 할 때가 있다(눅 6:32-34). 설교자는 인간의 마음속에 남아 있는 타락한 본성을 설교로 드러내야 한다. 하지만 설교자는 먼저 성경이 출발하는 곳에서 우리의 메시지를 시작하는 방법을 배워야 한다. 즉 우리 모두가 하나님의 형상을 따라 창조되었기 때문에 모든 사람들의 고귀한 소명과 위엄을 우리의 메시지 속에 포함시키는 방법을 배워야 한다. 설교자가 인간의 죄 문제를 하나님의 형상으로 창조되었다는 맥락과 연결시키지 않으면, 결국 그 설교는 구속의 아름다운 메시지를 놓치고 만다. 때문에 설교자는 한편으로는 인

---

10) T. Chris Cain, "Turning the Beast into Beauty: Towards and Evangelical and Theological Aesthetics," *Presbyterian: Covenant Seminary Review* 29, no. 1 (Spring 2003): 298.
11) Edith Schaeffer, *Hidden Art* (Wheaton: Tyndale House, 1975), 28.

간의 악한 부분을 선포하면서도 또 다른 한편으로는 창조의 아름다움도 선포해야 한다.

설교자는 하나님과 소통 가능한 성품들의 흔적을 살피기 위해서라도 에덴동산의 렌즈를 사용하여 본문을 살펴야 한다. 하나님과 소통 가능한 성품들이란 하나님이 자신을 닮은 존재로 인간을 창조하실 때 부여한 거룩한 성품들을 말한다. 그런 성품들 중에는 사랑과 지혜, 자비, 공의를 추구하도록 하나님이 허락하신 인간의 능력들이 있다.[12] 설교자는 성경 본문을 연구할 때 에덴동산의 렌즈를 통해서 죄인임에도 불구하고 본래 하나님의 형상을 따라 지음 받은 인간의 고귀함을 인식해야 한다. 하지만 분명한 것은 영적인 존재로서 인간은 오직 하나님만이 채울 수 있는 공간이 있다는 사실을 놓치지 않아야 한다는 점이다.[13]

설교자가 타락의 렌즈를 사용하여 인간의 타락한 상황에 초점을 맞출 때 상황을 유형별로 구분하는 지혜가 필요하다. 먼저 타락한 상황(fallen condition)이다. 이는 죄악으로 이끌리는 인간 내면의 속성이다. 타락한 인간은 영적인 강퍅함이 있다. 영적인 강퍅함은 완고한 거절의 문제와 관련이 있다. 교훈은 주어졌지만 마음은 이를 받아들이려 하지 않는다. 마치 "바로가 숨을 통할 수 있음을 볼 때에 그 마음을 완강케 하여 그들을 듣지 아니한 것"과 같은 것이다(출 8:15).

두 번째는 타락한 상황에 초점을 맞추기에서 인간의 유한한 상황(finite condition)과 관련된 부분이다. 인간의 타락한 상황이 모두 다 도덕적인 악 때문에 생겨난 것은 아니다. 인간은 본래 유한한 존재이며 지식이나 이해,

---

12) Wayn Grudem, *Systematic Theology: An Introduction to Biblical Doctrine* (Grand Rapids: Zondervan, 1994), 156-57.
13) Bryan Chapell, *Christ-Centered Preaching*, 50.

정서적 혹은 육체적 능력의 한계 속에서 살아야만 하기 때문에 하나님의 섭리가 필요하다. 성경에서 인간의 유한한 상황에 대한 묘사는 주로 영적 소경에 대한 언급에서 발견된다. 제자들 중의 한 어머니는 예수님이 새로운 나라를 세우실 때 자기 자녀들을 왼편과 오른편에 앉혀 달라고 요청했다. 그러자 예수님은 이렇게 대답하였다. "너희 구하는 것을 너희가 알지 못하는도다"(마 20:22). 사람들은 자신들이 의도하거나 기대하는 것의 진정한 의미를 전혀 깨닫지 못할 때가 있다. 영적소경이란 완고함이나 악의 때문이 아니라 무지 때문에 빚어진 영적 어려움을 말한다.

세 번째는 타락한 상황에 초점 맞추기에서 연약한 인간의 상황(fragile condition)이다. 인간은 때로 특정한 죄를 범했기 때문이 아니라 타락한 세상의 일반적인 환경으로부터 부정적인 영향을 받거나 그로 인해 죄를 범하기 때문에 하나님의 인도가 필요할 때가 있다. 유한한 상황이 인간의 무능을 말한다면, 연약함은 인간의 신체적이고 정신적 한계와 그에 따른 연약한 상황과 더 관련된다. 때로 신체적 정신적 연약함은 개인의 삶 속에서 일어나는 죄악과 직접적인 관련이 없다. 그보다 사람들은 타락한 세상 속에서 유한하고 연약한 존재로 살아가는 까닭에 사회적 혹은 개인적인 시련에 직면한다. 고아와 과부들은 이들 편에서 무슨 죄를 범했기 때문이 아니라 그들이 처한 상황 때문이든 아니면 타인의 죄 때문이든 하나님의 은혜가 필요하다. 성경에 등장하는 나오미와 룻은 자신들의 죄악과 무관하게 음식과 빵이 절실히 필요한 상황에 직면한다(룻 1장).

타락한 상황에 초점 맞추기의 네 번째 유형은 사람들 속에 흔들리는 상황(faltering condition)이다. 인간은 진리라고 믿는 것과 실제 삶이 요구하는 것 사이에서 흔들린다. 요나가 배에서 사람들에게 "나는 히브리 사람이요 바다와 육지를 지으신 하늘의 하나님 여호와를 경외하는 자로라"고 고백하는 구절에서 우리는 요나가 고백한 것과 실제 그의 행동 사이의 흔들리는 상태를 찾아 볼 수 있다(욘 1:9). 바울 또한 이러한 인간의 상황을 잘 묘사해 준다. "나의 행하는 것을 내가 알지 못하노니 곧 나의 원하는 이것은 행하지 아니하고 도리어 미워하는 그것을 행함이라"고 했다(롬 7:15). 때문에 설교자는 인간의 내면에 도사리고 있으며 오직 하나님만이 해결할 수 있는 모순을 잘 부각시킬 수 있도록 성경 본문 속의 불일치와 모순들을 잘 드러낼 수 있어야 한다.[14]

브라이언 채플(Bryan Chapell)은 타락한 상황에 초점 맞추기를 설명할 때, 인간의 곤경(the human dilemma)은 하나님의 해결책, 즉 하나님 자신의 영광을 위하여 하나님이 친히 베푸시는 구원의 은혜가 필요한 상황임을 함께 강조했다. 만일 타락한 상황에 초점 맞추기가 인간의 상황을 더욱 황폐하게 만드는 빈 공간들을 들추어낸다면 또 다른 한 편으로 이런 공간들을 메우기 위하여 하나님이 허락하시는 하나님의 은혜 역시 강조되어야 한다.[15] 설교자는 성경 본문으로부터 그러한 은혜의 증거들을 발견할 수 있어야 한다.

설교자는 하나님의 공급하시는 은혜를 무엇보다도 중요하게 여겨야 한다. 성도들이 하나님의 말씀을 이해하려면 먼저 하나님의 은혜가 필요하다. 요한복음 15:5에서 "나를 떠나서는 너희가 아무것도 할 수 없음이라"는 말씀이 이를 잘 드러내 준다. 설교자는 성도들이 열매를 맺도록 전해야 하지만 하나님의 은혜가 공급되지 않고서는 말씀이 요구하는 것을 감당할 수 없음을 알아야 한다. 성경은 주께서 자기 백성을 감화하시고 그분의 뜻에 순종하도록 하기 위하여 사용하는 방법으로 먼저 그분의 은혜를 공급하시고 그 다음에 계명을 말씀하신다는 것을 종종 보여준다. 예를 들면, 베드로

---

14) Zack Eswine, *Preaching to a Post-Everything World*, 48.
15) Bryan Chapell, *Christ-Centered Preaching*, 14.

후서 1:3-5에서 "그의 기이한 능력으로 생명과 경건에 속한 모든 것을 우리에게 주셨으니"(주께서 공급하신은 은혜), "이러므로 너희가 더욱 힘쓰라"(주님의 계명). 골로새서 3:1-3에서 "너희가 그리스도와 함께 다시 살리심을 받았도다 이는 너희가 죽었고 너희 생명이 그리스도와 함께 하나님 안에 감취었느니라"(주께서 공급하시는 은혜), "위엣 것을 찾으라 위엣 것을 생각하고 땅엣 것을 생각지 말라"(주님의 계명) 등이다.

설교자가 자기 청중이 바울처럼 되기를 원한다면 먼저 그들에게 바울이 경험했던 하나님의 은혜를 깨닫도록 해주어야 한다. 그러나 청중들로 하여금 고난의 외연적인 부분만을 보고 고난의 신비에 무지하게 하면 단순주의에 빠지게 된다. 하나님의 은혜의 렌즈에 초점을 맞추는 설교란 결코 단순주의를 말하지 않는다. 단순주의란 현실의 문제에 대한 해답을 제공하는 인간의 능력을 과대평가한다.[16]

4. 성경에 다 있다는 견해

설교자들이 성경을 높이려는 의도를 가지고 성경에 모든 답이 다 있다고 주장한다고 해서 성경의 가치를 반드시 높이는 것은 아니다. 그 반대일 수도 있다. 성경에는 수많은 내용들이 나와 있다. 하지만 우리 삶의 많은 구체적인 상황이 성경에 나와 있지 않다는 것을 부득불 깨닫게 된다. 성경은 묵상에 대한 방법이나 성경공부 방법이나 우리 인생의 세부 사항에 대해서도 구체적으로 말하지 않는다. 가정과 직장과 사회에서 경험하는 수많은

---

16) Zack Eswine, *Preaching to a Post-Everything World*, 54.

문제에 대한 답을 성경은 직접 말하지 않는다.

물론 원리는 모두 성경에 들어 있다. 원리에 관한 한, 마땅히 해야 할 말과 할 수 있는 말이 성경에 다 들어 있다. 그러나 원리대로 살려면 먼저 적용이 필요하다. 대체로 이 적용 단계에서 인간이 상상할 수 있는 거의 모든 일이 성경을 근거로 입증되고 있다. 성경을 존중하고 믿는다고 해서 하나님이 각 개인에게 주시는 가르침, 즉 성경의 원리 안에 있되 성경의 명시적 세부 내용을 벗어나는 가르침의 필요성을 외면해서는 안 된다. 설교자가 성경을 높이고 존중한다고 해서 하나님이 인류에게 말씀하시는 다양한 방법과 창조 질서 속에 나타난 지혜를 무시해서는 안 된다.

설교자에게 성경 이상의 것이 필요한가? 이는 설교를 위해서 반드시 제기해야 할 질문이다. 설교자는 설교를 위해서 오직 성경에 대한 이해만을 필요로 하는가? "모든 진리는 하나님의 진리"라고 주장했던 아서 홈즈(Arthur Holmes)는 기독교의 학문적 관점을 다음과 같이 진술한다.

> 신앙과 학문, 신앙과 문화의 창조적이고 활동적인 통합을 촉진하는 교육이어야 한다…그것은 어떤 경우에도 경건과 학문, 신앙과 이성, 종교와 과학을 분리해서는 안 된다…또한 그 통합은 단순히 신앙과 학습의 어색한 결합을 초월해야 한다. 악한 동맹이 아니라 효과적인 연합이어야 한다. 우리에게 필요한 것은 그리스도인이면서 동시에 학자인 사람이 아니라 그리스도인 학자요, 단순히 기독교와 교육을 나란히 갖다놓은 것이 아니라 기독교 교육이다. 통합은 추가적인 도덕적 가르침이나 적용을 꺼린다… 통합은 방법론과 자료, 개념과 신학 구조에 대한 철저한 분석은 물론, 자유로운 학습에 대한 살아 있고 생생한 해석, 기독교 신앙에 대한 헌신을 필요로 한다.[17]

---

17) Arthur Holmes, *The Idea of Christian College* (Grand Rapids: Eerdmans, 1989), 6-7.

설교자는 창조 질서를 체계적으로 연구하고 인간을 임상적으로 연구한 학자들로부터 배워야 한다. 설교자들이 기억해야 할 것은 오만한 무신론자가 위대한 작품을 쓸 수도 있고, 신학은 훌륭해도 실력은 형편없는 과학자가 있을 수도 있다. 설교자는 훌륭한 통찰력이 등장할 때마다 그것을 분별하며, 성경적 세계관으로 녹여내는 법을 배워야 한다. 이것이 바로 바울이 마스 힐에서 한 일이다(행 17장). 바울은 유명한 세속 도시를 인용하여 적대적이지만 지적인 자신의 청중들과 소통하는 설교를 했다.

성경은 설교의 핵심 권위일 뿐만 아니라 필수 내용이기도 하다. 성경이 중요한 이유는 그것이 인간에 대한 하나님의 뜻을 알려주기 때문이다. 그러므로 성경은 설교의 가장 중요한 자료이다. 칼빈도 이러한 확신 속에서 하나님이 인간에게 일반계시와 특별계시를 주셨다고 하였다. 칼빈은 '영적 영역'과 '자연적 영역'을 완전히 둘로 나누어 버리는 이원론(dualism) 사상을 거부하고 영적 원리와 자연적 원리를 포함하는 포괄적인 원리를 강조하였다. 그러므로 칼빈의 신학적 원리는 이것이냐 혹은 저것이냐(this or that) 하는 혼돈이 아니라 이것과 저것(this and that)의 포괄이다. 칼빈은 하나님의 말씀이야말로 모든 삶과 사상의 토대가 되며, 인문학은 하나님의 말씀에 대한 지식에 도움을 준다고 하였다. 이런 관점에서 칼빈은 "철학자들이 가르치는 바는" "참된 것이며, 알아서 재미있을 뿐만 아니라 배워서 유익한 것이며 또한 능숙한 솜씨로 수집된 것"이라고 주장했다.[18] 칼빈은 특히 우리가 "불신자들의 활동과 봉사의 도움을 통해서 자연 과학과 논리학과 수학과 그 밖의 학문의 도움을 받는 것을 하나님이 기뻐하신다"고 믿었다.[19]

칼빈은 하나님이 창조하신 세상을 통하여 지혜를 얻는 것을 무시하지 않

---

18) John Calvin, *Institute of the Christian Religion*, I, xv, 6.
19) John Calvin, *Institute of the Christian Religion*, II, ii, 16.

고 그 가치를 인정했으며, 일반지식의 효능을 인정하고 성경을 이해하는 도구로 삼았다. 칼빈은 세계작가의 아름다운 작품을 볼 때마다 그 작품 속에 빛나고 있는 놀라운 빛을 통하여, 비록 타락하였으나 인간의 정신은 아직도 하나님의 뛰어나신 은사로 옷 입혀져 있고 장식되어 있다는 것을 배울 수 있다고 하였다.[20] 그는 또한 고전교육이 그리스도의 교훈보다는 못하지만, 인간을 보다 풍요하게 이해하는데 필요하며, 복음을 전하는데 도움이 된다고 여겼다.[21] 수잔 슈라이너(Susan Schreiner)에 따르면, "칼빈은 자연의 경이로움으로 인하여 가졌던 감격이 만물의 본성적 부패함을 간과하고 있는 것은 아니다. 칼빈의 견해에 따르면 만물은 질서로 유지되어 있지 않다. 피조물의 본성적 성격인 악과 죄는 질서에 따른 행동을 하지 않는다. 단지 하나님의 능력이 우리가 세계를 통해 인식하는 그 위대한 질서를 보존하게 된다. 만물의 유지는 하나님의 작품 속에서 하나님을 계속적으로 즐거워하는 것에 달려 있다."[22]

구약의 지혜자는 하나님의 섭리 안에 있는 모든 영역의 온전한 회복을 이루어가기 위해서 인간과 자연의 삶 속에 나타난 하나님의 질서와 구조를 분별하고자 했다. 지혜자의 관찰에 따르면, 지혜를 향유하는 방식은 연역적이기도 하지만 귀납적이기도 하다. 즉 지혜가 주어지는 방식과 획득되는 방법은 단지 일반화된 방식에만 의존하기보다는 때로는 분석적 방법이 필요하고 때로는 특수한 방식이 필요하며 때로는 아주 역설적 신비가 요구되기도 한다. 하지만 지혜가 하나님의 창조 사역과 구원 사역의 관점을 취하지 않는다면 인간의 경험의 대상인 이 세상에 궁극적 의미를 결코 부여

---

20) John Calvin, *Institute of the Christian Religion*, II, ii, 15.
21) 칼빈의 이와 같은 사상은 서구의 교육발전에 지대한 영향을 미쳤다고 할 수 있다.
22) Susan E. Schreiner, *The Theater of His Glory: Nature and the Natural Order in the Thought of John Calvin* (Grand Rapids: Baker Books, 1991), 28.

할 수 없다. 지혜자는 하나님의 말씀과 그분과의 관계 속에서 경험과 관찰을 통해 발견된 것을 그들의 사역에 적용하려 했다는 점이다. 때문에 지혜로운 설교자는 일반계시에 나타난 지혜 또는 자연적 영역에서 얻은 지혜를 하나님의 말씀의 원리 안에서 사용할 것이다.[23]

5. 성경과 창조세계

성경의 지혜서는 설교자에게 중요한 것을 제공해 준다. 지혜서는 진리를 위하여 하나님의 말씀을 연구할 뿐만 아니라 하나님이 창조하신 세상도 연구해야 함을 알려준다. 성경의 지혜서에 보면 솔로몬은 하나님의 지혜로 수수께끼와 함축성 있는 잠언들을 지었고 식물학, 조류학, 수목학, 파충류학과 어류학에 대해서도 연구했다(왕상 4:31-34). 성경의 지혜서는 인생의 본질을 다루고 있으며 현실 세계의 다양한 차원들에 관한 실제적이고 인간적이며 충분히 이해할만한 내용들을 담고 있다. 성경의 지혜자는 "여호와를 경외하는 것"은 하나님과 사람, 장소, 자아의 실체를 올바로 이해하는 데 꼭 필요하다고 확신하고 있다.[24]

지혜자적 패러다임의 설교는 인간 이외의 피조물들(잠 6:6)과 자연 세계의 정경(잠 24:30-32) 그리고 사람들의 살아가는 방식(잠 7:6-23)을 면밀히 관찰한다. 세상과 인간의 일상에 지대한 관심을 가졌던 성경의 지혜자들은 끊임없는 묵상과 성찰의 삶을 살았다. 예민한 관찰과 성찰을 위해서 설교

---

23) 이 단락은 최창국, "기독교 교육학," 『21세기 실천신학개론』, 한국복음주의실천신학회 편 (서울: 기독교문서선교회, 2006), 217을 수정 보완한 내용이다.
24) Zack Eswine, *Preaching to a Post-Everything World*, 146.

자는 세상의 길거리나 시장으로부터 멀어져야 하는 것이 아니라 오히려 더 다가가야 한다. 설교자들은 현실 세계의 광기나 우둔함에 대해서도 눈을 감지 않고 모든 현실을 두루 살펴야 한다(전 2:12). 설교자는 해 아래에서 관찰한 모든 것들을 연구하고 살펴보며 점검하고 성찰하여 사람들의 심령에 적용시켜야 한다(전 8:9). 이렇게 설교자는 자신이 보고 들은 것을 늘 성찰해야 한다.

하나님의 창조세계로부터 하나님의 음성을 듣는 것은 성경을 결코 무시하는 것이 아니라 오히려 성경을 더욱 충만하게 하는 것이다. 데이비드 웰즈(David Wells)는 이렇게 진술한다.

> 하나님은 우주 만물 속에서 자신의 임재를 넌지시 알리시며 그분의 도덕의 빛을 희미하게 비추고 계시기 때문에 자연을 모순 덩어리로 생각하는 것은 전혀 어울리지 않고, 자연은 오히려 하나님의 활동을 위한 무대이다. 자연의 구조와 질서, 아름다움 그리고 디자인은 자신을 넘어서 거룩한 창조주를 가리킨다. "비와 결실 속에서" 그리고 "음식과 기쁨 속에서" 우리는 자연이 하나님을 증언하는 소리를 들을 수 있다(행 14:16-17).[25]

하나님은 우리의 구세주이실 뿐만 아니라 우리의 창조주이시다. 하나님은 특별계시뿐만 아니라 일반계시를 통해서 자신을 우리에게 계시하신다. 때문에 설교자는 다음과 같은 확신이 있어야 한다.

> 창조주이실 뿐만 아니라 구세주이신 하나님은 언어학적인 수단(특별계시)과 비언어적인 수단(일반계시)으로 우리에게 말씀하신다. 예를 들면, 시편 19편에서는 이 두 가지 하나님의 계시 방식이 분명하게 나타난다. 시편기자는 7-11

---

[25] David Wells, *God The Evangelist: How the Holy Spirit Works to Bring Men and Women to Faith* (Carlisle: Patermoster, 1997), 18.

절에서 하나님의 언어를 통한 말씀을 연구하기 전에 먼저 하나님의 비언어적인 소통을 연구한다. "하늘이 하나님의 영광을 선포하고 궁창이 그 손으로 하신 일을 나타내는도다. 날은 날에게 말하고 밤은 밤에게 지식을 전하니"(1-2절). 시편 기자가 하나님이 만드신 창조물을 하나님의 영광의 선포자와 그분에 관한 참 지혜의 전달자로 묘사하고 있는 점에 주목할 필요가 있다.[26]

창조물 속에서 하나님의 지혜를 읽어내는 것은 결코 시간 낭비가 아니며 비복음적인 것도 아니다. 성경적인 관점으로 자연을 보려는 노력은 매우 신학적이고 영적인 작업이다. 조나단 에드워즈는 "하나님이 만드신 만물은 일종의 그분의 음성이나 다름없다. 자연 만물은 지성을 갖춘 자들에게 하나님에 관한 진리를 교훈하는 그분의 언어다."[27] 때문에 설교자가 하나님의 기록된 말씀의 권위 아래서 자연의 비음성적인 언어를 더 잘 읽어내면, 설교의 준비와 전달은 성경에 나타난 하나님의 의도에 더욱 가까워질 수 있다.

그러므로 성경 본문이 제시하는 만물의 실상을 올바로 파악하는 법을 배워야 한다. 전도서 3:1-8에서 "해 아래에서 벌어지는 모든 일들"에 대해서 삶은 날 때와 죽을 때, 심을 때와 추수할 때, 죽일 때와 치료할 때, 허물 때와 세울 때, 울 때와 웃을 때, 슬퍼할 때와 춤출 때, 버릴 때와 거둘 때, 찢을 때와 꿰맬 때, 침묵할 때와 말할 때, 사랑할 때와 미워할 때, 전쟁할 때와 평화할 때가 있다고 하였다.

설교자는 설교준비 과정에서 성경본문과 현실세계를 연구하되 하나님과 사람,

---

[26] Zack Eswine, *Preaching to a Post-Everything World*, 165-66.
[27] Jonathan Edwards, *Images of Divine Things in Typological Writings*, *The Works of Jonathan Edwards*, vol 11. edited by Wallace E. Anderson, Mason Lowance, David Watters (New Haven: Yale University Press, 1993), 66-7.

장소 그리고 자아에 관한 진리를 찾아내려는 목표를 정해야 한다. 먼저 서재에서 설교자는 성경을 연구하는 삶의 자세를 항상 유지하고 본문에 숙달해야 한다. 여기서 유지라는 말은 성경을 정기적으로 읽고 연구하는 습관을 말한다. 설교자는 성경의 세계에 익숙해지기 위해서 항상 성경을 읽어야 한다. 그 다음 숙달이란 말은 특정한 성경본문을 철저하게 연구하는 것을 말한다. 이때는 단순히 성경에 익숙해지려는 목적으로 성경 본문을 읽는 것이 아니라, 본문의 정확한 의미를 올바로 이해하기 위하여 한 구절 한 구절을 철저하게 읽고 해석한다. 설교자는 서재 안에서 뿐만 아니라 서재 밖에서도 유지와 숙달의 자세를 견지해야 한다. 즉 설교자는 일상에서 만나는 사람들과 공동체에서 논의되는 일상의 주제들을 잘 이해하고 들으려는 청취의 자세를 늘 유지해야 한다. 이를 위해서 설교자는 일간별 또는 주간별로 뉴스와 소식을 정리해 주는 자료의 도움을 받을 수 있다.[28]

설교자는 청중이 속한 문화적인 양태와 특징을 성경적 관점에 비추어 판단할 수 있어야 한다. 성경적인 설교를 위해서는 단순히 본문이 말하는 것을 그대로 말하는 것이 아니라 사람들이 본문의 메시지를 자신들의 문화적 맥락 속에서 어떻게 받아들여야 하는지를 충분히 설명해 줄 수 있어야 한다. 이를 위해서 설교자는 복음의 메시지를 청중의 문화적인 맥락과 연결할 수 있는 능력이 있어야 한다. 설교자는 청중들의 문화를 이해하고 그 문화 속에서 구속의 유비를 찾아내어 이러한 문화적인 이야기를 복음 전달에 끌어들여서 비기독교적인 가치관을 그리스도의 복음에 맞게 재구성할 수 있어야 한다. 설교자는 또한 악한 현실에 대한 분노를 극복할 줄 아는 자질을 길러야 한다. 바울이 아덴 온 도시에 우상이 가득한 것을 보고 마음에 분노했지만, 그는 그 도시에서 떠나 도망치지 않았고 그렇다고 분노하면서 우상에 대해서 사람들에게 항의하지도 않았다. 그보다는 그 마음속의 분

---

[28] Zack Eswine, *Preaching to a Post-Everything World*, 156.

노를 계기로 그 도시의 친교회적인 문화와 반교회적인 문화를 구분하면서 복음을 전하는 것을 모색했다. 데니스 하크(Denis Haack)는 바울의 이러한 모습을 다음과 같이 설명한다.

> 사도 바울의 고민은 자기중심적이지도 않으며, 아덴의 우상숭배를 자신의 감수성에 대한 비난으로 받아들이지도 않았다. 그보다 우상숭배는 하나님의 거룩하신 영광에 대한 공격이나 다름없기 때문에 그 마음에는 하나님의 거룩하신 이름을 위한 종교적인 질투심으로 가득 찼다. 그 점을 먼저 생각한다면 자신의 감수성은 그리 중요한 문제가 아니었다. 때문에 사도 바울은 그곳에서 물러나지도 않았을 뿐만 아니라, 아덴과 이곳의 우상숭배 문화에 관심을 갖고 더 잘 이해해보려는 마음도 생겼다.[29]

이와 유사하게 바울은 디도가 그레데에서의 사역을 잘 준비할 수 있도록 돕기 위하여 그레데의 철학자가 한 말의 일부분을 인용하여 디도에게 들려준다. 이유는 그 철학자가 그리스도인이기 때문도 아니고 철학자의 관점이 성경적이기 때문도 아니다. 바울이 비기독교 철학자를 인용한 이유는 그 말의 일부분이 그레데인들의 문화와 그들의 행동에 관한 진리를 담고 있기 때문이다(딛 1:12-13). 이와 같이 설교자는 청중들이 자신들이 살고 있는 문화를 좀 더 분명하고도 성경적인 관점에서 올바로 이해할 수 있도록 하기 위해 해당 문화에 관한 핵심 사항들을 설교에서 바르게 이해하고 복음적으로 적용하는 것이 필요하다.

설교자는 하나님의 일반계시를 중요하게 생각하면서도 자신들의 이성적 능력과 한계에 대해서도 주의해야 한다(잠 16:25). 설교자는 하나님을 올

---

[29] Denis Haack, "On Being Offended in a Pagan World," Zack Eswine, *Preaching to a Post-Everything World*, 161-62 재인용.

바로 알려면 사람들의 행동과 자연세계에 대한 관찰 이상이 필요하다. 설교자는 현실세계에 대한 관찰만이 아니라 지혜를 부르며 찾아 구하고 하나님께 간청하여 지혜를 발견해야 한다.

6. 성경과 강해설교

한국교회에서는 강해설교가 가장 성경적인 설교로 인식되는 경향이 있다. 하지만 강해설교는 설교자에 따라 다르게 이해되기도 한다. 어떤 설교자는 강해설교를 강의식으로 하는 설교로 이해하기도 하고, 어떤 설교자는 성경 본문을 한절한절 풀어서 설명해 주고 적용하는 설교로 이해하기도 하고, 어떤 설교자는 모든 설교가 강해적이어야 하기 때문에 모든 설교는 결국 강해설교라고 말하기도 한다.[30] 물론 이러한 관점들이 중요한 의미를 갖고 있지만, 강해설교의 핵심적인 원리는 설교자가 성경의 가르침과 권위에 우선순위를 두는 것이다. 설교자가 성경에 의미를 부여하는 것이 아니라 성경이 설교자의 메시지에 의미를 부여해야 한다는 것이다. 이것은 설교학적으로 중요한 의미를 갖는다. 첫째, 설교자는 자신의 개인적이고 교리적인 관점에서 벗어나서 성경 본문을 본래의 관점에서 이해하려고 노력해야만 한다. 성경의 저자가 의도하는 본래적인 개념 또는 의미를 찾아내야 한다. 둘째, 설교자는 파악된 성경의 개념 또는 의미를 자신의 주관적인

---

[30] 카이퍼는 강해설교의 의미를 이렇게 말한다. "강해설교를 설교의 여러 방식 중 하나로 이야기하는 것은 심각한 오류다. 혹은 많은 보수주의자들이 하고 있듯이, 강해설교가 설교 방식 중 가장 좋은 유형이라고 말하는 것도 만족스럽지 못하다. 모든 설교는 강해적이어야 한다. 강해설교만이 성경적 설교가 될 수 있다"(R. B. Kuiper, "Scriptural Preaching," *The Infallible Word* [Phillipsburg, NJ: Presbyterian and Reformed, 1967], 253).

생각이나 경험을 가지고 적용하려는 유혹이 있는지를 점검해야 한다. 설교자는 본문의 사상과 목적에 부합하게 적용을 이끌어내도록 모든 노력을 기울여야 한다. 셋째, 설교자는 계속적으로 자신의 편견과 선입관과 전제를 점검해 보아야 한다. 설교자는 자신의 정신과 사상이 성경의 정신과 사상에 의해 형성되도록 훈련해야 한다.

핵심은 강해설교란 성경이 말하고자 하는 핵심 개념 또는 중심 사상을 파악하여 현대 청중들에게 효과적인 적용을 이끌어내는 설교라고 할 수 있다. 이러한 정의에 가장 가까운 개념을 제공해준 설교학자가 해돈 로빈슨이 아닌가 싶다. 로빈슨은 "강해설교란 성경 본문의 배경에 관련하여 역사적, 문법적, 문자적, 신학적으로 연구하여 발굴하고 알아낸 성경적 개념, 즉 하나님의 생각을 전달하는 것으로서, 성령께서 그 개념을 우선 설교자의 인격과 경험에 적용하시며, 설교자를 통하여 다시 회중들에게 적용하시는 것이다"라고 하였다.[31]

그는 강해설교의 특징을 다섯 가지로 설명한다.[32]

첫째, 성경본문이 설교를 좌우한다.

둘째, 강해설교는 개념을 전달한다. 비록 설교자들은 설교 본문 내의 특수한 단어를 다루기도 하고 이에 대해 조사하기도 하지만, 단어와 구절이 그 자체로서 목적이 되어서는 안 된다. 의미를 전달하기 위하여 다른 단어들과 연결되기 이전의 단어들은 자체로서는 우둔한 것이다. 따라서 설교자는 성경을 읽을 때에 각 단어의 의미 하나하나에 주된 관심을 갖기보다는, 성경 기자가 이러한 단어들을 사용하여 의미한 바가 무엇인가를 찾아내도록 노력하여야 한다. 즉 각 단어들을 개별적으로 분석해서는 문장 전

---

31) 해돈 로빈슨, 『강해설교』 박영호 역 (서울: 기독교문서선교회, 1999), 23.
32) 해돈 로빈슨, 『강해설교』, 23-34.

체의 개념을 파악할 수 없다.

셋째, 개념은 본문으로부터 나온다. 강해설교에서의 사상은 성경 본문의 배경에 관련하여 역사적, 문법적, 문자적으로 연구하여 발굴하고 알아낸 것이다. 이는 설교자가 어떻게 그의 메시지에 도달하는가 하는 것과 어떻게 이를 전달할 것인가 하는 문제에 관한 것이다. 이 두 가지 기능은 모두 문법, 역사, 문자적 양식 등에 대한 검토를 포함하고 있다. 설교자는 그의 연구 속에서 언어, 배경, 주위상황 등에 관한 이해를 통하여 해당 성경 구절의 객관적인 의미를 탐구하는 것이다. 그 후 강단에서 그의 연구결과를 회중들에게 전달하여 듣는 그 자신이 이것의 해석을 시도할 수 있도록 만들어주는 것이다. 궁극적으로 설교 배후의 권위는 설교자가 아니라 본문에 달려 있다. 이러한 이유 때문에 설교자는 성경 해석에 많은 부분을 할애하여 듣는 이들이 성경에 주의를 집중할 수 있게 만들어 주는 것이다.

넷째, 얻어진 개념은 설교자에게 적용된다. 진리는 설교자의 인격과 경험에 적용되어야 한다. 하나님은 궁극적으로 메시지 자체보다는 이를 전하는 이들을 개발하시는 데 보다 관심을 갖고 계시며, 성령님께서는 주로 성경을 통하여 인간들과 만나시므로, 설교자는 하나님을 대신하여 말씀을 전하기 전에 우선 하나님의 말씀에 귀를 기울이는 것이 필요하다.

다섯째, 얻어진 개념은 듣는 사람들에게 적용된다. 성령께서 그의 진리를 설교자의 인격과 경험에 적용하실 뿐만 아니라, 이 진리를 설교자를 통하여 그의 청중들에게 적용하신다. 설교자는 적어도 세 가지 방면에서 노력해야 한다. 먼저 그는 우선 주석가로서 성경기자가 뜻한 의미를 파악하기 위해 노력해야 한다. 그 다음은 하나님의 사람으로서 하나님이 그를 개인적으로 어떻게 변화시키시길 원하시는가를 알기 위해 힘써야 한다. 마지막으로 그는 설교자로서 하나님이 과연 회중들에게 무슨 말씀을 전하기를 원하고 계시는가를 심사숙고해야 한다.

　강해설교의 이러한 특징에도 불구하고, 강해설교에서 약점이 발생할 수 있다. 강해설교에서 설교자가 청중의 문화와 인간의 경험에 깊숙이 파고들어가지 못하는 약점이 있을 수 있다. 강해설교에서 설교자가 일상의 삶을 설교에서 고려하더라도 단지 성경의 메시지가 적용되어야 할 일방적인 대상으로만 간주하는 경향이 있기 때문에 설교자는 성경에 대한 기능주의적 접근방식을 발달시킬 오류의 가능성이 있다. 강해설교의 또 다른 잠재적인 약점은 권위주의적 성향에서 비롯될 수 있다. 즉 성경의 권위와 설교자의 권위를 무의식적으로 동일시하는 결과를 초래할 수 있다. 하지만 이러한 문제는 성경의 개념이나 의미가 무엇인지를 결정함에 있어서 설교자 개인의 교리적인 전제가 영향을 미칠 수 있다는 점을 인정함으로써 극복될 수 있다. 이러한 잠재적 약점이 있을 수 있음에도 불구하고 강해설교의 장점은 교회와 성도의 삶 속에서 성경의 권위와 가치를 강화시켜 준다는 것이다. 때문에 강해설교는 세속화된 세계 속에서 성경적인 삶의 의미와 가치를 추구하도록 사람들을 이끌어줄 수 있는 효과적인 설교 방식이라 할 수 있다.

　하지만 중요한 하나의 질문이 남는다. 강해설교 외의 다른 설교는 비성경적인 설교인가? 그렇지 않다. 수많은 설교자들이 성경의 어느 부분에 기초하지 않고 한 설교들도 효과가 있었던 것이 사실이다. 우리가 알고 있는 주제설교가 바로 이런 유형의 설교다. 주제설교는 어느 특정한 본문에서 개념이나 사상을 끌어오기보다는 먼저 삶의 중요한 문제나 신학의 일반적인 주제, 교리들을 가지고 성경으로 들어가는 유형의 설교다. 이런 유형의 설교도 성경적 설교가 될 수 있다. 롱은 이런 유형의 설교를 '복음설교'라고 말한다. 그는 "성경이 아닌 다른 곳에서 아이디어를 빼냈다 하더라도 복음의 이해에 도움을 주고 또한 그 나름대로 신학적인 구성도 가능하기 때문이다. 그러므로 비록 성경 해석의 배경이 근본적인 것에서부터 벗어났다 할지라도 어떻게 보면 모든 복음설교는 성경적 설교라고 할 수 있다"라고 말한다.[33]

성경적 설교에 대한 롱의 이러한 이해는 중요한 의미를 제공해 준다. 왜냐하면 성경적 설교란 한 단락이나 본문의 중심 개념을 드러내는 설교만으로 제한될 수 없기 때문이다. 성경의 정신이나 복음을 드러내는 설교도 성경적 설교라고 할 수 있기 때문이다. 물론 복음설교 또는 주제설교를 할 때도 설교자가 성경 본문을 아무렇게 선택하거나 선택된 본문을 주관적으로 해석해도 된다는 의미는 아니다. 설교자가 복음설교 또는 주제설교를 할 때도 성경연구의 성실성으로부터 자유로울 수 없다. 강해설교와 주제설교는 성경을 향해 다가가는 방법의 차이이지 주제설교가 성경과 무관한 설교는 아니기 때문이다.

---

33) 토마스 G. 롱, 『설교자는 증인이다』, 73.

Spirituality & Preaching

제 5 장

설교와 영적 독서[1]

Preaching & Lectio Divina

현대 사회에서 정보는 힘과 권력이 되었다. 정보를 우선시하는 이러한 문화는 우리가 성경을 대하는 방식에도 큰 영향을 주고 있다. 성경을 대하는 우리의 방식에 있어서도 영성 형성과 영적 성숙보다는 정보의 취득자가 되도록 훈련을 받는 경향이 있다. 성경을 정보를 얻기 위한 수단으로 독서를 할 때에 우리는 성경 본문에 대해 통제를 행사하려고 한다. 이러한 방법은 우리의 생각과 목적에 들어맞다는 점을 보증하기 위하여 성경 본문을 우리의 통제 대상으로 간주하면서 분석적으로 읽는다. 그러나 성경을 읽는 방식에서 이러한 정보 지향적 접근 방법은 성경의 주요 목적인 우리의 영성 형성과 삶을 위한 역할을 약화시키는 결과를 초래한다.[2]

---

[1] 이 글은 「복음과 실천신학」 21 (2010): 124-51에 실린 필자의 논문을 수정 보완한 것이다.
[2] 저자의 영성 형성과 훈련에 대한 이해를 밝히고자 한다. 왜냐하면 어떤 이들은 영성 형성과 훈련을 인간의 노력과 행위의 차원으로만 이해하는 경향이 있기 때문이다. 이러한 경향은 영성 형성이나 훈련을 관계적인 것이 아니라 기능적인 것으로 이해하기 때문이다. 만일 우리가 기능적인 방법으로 그리고 우리의 힘으로 우리의 계획을 성취하기 위한 수단으로 영성 형성과 훈련을 행한다면, 그것은 우리의 목적과 욕구 충족에 필요한 수단이 될 것이다. 우리가

물론 성경은 다양한 방식으로 읽을 수 있다. 예를 들어 솔로몬 왕 시절의 이스라엘과 주변 국가들에 대한 역사에서 어떤 것을 이해하기 원하는 사람은 성경을 역사적 문서로 읽을 것이다. 또 교회의 본질에 대한 사도 바울의 사상을 공부하기 원하는 사람은 기독교의 사상에 대한 자료로서 읽을 수 있다. 그러나 그리스도인들은 성경을 역사적이거나 사상적이거나 신학적 정보를 주는 것보다 더 심오한 것으로 믿는다. 그리스도인들은 성경에서 정보를 확인하는 것에 그치지 않고 영성 형성의 원천으로 삼아야 한다. 이런 방법으로 성경을 읽는 것은 옳고, 다른 방법은 틀린 것이라는 이분법이 아니다. 오히려 성경은 다양한 측면을 가진 풍부한 자료로서 여러 방법으로 읽힐 수 있다. 성경을 해석하는 방법은 독자의 관심과 목적과 연관될 수 있다. 하지만 다양한 방법으로 성경을 연구할 수는 있지만 성경의 궁극적 목적은 그리스도인들의 영성 형성과 삶을 위한 것이다.

기능적으로 영성 형성과 훈련을 이해하고 접근한다면 엄밀한 의미에서 영성 형성과 훈련의 주체이신 하나님을 조종하기 위한 수단이 되어 버린다. 성경에 보면 이스라엘 백성들의 삶과 행복은 그들의 활동의 결과에 의한 것이 아니라 하나님의 사역의 결과요 은혜였다. 그들의 기능적인 행위의 결과가 아니라 하나님과의 그들의 관계의 결과였다. 영성 형성과 훈련은 우리가 노력하여 행하는 것(기능적인 것)이 아니라 우리가 하나님께 응답하는 사랑의 관계 안에 있을 때에 하나님이 우리 안에서 행하시는 것이다. 때문에 우리가 영성 형성과 훈련을 중요하게 여기는 것은 우리 자신의 계획을 촉진하려는 목적을 위해서 그 훈련을 하는 것이 아니라 하나님의 '계획' 또는 '일정'이 우리의 삶에 영향을 미치는 것을 허락하기 위해서 그 훈련을 하는 것이다. 그러므로 분명한 것은 영성 형성이나 훈련은 하나님으로부터 오는 은혜의 영역이다. 영성 형성과 훈련은 우리가 하나님의 말씀과 성령에 의해서 형성되고 양육되도록 하나님께 꾸준하고 일관되게 사랑으로 복종하는 것이다. 우리의 삶 속에서 그리고 삶을 통해 하나님이 의도하시는 일을 위해서 우리가 사용되도록 순종하는 훈련이다. 영성 형성과 훈련은 우리의 사역이 아니라 하나님의 사역이다. 영성 형성과 훈련은 우리를 그리스도의 전인성으로 변형시키는 하나님의 은혜의 수단이다. 이것은 우리를 그리스도의 형상으로 변화시키는 하나님의 은혜의 수단이다. 하나님의 은혜는 단지 인간의 죄 때문에 촉진된 것이 아니라 인간의 모든 영역, 즉 창조, 구속, 형성, 유지, 성화, 성장의 모든 과정에 있어서 핵심적 동인이기 때문이다. 영성 형성과 훈련에 대한 이러한 이해를 위해서는 M. Robert Mullholland Jr., *Invitation to the Journey: A Road Map for Spiritual Formation* (Downers Grove, Ill: Inter Varsity Press, 1993), 15-44, 75-140; Ray S. Anderson, *The Soul of Ministry: Forming Leaders for God's People* (Louisville, Kentucky: Westminster/John Knox Press, 1997)를 참조.

설교자가 성경이 체험적 실체로 와 닿지 않으면 성경을 진심으로 믿거나 그 내용을 실제 있었던 일로 받아들일 수 없게 된다. 그렇게 되면 설교자에게 성경은 하나님에 관한 추상적 진리의 책, 하나님을 직접 만나거나 그분의 음성을 듣지 못하면서도 끊임없이 파헤칠 수 있는 책으로 전락하게 된다. 예수님 당시의 종교지도자들도 바로 이런 태도를 취했기 때문에 오히려 예수님을 외면하는 용도로 성경을 사용했다. 그들은 성경을 열심히 탐구했지만 예수님은 그들에 대해 "그 말씀이 너희 속에 거하지 아니하니"(요 5:38)라고 말씀하셨다. 설교자들이 성경을 통해서 하나님의 현존을 체험하고 영성 형성과 삶의 근본적 자료로 믿는다면 성경의 이 본질적 측면을 효과적으로 드러낼 수 있는 방법을 찾는 것이 필요하다. 이를 위해 렉시오 디비나(lectio divina, 영적 독서)가 하나의 중요한 방법이 될 수 있다.

1. 렉시오 디비나의 이해

렉시오 디비나는 라틴어 'lectio'(독서)와 'divina'(신적인)가 합쳐져 이루어진 용어로서, 거룩한 독서, 영적 독서, 신적 독서 등으로 이해될 수 있다.[3] 렉시오 디비나라는 용어는 알렉산드리아 학파의 대표적 인물 중 한 사람인 교부 오리겐(Origen, 185-251)이 처음으로 헬라어 **테이나 아나그노시스**(teia anagnosis)라는 표현을 사용한 데서 유래한다. 이 단어를 라틴어로 표현하면 '렉시오 디비나'이다.[4] 렉시오 디비나는 하나님의 말씀인 성경을

---

3) 렉시오 디비나(lectio divina)는 또한 divine reading, meditative reading, formative reading, spiritual reading, 또는 prayerful reading이라고도 한다.
4) 렉시오 디비나의 역사와 발달과정을 위한 자료를 위해서는 엔조 비앙키,『말씀에서 샘솟는 기도』 이연학 역 (서울: 분도출판사, 2002); 허성준,『수도 전통에 따른 렉시오 디비나』(경북 왜관:

읽고 묵상하며 기도하고 하나님의 현존을 경험하는 것을 말한다. 성경 말씀을 읽고(lectio), 읽은 말씀에 대한 묵상(meditatio)으로부터 자발적인 기도(oratio)를 하며, 하나님 안에서 안식과 평화(관상, contemplatio)를 누리는 전 과정이 렉시오 디비나다.[5] 십자가의 성 요한(St. John of Cross)은 누가복음 11:9을 통하여 렉시오 디비나의 네 단계를 이렇게 소개한다.

> 읽기에서 구하십시오,
> 그러면 묵상 안에서 찾게 될 것입니다;
> 기도로 두드리십시오,
> 그러면 관상 가운데서 당신에게 열릴 것입니다.[6]

렉시오 디비나에서는 성경을 지식이나 정보를 얻기 위한 방편으로 보지 않고 철저하게 영성 형성을 위한 자료로 여기며, 이런 과정을 통하여 성경이 그리스도인들의 영성 형성에 힘이 되고 능력이 되도록 하는 것이다.

초기 기독교에서부터 렉시오 디비나의 근거가 되는 독서와 기도의 전통을 엿볼 수 있다. 구약의 유대인들은 그들에게 주어진 모세의 율법에 하나

분도출판사, 2003)를 참조.

5) 단, 렉시오 디비나에서 주의해야 할 것은, "먼저 알 것은 성경의 모든 예언은 사사로이 풀 것이 아니니"(벧후 1:20)라는 말씀처럼 말씀을 너무 자의적으로 해석하거나 적용하는 것을 주의해야 한다. 렉시오 디비나의 전통을 되살려 성경을 읽고 묵상하는 것은 영적 성숙에 도움이 된다. 하지만 렉시오 디비나를 실천함에 있어서 성경의 전체적인 문맥과 구속사적인 흐름 그리고 주제와 목적 또는 역사적 배경을 간과하거나 무시해서는 안된다. 기록된 성경 말씀으로 넘어가 주관적인 은유적(allegorical) 해석을 하지 않도록 유의해야 한다(나용화, 『영성과 경건』 (서울: 기독교문서선교회, 1999), 151-2).

6) Seek in READING,
and you will find in MEDITATION;
knock in PRAYER
and it will be opened to you in CONTEMPLATION
(Thelma Hall, *Too Deep for Words: Rediscovering Lectio Divina* [New York: Paulist Press, 1998], 28).

님이 현존하시며, 독서와 묵상과 기도를 통해 하나님의 현존을 경험할 수 있다고 믿었다. 예를 들면, 말씀을 읽고 깨닫고 기도하며 하나님의 현존을 경험하는 장면을 느헤미야 8장에서 볼 수 있다. 이 장에 유배에서 막 돌아온 이스라엘 공동체가 최초로 행하고 있는 일이 묘사되어 있다. 유대인들이 수문 앞 광장에 모였을 때에 에스라 선지자가 단 위에 올라가 새벽부터 정오까지 모세의 율법을 낭독하고 레위 사람들은 통역하며 그 뜻을 해석해준다. "하나님의 율법 책을 낭독하고 그 뜻을 해석하여 백성에게 그 낭독하는 것을 다 깨닫게 하니 백성이 율법의 말씀을 듣고 다 우는지라"(느 8:8-9). 말씀이 낭독될 때 유대인들은 그 말씀을 통하여 하나님의 임재를 체험하였다. 유대인들은 그들의 삶 속에서 언제나 하나님 말씀에 대한 독서와 묵상을 신앙의 본질적인 차원으로 여기고 실천하였다.

이런 유대인들의 전통과 방법은 렉시오 디비나의 전신이라 할 수 있다. 기독교는 이것을 유산으로 물려받았다(딤후 3:14-16). 신약성경에서는 "하나님의 입으로 나오는 모든 말씀으로 살 것이라"(마 4:4), "내가 너희에게 이른 말이 영이요"(요 6:63), "너희가 내 안에 거하고 내 말이 너희 안에 거하면"(요 15:7) 등이 그 근거를 제공하고 있다. 렉시오 디비나에서는 말씀을 읽고, 읽은 말씀을 귀로 듣고, 귀로 들은 것을 마음으로 듣고, 마음으로 들은 것을 영적 양식이 되게 하는 것이다. 그 결과로 우리의 영혼이 하나님의 현존을 경험하는 것이다.[7]

동방과 서방의 모든 교부들도 렉시오 디비나를 시행했다. 2-3세기의 클레멘트(Clement), 오리겐(Origen), 콘스탄티노플의 감독 크리소스톰(Chrysostom), 그리고 카르타고의 감독이었던 키프리안(Cyprian), 밀라노의

---

7) Jean Leclercq, *The Love of Learning and the Desire for God* (New York: Fordham University, 1988), 15-7.

감독 암브로스(Ambrose)도 독서와 기도를 강조하였다. 북아프리카 카르타고의 주교 키프리안(Cyprian, 200-258)은 렉시오 디비나를 '주님의 독서'(lectio dominica)라고 표현했다. 렉시오 디비나는 베네딕트 수도원 전통에서 크게 융성하였다. 수도생활의 통합과 변화에 기여한 베네딕트(Benedict of Aniane, 750-821) 역시 렉시오 디비나를 강조하였다. 베네딕트는 렉시오 디비나의 구체적인 자료로 성경 외에 오리겐, 어거스틴(Augustine) 등이 쓴 폭넓은 저서들을 추천하였다.

중세를 거치면서 성경주석서, 신학사전, 교부들의 문헌 등에까지 렉시오 디비나의 범위가 확대되었다. 1089년에 가난과 단순성을 강조하면서 베네딕트의 『수도규칙』을 더 엄격하게 지키고자 탄생된 시토회는 수도생활에서 기도와 독서, 그리고 노동의 조화를 강조했다. 시토회의 부흥에 결정적 기여를 한 버나드(Bernard of Clairvaux, 1090-1153)는 성경에 대한 연구보다는 오히려 말씀에 자신을 온전히 내맡길 것을 강조하면서, 렉시오 디비나를 하나님을 만나기 위한 안내자로 삼았다. 1084년 설립된 카르투시오(Charreuse) 수도회의 9대 원장이었던 귀고 2세(Guigo II, 약 1115-1198)는 『수도승의 사다리』라는 책에서 수도승들이 하나님과의 일치를 향해 올라가야 할 영적 단계로서 독서, 묵상, 기도, 관상을 제시했다.[8]

렉시오 디비나는 초기 기독교 이후 일정한 순서에 따라 이루어지지 않았지만, 귀고 2세는 사다리 메타포를 사용하여 출발점과 종착점이 있는 단계적인 모델로 렉시오 디비나를 바꾸었다. 즉 땅 위에서 하나님의 말씀을 읽으면서 시작하고, 다음으로 묵상과 기도의 단계로 올라가고, 마지막으로 관상 안에서 하늘의 구름 속에 도달하는 것이다. 귀고 2세가 제시하고 있

---

8) 허성준, 『수도 전통에 따른 렉시오 디비나』, 54.

는 독서, 묵상, 기도, 관상의 네 단계는 스스로 창안해 낸 독자적인 방법이 아니라 전통적으로 이와 비슷한 형태를 가지고 내려오고 있던 단계적 개념들을 나름대로 정리한 것이다.[9]

렉시오 디비나는 12-13세기부터 쇠퇴하기 시작했다. 그 이유는 12세기 전에 기도만 지나치게 강조하는 흐름이 나타나면서 렉시오 디비나가 약화되기 시작했고,[10] 다른 하나는 특히 스콜라 철학의 영향으로 수도자들이 렉시오 디비나 시간에 온 몸과 마음으로 성경 말씀을 읽고 묵상하며 기도하기보다는 하나님 말씀에 대한 질문과 논증을 추구하기 시작했기 때문이다. 또한 가톨릭의 경우, 종교개혁의 영향으로 교회 안에서 평신도들이 성경을 마음대로 읽고 해석하는 것을 제한하면서 성직자들의 전유물이 되었고 이에 성경을 원천으로 삼았던 렉시오 디비나는 점점 쇠퇴하게 되었다. 렉시오 디비나의 전통은 소수의 수도회를 통해서만 간신히 명맥을 유지해 오다가 제2차 바티칸 공의회(1965년)에 이르러서야 교회 전통 안에서 매우 중요한 자리를 차지했던 렉시오 디비나의 중요성을 재발견하고 강조하게 되었다.

렉시오 디비나가 개신교 안에서 관심을 가지게 된 동기는 종교개혁자 존 칼빈(John Calvin)과 청교도 목회자였던 리차드 박스터(Richard Baxter)에 의해서였다. 종교개혁자들은 성경을 통해 하나님의 말씀을 듣는 렉시오 디비나를 중요하게 여겼다. 박스터는 성경 묵상을 아주 강조했는데, 그가 강조한 묵상은 『베네딕트 규칙서』에서 받은 영향이 크다.[11] 한국에서 유행하

---

9) 귀고 2세가 사용한 네 가지 개념이 처음으로 등장하는 것은 9세기의 성 미카엘 수도원장 스마라그두스의 작품이다. 여기에서는 기도, 독서, 묵상, 관상의 순서로 되어 있다. 또한 카루투시오 수도회의 5대 수도원장이었던 귀고 II세(Guigo II)는 관상, 기도, 묵상, 독서의 형태를 취했다.
10) 엔조 비앙키, 『말씀에서 샘솟는 기도』, 97.
11) Marjorie J. Thompson, *Soul Feast*, 48.

고 있는 큐티(Q. T.)는 렉시오 디비나와 말씀 묵상을 중요하게 여겼던 청교도 전통에서 영향을 받은 것이라 할 수 있다.[12]

2. 렉시오 디비나와 성경

오늘날 성경 연구는 엄청난 진보를 이루었음에 틀림없다. 성경 연구의 중요성을 부인할 사람은 아무도 없다. 성경연구는 앞으로도 계속되어야 한다. 하지만 성경의 본질적 역할은 날로 약화되어가고 있다고 해도 지나친 지적은 아니다. 성경을 대하는 현대 그리스도인들의 가장 큰 문제 중 하나는 아마도 말씀에 접근하는 우리의 근본 태도가 체험적이기보다는 지성적이고, 성경적 의미에서 지혜를 추구하기보다는 사변을 추구하고, 기도로 이어지기보다는 성찰에 머무르는 경향이 아닌가 싶다. 이러한 경향이 다양한 측면들로부터 기인하였다고 할 수 있지만, 파커 팔머(Parker Palmer)의 지적처럼 현대 교육의 터전과 인식론 및 지각 구조에 엄청난 영향을 주고 있는 이성주의에서 비롯되었음을 부인할 수 없다.[13]

성경은 기본적으로 이중적 목적을 가진다. 하나님과 관련하여 볼 때에 성경은 '우리를 위한' 것이며, 우리와 관련하여서는 '하나님을 위한' 것이

---

12) 한국교회에서 렉시오 디비나가 큐티라는 형식으로 소개되어 수십 년 간 실천되고 있다. 렉시오 디비나와 큐티가 말씀 묵상을 한다는 점은 비슷하지만 초점과 목적에서는 차이점이 있다. 큐티는 전반적으로 적용을 강조한다. 말씀의 진리를 깨닫고, 깨달은 말씀을 어떻게 실천에 옮길 것인가를 강조한다. 반면에 렉시오 디비나는 큐티가 가지고 있지 않은 관상(contemplation)단계가 있다. 관상은 말씀 가운데 임재하시는 하나님과 함께하며 하나님의 품 안에서 안식과 평화를 경험하는 것이다. 큐티는 말씀을 읽고 깨달은 것을 적용에 중점을 두는 반면, 렉시오 디비나는 말씀을 통하여 하나님을 경험하는 것, 그리고 영성 형성과 성숙을 강조한다.

13) Parker J. Palmer, *To Know as We Are Known*, 24-6.

다.[14] 성경의 이러한 이중적 목적은 하나님 말씀의 침입적인 역할을 상기하게 한다. 성경은 하나님의 말씀으로 인간 실존 안에서 이루어진 하나님의 현존과 능력을 경험하도록 주어진 것이다. 이러한 인식구조를 가지고 성경을 대하는 방법과 환경을 계발하는 것은 중요하다.

하나님의 말씀인 성경이 우리의 실존 안에서 하나님의 현존을 경험하고 능력으로 작용하도록 하기 위해서는 말씀의 내용도 중요하지만 말씀을 대하는 접근방법 또한 중요하다. 말씀을 받아들이려는 마음이 없이 접근한다면 성경은 우리들에게 단지 문자로 작용하기 때문이다. "하나님의 말씀을 무효화하는 오직 한 가지 방법은 듣되 들으려 하지 않고, 보되 그가 본 것을 인정하지 않으려는 것이다."[15] 이것이 바로 스랍이 제단에서 숯불을 들어 입술에 대었을 때 이사야 선지자가 선언했던 심판의 말씀이다. "가서 이 백성에게 이르기를 너희가 듣기는 들어도 깨닫지 못할 것이요 보기는 보아도 알지 못하리라 하여 이 백성의 마음으로 둔하게 하며 그 귀가 막히고 눈이 감기게 하라 염려컨대 그들이 눈으로 보고 귀로 듣고 마음으로 깨닫고 다시 돌아와서 고침을 받을까 하노라"(사 6:9-10). 하나님의 말씀은 응답을 창조한다. 그 응답의 결과는 회개와 생명으로 인도하거나 거부와 사망으로 인도한다.

성경을 사변의 대상으로 삼거나 지식이나 이념을 위한 대상으로 삼는 것은 엄밀한 의미에서 성경을 세속화시키는 것이다. 이런 것은 비기독교인들도 할 수 있다. 성경을 단지 정보의 대상으로 여겨서는 안 된다. 성경은 하나님의 생명력 넘치는 말씀이며 우리의 정신을 형성하고 삶을 변형시키

---

14) M. Robert Mulholland, Jr., *Shaped by The Word: The Power of Scripture in Spiritual Formation* (Nashville: Upper Room Books, 2000), 41.
15) Ray S. Anderson, *The Soul of Ministry*, 54.

는 힘이다.

바울은 디모데후서 3:16-17에서 살아 있고 운동력이 있고 통찰력이 있는 하나님의 말씀으로서의 성경의 네 가지 역할을 묘사한다.[16]

첫째, 성경은 우리의 영적 순례 길에서 '교훈'(teaching)에 유익하다. 바울과 신약성경 기자들은 단수형으로서 '교훈'과 복수형으로서 '교훈들'을 구분한다. 신약성경에서 복수형(교훈들)은 인간이나 귀신들의 활동과 관련하여 사용된다. 단수형(교훈)은 하나님이 예수 그리스도를 통해서 행하셨고 행하고 계시는 것에 대한 좋은 소식의 선포와 관련이 있다. 교훈의 기능으로서 성경과의 만남은 그리스도 안에 있는 새 생명의 실체가 우리의 삶에 침입하여 근본적으로 새로운 존재 방식의 가능성으로 우리를 인도한다.

둘째, 성경은 '책망'(rebuking)에 유익하다. 성경은 우리의 잘못된 본질을 선명하게 드러내 준다. 성경은 우리 자신의 현재의 모습과 하나님이 우리에게 의도하신 존재의 차이점을 깨닫게 하고 보게 하는 눈을 열어준다.

셋째, 성경은 '바르게 함'(correcting)에 유익하다. '바르게 함'의 헬라 원어적인 의미는 어떤 것을 곧게 만들거나 정렬하거나 완전하게 하는 것을 의미한다. 여기서 우리는 말씀이 존재하는 방식과 목적을 깨닫게 된다. 성경은 우리에게 새로운 존재 방식의 가능성을 제공해주며, 우리 안에 그러한 존재 방식과 일치하지 않는 것들을 드러내 준다.

넷째, 성경은 '의로 교육'하기에 유익하다. '교육'(training)을 의미하는 헬라어 **파이디아**(paidia)는 함축적인 단어로서, '페다고지'(pedagogy, 교육학)라는 단어가 여기서 유래된 것이다. 신약시대 헬레니즘 문화에서 **파이데이아**(paideia)는 유아를 양육하고 훈련하고 징계하고 지도하는 복합적인 과정이었다. 바울은 성경의 역할에 대해 말하면서 하나님의 백성의 삶에서 하나

---

16) M. Robert Mulholland, Jr., *Shaped by The Word*, 43-6.

님의 역사에 대해 언급하는 데 이 용어를 사용했다. 성경은 우리를 교육하기 위한 것이다.

　바울은 성경의 이러한 형성적(formative) 목적들을 지적함으로써 우리의 삶에서 살아있고 운동력 있는 하나님의 말씀의 역할에 대해 "이는 하나님의 사람으로 온전케 하며"라는 표현으로 마무리하고 있다. 바울에 의하면, 성경은 우리의 삶에 필요한 정보(information)로서보다는 형성(formation)을 위한 것이다. 바울은 성경에 의한 우리의 형성의 목표는 단순히 하나님의 형상 안에 있는 우리 존재의 발견뿐만 아니라 우리로 하여금 "모든 선한 일을 행하기에 온전케"(딤후 3:17) 되기 위함이라고 진술한다. 이러한 말씀의 의미는 "하나님의 말씀은 살았고 운동력이 있어"(히 4:12-13)에서 가장 잘 표현되고 있다. 성경은 우리의 삶 안에서 창조적이고 적극적으로 존재하면서 하나님의 목적을 성취하려 한다. 히브리서 기자는 그 다음에 좌우에 날 선 검이라는 이미지를 사용한다. 하나님의 말씀은 "좌우에 날 선 어떤 검보다도 예리하여 혼과 영과 및 관절과 골수를 찔러 쪼개기까지 하며"(히 4:12)라는 진술 속에서 말씀의 생명력과, 형성시키고 변화시키는 역할을 상기한다. 결론적으로 말씀은 우리의 온전함을 위한 것이며, 우리의 존재와 영적인 순례 길에서 삶을 형성(formation)하고 재형성(re-formation)하기 위한 것이며, 우리의 변화(transformation)를 위한 것이다.

　성경을 읽는 방식은 세 가지로 구분될 수 있다. 하나는 정보를 얻기 위해 읽는 방식(informative approach)이고, 다른 하나는 우리 자신을 새롭게 하기 위하여 읽는 방식(formative approach)이다. 그리고 이 두 방식의 균형과 상호작용적 접근방법을 취하는 통합적 방식(informative-formative approach)이다.

1) 정보 습득적인 접근방법(Informative Approach)

정보 습득적인 방식은 일반적으로 우리에게 습관화되어 있고 책을 읽을 때마다 거의 자동적으로 이루어지고 있다. 이런 독서 방법이 잘못된 것은 아니다. 우리에게 필요하고 중요한 방법 중의 하나이다. 문제는 성경을 읽는 방식에서 이렇게 일반화되어 있고 습관화되어 있는 독서 방법을 취할 수 있느냐하는 점이다. 물론 우리가 성경을 읽을 때 정보 습득적인 방식은 기본적으로 필요하다. 하지만 성경을 이런 독서 방식으로 지배하려고 할 때는 여러 가지 한계와 문제가 발생하게 된다. 왜냐하면 성경은 일반서적과는 근본적으로 다른 가치와 특성을 지니기 때문이다. 즉 성경은 정보의 대상이라기보다는 하나님의 말씀으로서 영성 형성과 삶을 위한 것이기 때문이다. 게다가 이러한 방식은 우리의 존재의 질을 변화시키는 데 기여하기보다는 우리의 지적 능력을 증진하거나 강화하려는 데 기본적인 목적이 있다.

정보 습득적인 방법으로 성경을 대할 때 우리는 성경을 통제하고 조정하는 대상으로 삼기 쉽다.[17] 따라서 우리의 지식이나 경험을 합리화시키는 도구가 될 수 있다. 때문에 이러한 접근 방식은 하나님과의 만남을 기대하지 않으며, 우리가 세상에서 사는 방법에도 도전을 하지 않고, 오히려 기독교 신앙에 대한 우리의 자기 보호적인 이해를 강화시켜줄 정보를 찾는다.[18] 본문을 나의 지배 아래 두어, 그것이 나의 계획에 맞는지 분석하고, 나의 영적생활에서 원하는 것을 행하는 데 이용할 수 있는지를 결정하려

---

17) M. Robert Mulholland Jr., *Shaped by The Word*, 54.
18) M. Robert Mulholland Jr., *Shaped by The Word*, 54.

한다.[19] 때문에 하나님이 말씀하실 수 있는 공간은 사라지게 된다. 여기에 정보 습득적인 방식의 약점이 있다.

2) 형성적 접근방법(Formative Approach)

우리가 일반적으로 이해하는 독서는 정보를 수집하고, 새로운 통찰과 지식을 획득하며, 새로운 분야를 이해하기 위한 활동이다. 하지만 "영적 독서는 다르다. 그것은 단순히 영적인 것들을 읽는 것이 아니라 영적인 것들을 영적인 방식으로 읽는다는 뜻이다."[20] 형성적 접근방법은 먼저 성경의 보다 깊은 내용과 복합적인 의미의 층들을 읽는 방식이다. 성경이 우리들의 삶에 침입하는 하나님의 말씀이 되어 나에게 말을 건네고 나의 존재의 보다 깊은 차원에서 나를 만나기 시작하는 것을 허락한다.[21] 성경을 통해 하나님의 말씀이 우리를 만나고 형성할 수 있는 시간을 보내는 것이다. 두 번째 형성적 방법의 특징은 성경 말씀이 자신을 지배하도록 허락하는 것이다. 성경을 읽을 때 본문의 주인이 되기보다는 말씀을 듣고 받아들이고 응답하고 말씀의 종이 되려는 태도로 본문에 임하는 것이다.[22] 세 번째로 형성적 독서에서 우리는 말씀에 의해 형성되는 대상이다. 성경을 읽을 때에 우리는 기꺼이 말씀 뒤에 서서 말씀이 말해주기를 기다리며, 말씀이 우리를 양육하는 것을 소망한다. 헨리 나우웬(Henri Nouwen)은 말씀에 대한 이런 형성적 접근에 대해서 다음과 같이 진술하였다.

---

19) M. Robert Mulholland Jr., *Shaped by The Word*, 53.
20) 헨리 나우웬, 『영성수업』 윤종석 역 (서울: 두란노, 2007), 125.
21) M. Robert Mulholland Jr., *Shaped by The Word*, 56.
22) M. Robert Mulholland Jr., *Shaped by The Word*, 57.

말씀을 정복하기 위해서가 아니라 말씀에 정복당하려고, 말씀을 비판하기 위해서가 아니라 말씀에 도전을 받으려고 읽는 것이다. 그것은 성경을 '무릎 꿇고' 읽는다는 뜻이다. 당신의 상황 속에서 당신에게 주실 독특한 말씀이 하나님께 있다는 깊은 확신을 품고서 경건하게 차근차근 읽는 것이다. 한마디로 영적인 독서란 말씀이 나를 읽고 해석하도록 하는 것이다.[23]

형성적 접근 방법은 우리가 말씀을 통제하려 하지 않고 말씀을 받는 대상의 자세를 취하기 때문에 우리의 삶에 변화가 일어날 수 있다. 네 번째 특징은 정보 습득적인 방식이 분석적이고 판단적인 접근 방법을 취하는 반면, 형성적 독서는 열린 마음으로 수용적인 접근 방법을 요구한다. 즉 말씀에 대해 진정으로 자신을 개방하고 수용하며, 우리의 잘못된 부분을 대면하시는 하나님의 말씀(Word) 앞에 복종하는 것이다.[24] 여기에서 우리는 보다 깊은 단계의 영적 훈련의 단계로 나아가게 된다. 마지막으로 형성적 접근 방식은 특별히 신비에 대해 개방성을 갖는다. 우리는 그 신비 앞에 서서 그 신비가 우리에게 말하는 것을 허락한다.[25] 결국 우리는 문제를 해결하는 엄청난 활력이 그 만남으로부터 솟아나는 것을 발견할 수도 있다. 형성적 방법으로 독서를 할 때, 우리가 주의해야 할 것은 말씀이 우리에게 말을 건네기 시작할 때 정보습득적인 방법으로 돌아가려는 경향이 있다는 사실이다. 즉 우리는 다시 지배자가 되고 본문은 다시 우리가 지배할 수 있는 대상이 됨으로써 본문이 우리의 삶에 미치는 영향을 제한하는 식으로 돌아가려는 강력한 유혹을 받게 된다. 그러므로 형성적으로 성경을 읽는 것은 준비와 훈련이 필요하다.

---

23) 헨리 나우웬, 『영성수업』, 124.
24) M. Robert Mulholland Jr., *Shaped by The Word*, 58.
25) M. Robert Mulholland Jr., *Shaped by The Word*, 59-60.

3) 정보 습득적-형성적 접근방법
(Informative-Formative Approach)

장 르크라악(Jean Leclercq)은 성경을 두 가지 접근법, 즉 학문적 접근과 수도원적 접근으로 나누어 제시하였다.[26] 학문적 접근은 하나님 말씀에 대한 지적인 접근 방법으로서 분석적, 논쟁적 측면을 지닌다. 이런 방법은 특히 성경학적으로 많은 공헌을 하고 있지만, 성경을 단순히 지적 호기심이나 학문적 측면에서만 접근한다면, 성경 말씀이 담고 있는 영적인 특성과 성경을 통한 하나님의 현존을 경험하는 것이 무시될 수 있다. 때문에 토마스 머튼(Thomas Merton)은 비록 현대의 수많은 학문적 성경 연구가 우리의 성경을 바르게 이해하고 해석하도록 도움을 주었지만, 이러한 시도들은 또한 성경의 본질적인 정신과 가르침을 간과할 수 있고 지나친 전문화로 말미암아 성경에 대한 관심이 사라지게 할 수 있음을 지적하였다.[27]

물론 성경에 대한 어떠한 전이해나 지식이 없이 성경을 읽게 되면, 말씀을 자의적으로 해석하거나 말씀의 바른 의미를 손상시킬 위험성이 있으므로 말씀에 대한 정확한 이해를 위해 분석적 또는 학문적 전이해가 필요하다고 할 수 있다. 하지만 지나치게 지성적인 면을 강조하여 성경을 연구하고 관찰할 때 우리는 말씀 안에 현존하시는 하나님과 영적 가치들을 간과할 수 있는 위험에 또한 빠질 수 있다.

정보 습득적 방법과 형성적인 방법 사이에는 유익한 상호작용이 존재한다. 성경 구절이 형성적인 것이 되려면, 그 구절에 대한 어떤 수준의 정보, 원래의 문맥에서 본문이 의미하는 것에 대한 어느 정도의 의식, 하나님이

---

26) Jean Leclercq, *The Love of Learning and the Desire for God*, 71-3.
27) Thomas Merton, *Opening the Bible* (Collegeville: Liturgical Press, 1986), 34-5.

의도된 독자들에게 말씀하고 계시는 것의 의미를 바르게 의식하고 있어야 한다. 이것은 성경을 형성적 자료로 삼을 때에도 기본적으로 필요한 것이다. 하지만 우리는 영성 형성을 위한 차원으로까지 나아가야 한다. 하나님의 말씀(Word)은 우리에게 말씀하시며, 우리가 그 말씀을 듣고 이 만남에 응답하고 말을 할 때에 경험적으로 우리의 삶 속에 있는 하나님의 현존과 능력을 알기 시작한다. 말씀의 '의미'는 정보에서부터 그 의미가 우리의 일상생활 안에 형성적으로 성육하는 것으로 옮겨가야 한다.[28]

두 독서 방법 사이에는 꾸준한 상호 작용이 존재하며 해야 한다. 그러나 영성 형성에서 정보 습득적 방법은 성경이 하는 역할에 있어 단지 입구의 문에 불과하다. 이 문을 넘어 하나님과의 보다 깊은 만남으로 들어가야 하는데, 그것이 곧 형성적인 접근방법이다. 처음에는 정보 습득적인 원동력으로 시작하지만 형성적인 방법으로 이동해야 한다. 아드리안 캄(Adrian van Kaam)은 형성적 접근의 특징을 다음과 같이 진술한다.

> 형성적인 말씀에는 나를 변화시켜주는 능력이 있다. 그것은 그리스도 안에 있는 새로운 자아를 일으킬 수 있으며, 내 삶의 모든 차원에 스며든다. 형성적인 말씀은 나를 이기적인 자아의 자극들 너머로 들어 올려, 나로 하여금 영원한 말씀 안에 있는 은혜 받은 생명의 형태를 발견하게 해 줄 수 있다.[29]

성경을 영성 형성을 위한 자료로 사용할 때에, 보다 중요하게 고려해야 할 것은 성경을 읽는 방법이 아니라 읽는 동기이다. 그 이유는 동기가 성경에 대한 접근 방식을 구체화해 주기 때문이다. 여기서 정보 분석 방식과 형

---

28) M. Robert Mulholland Jr., *Shaped by The Word*, 61.
29) Susan Annette Muto, *Renewed at Each Awakening* (Denville, N.J: Dimension Books, 1979), 135.

성적 방식 중 어느 것이 더 좋은가 혹은 두 가지를 어떻게 잘 결합할 것인 가보다 더 중요한 것은, 하나님의 신비를 향한 열린 자세이다. 하나님의 신비와 말씀에 대한 열린 자세가 우리로 하여금 영성 형성의 길로 나아가게 하는 원동력이 된다.

3. 렉시오 디비나의 실천적 방법[30]

기독교 전통에서 일반적으로 행해졌던 렉시오 디비나의 실천 방법은[31] 보

---

30) 렉시오 디비나는 기독교 전통 안에서 두 가지 형태로 나타난다. 하나는 수도원적 또는 영적인 렉시오 디비나의 방법이고, 다른 하나는 학구적인(scholastic) 렉시오 디비나의 방법이다. 전자는 영성 형성과 성숙을 위한 것으로 말씀을 읽고 그 말씀을 반복하며 말씀과 더불어 살면서 기도하는 방법이다. 후자는 스콜라 철학의 등장과 함께 이성과 상상을 강조하게 되는 성향이 나타나면서, 렉시오 디비나의 방법이나 절차도 복잡해지는 경향을 띠게 되었다. 렉시오 디비나는 세밀한 독서(lectio), 심사숙고(cogitation), 공부(stadium), 묵상(meditatio), 기도(oratio), 관상(contemplatio) 등 6단계까지 발달하게 되었다. 학구적인 렉시오 디비나의 복잡한 단계를 귀고 2세(Guigo II)는 심사숙고와 공부를 묵상으로 통합시키고, 세밀하게 읽기, 묵상, 기도, 관상의 4단계로 축소시켰다(서인석, 『말씀으로 드리는 기도: 거룩한 독서 Lectio Divina를 위한 길잡이』 [서울: 성서와 함께, 2002], 13). 여기서는 학구적인 렉시오 디비나보다는 영적인 렉시오 디비나를 중심으로 그 실천 방법을 제안하는 것이다.
학구적인 렉시오 디비나의 방법에 대하여 귀고 2세는 이렇게 정리하였다. "'Lectio'는 마음(mind)을 이끌어 성경을 주의 깊게 보게 해 준다. 'Meditatio'는 마음을 공부하는 활동으로서 이성의 인도하에 감추어진 어떤 진리의 지식을 사색하는 것이다. 'Oratio'는 가슴(heart)을 하나님께 열어 드려 잘못을 제거하고 선한 것을 얻는 것이다. 'Contemplatio'는 마음(mind)이 하나님께로 들어 올려진 상태에 있으면서 영원한 감미의 기쁨을 맛보고 있는 것이다"(칼 J. 아리코, 『집중기도와 관상여행』 엄성옥 역 [서울: 은성, 2000], 139).
31) 영적 독서(lectio divina)의 기법에 관한 보다 더 구체적인 내용을 위해서는 Susan Annette Mute, *Renewed at Each Awakening: The Formative Power of Sacred Words* (Denville, N. J.: Dimension Books, 1979); *Steps Along the Way: The Path of Spiritual Reading* (Denville, N. J.: Dimension Books, 1975); *A Practical Guide to Spiritual Reading* (Saint Bede's Publications, 1994); *The Journey Homeward: On the Road of Spiritual Reading* (Denville, N. J.: Dimension Books, 1977); *Approaching the Sacred: An Introduction to Spiritual Reading* (Denville, N. J.: Dimension Books, 1973); Morton Kelsey, *The Other Side of Silence: Meditation for the Twenty-First Century* (Mahwah, H. J.: Paulist Press, 1997); Carolyn Stahl Bholer, *Opening to God: Guided Imagery Meditation on Scripture* (Nashville: Upper Room

통 네 단계, 즉 읽기(lectio), 묵상(meditatio), 기도(oratio), 관상(안식, contemplatio) 이다.[32]

1) 읽기(Lectio: Reading)

렉시오 디비나에서 성경을 읽는다는 것은 하나님의 말씀 앞에 우리 자신을 열어 드리는 것을 의미한다. 말씀의 지식을 얻기 위해서가 아니라 말씀이 우리를 변화시키도록 우리를 말씀 앞에 드리는 것이다. 깊은 숙고가 읽기의 본질이다. 이 때 익숙한 이해에 몰두하는 경향을 피해야 한다. 익숙한 본문이라도 그렇게 해야 한다.[33] 단어나 문장을 곰곰이 생각하면서 본문을 읽는다. 말씀을 읽다가 마음에 부딪혀 오거나 관심을 사로잡는 단어나 내용, 하나님의 신비 속으로 더욱 깊이 들어가라고 초대하는 단어나 내용에 머물러 경청해야 한다.[34]

말씀을 읽는 방식에서 주의해야 할 것은 '기호적'이거나 '채집적' 방법이다. 이러한 독서는 말씀을 어떤 목적에 이용하기 위한 수단으로 삼도록 조장한다. 그래서 성경을 이념이라든지 세상의 문제의식의 빛으로 해석하도록 몰아간다. 이리하여 하나님의 말씀이 우리의 의식 속에 시대의 징표를 뚜렷이 드러나게 비춰주는 것이 아니라 거꾸로 이념이 복음을 특정 방향으로 몰아가게 한다. 여기서는 말씀에 현실성과 내용을 부여해 주는 듯이 보

Books, 1996); 박노권, 『렉시오 디비나를 통한 영성훈련』, (서울: 한들출판사, 2008), 2, 3장; 대니얼 윌퍼트, 『기독교 전통과 영성기도』 엄성옥 역 (서울: 은성, 2005), 2장 참조.
32) Robin Maas & Gabriel O'Dnnell, *Spiritual Traditions for the Contemporary Church* (Nashville: Abingdon Press, 1990), 46-7.
33) 헨리 나우웬, 『영성수업』, 140.
34) 대니얼 윌퍼트, 『기독교 전통과 영성기도』, 57.

이는 역사적인 사건이면 무엇이나 다 '시대의 징표'라 부른다.[35] 더 나아가 이미 특정 경로를 통하여 파악된 것 이외의 어떤 다른 시대의 징표라든지 시대 비판이나 판단이 솟아날 수 없다. 결국 사회학적이거나 심리학적인 이념을 토대로 미리 정의되고 선택되고 해명된, 소위 시대의 징표라는 것들을 성경 안에서 읽어내려는 유혹이 나타나게 되는 것이다.[36] 이런 방식의 성경 독서는 회개를 불러일으키지도 못하거니와, 그리스도 안에서의 영성 형성과 성장을 낳는 말씀의 효력을 지니지도 못한다. 그리하여 단지 지적이고 사회학적인 수준에만 머물고 말 위험에 빠지는 것이다.

2) 묵상(Meditatio: Meditation)

묵상은 주어진 말씀을 반복함으로써 말씀이 우리 내면 깊이 뿌리를 내려서 말씀과 내가 하나가 되게 하는 과정이다. 그 말씀이 왜 나의 마음을 움직였는지, 그 말씀은 내게 무엇을 말하고 있는지를 우리의 마음과 이성과 감성, 즉 우리의 전 인격을 동원하여 묵상한다.[37] 말씀을 묵상함에 있어서 본문 말씀에 문자적으로 나타나 있지 않은 배경이나 상황을 전체적으로 깊이 생각하고, 본문 말씀의 주인공과 깊이 있고 살아 있는 대화를 나누거나 핵심 사상이나 가르침을 자기 것으로 소화해야 한다. 여기서 묵상은 말씀에 대한 지적인 연구를 의미하는 것은 아니다. 묵상의 단계는 하나님의 임

---

35) 엔조 비앙키, 『말씀에서 샘솟는 기도』, 25-6.
36) 엔조 비앙키, 『말씀에서 샘솟는 기도』, 26.
37) Joseph Hall(1574-1656)은 말씀 묵상의 아홉 가지 유익을 다음과 같이 소개했다. (1) 우리의 마음을 살펴 내부에 있는 적을 찾아내어 (2) 그 적을 쫓아내고 다시 들어오지 못하게 막으며 (3) 선한 방법들을 사용하여 선을 행하고 (4) 우리 자신을 알며 (5) 유혹을 예방하고 (6) 홀로 있는 것(solitariness)을 즐기며 (7) 들뜨기 쉬운 감정을 절제하고 (8) 우리의 지식에 빛을 던져주며 (9) 우리의 정서를 뜨겁게 하고 헌신을 활성화시켜 준다(나용화, 『영성과 경건』, 146에서 재인용).

재를 깊이 생각하며 즐거워하는 것이다.

그러나 유감스럽게도 묵상은 자주 감정 위주의 성찰과 감성을 자극하는 생각의 훈련으로 간주되는 경향이 있다. 마음이 뜨거울수록 더 강렬해진다고 믿는 이른바 '정신적 발산'과 '정서적 자극'을 얻기 위한 정신 훈련으로 간주되고 있는 경향이다.[38] '근대적 신심'(devotio moderna) 특유의 이 묵상은 '사람중심', '자아중심'이라는 심각한 결함을 안고 있는 경향이 있다.[39] 여기서 추구하는 것은 순전히 내면성이요 마음의 움직임에 대한 통제이다. 오늘날 자아중심적인 영적 훈련은 다시 살아나서 방법상 '쇄신적응'의 상태에 있다. 달라진 것이 있다면, 그 주제가 과거에는 '마음의 움직임'이었지만 오늘날은 '무의식의 건강'이나 '더 깊은 자아에 도달하기' 또는 '자기 비움' 형태로 바뀌었다는 사실뿐이다.[40] 자아 중심적인 방법을 추구하는 이 방법은 우리를 언제나 내면에 폐쇄적으로 머물게 하여 자유롭게 해주지 못한다. 그러므로 그리스도인들은 이런 유의 묵상을 멀리해야 한다. 이것은 바른 성경적 묵상이 아니다. 진정한 묵상은 언제나 하나님 중심이고 그리스도 중심이지 결코 자기 자신을 중심에 놓지 않는다.

진정한 성경적 묵상은 무엇보다도 무언가를 얻기 위해 실천하는 것이 아니다. 얻는 일이 생긴다면 그것은 부스러기 은혜일 따름이고, 진정한 묵상은 언제나 하나님과의 교제가 성장하는 것을 목표로 한다. 그리하여 하나님과의 풍성한 관계 안으로 들어가 거기서 존재와 행위의 원천이 되는 힘을 공급받는 것이다.

---

38) 엔조 비앙키, 『말씀에서 샘솟는 기도』, 27.
39) 엔조 비앙키, 『말씀에서 샘솟는 기도』, 27.
40) 엔조 비앙키, 『말씀에서 샘솟는 기도』, 27.

3) 기도(Oratio: Speech)

교회의 초기부터 대략 1300년대까지 그리스도인들의 기도 체험의 직접적이고도 일차적인 젖줄은 바로 성경이었다.[41]

> 깊은 기도 체험이 성경봉독과 직결된다는 것을 가장 설득력 있게 보여주는 작품이 중세에 카루투시오 회원 귀고 2세(+1188)의 『관상 생활에 관해 쓴 편지』 (Epistola de vita contemplativa)일 것이다. 이 영성 소품의 아름다움과 힘은 대단해서, 오늘날까지도 거룩한 독서를 소개하는 대부분의 사람들이 귀고 2세가 제시한 도식을 그 방법론적 표준처럼 제시하고 있다. 그것이 바로 '독서-묵상-기도-관상'의 네 단계다. 귀고 2세는 마태복음 7:7을 거룩한 독서의 과정에 적용하여, '독서 안에서 찾으면 묵상을 얻을 것이고, 기도 안에서 두드리면 관상으로 들어갈 것이다'[42]라고 하였다.

렉시오 디비나는 "기도와 함께하는 독서요 말씀으로 기도하는 것이며, 묵상이 낳은 기도다."[43] 이 단계에서는 하나님은 성경을 통해서 우리에게 말씀하시고 우리는 기도를 통해서 하나님께 말하는 단계이다. 주어진 말씀과 그 말씀의 의미를 통해서 하나님이 오늘 나의 삶을 어떻게 인도하시는지 발견한다. 이 단계는 말씀이 나의 전 존재의 가장 깊은 곳까지 들어갈 수 있도록 나를 더욱 말씀 앞에 열어 놓는 단계이며, 주신 말씀에 대하여 나의 생각, 뜻, 결심, 느낌을 동원해서 하나님께 응답하는 단계이다.[44] 즉 하나님은 우리를 말씀 가운데 초청하시고 말씀을 통해서 우리에게 교훈,

---

41) 이연학, "거룩한 독서(lectio divina): 한 수도자의 실천," 정원범 편 『영성수련과 영성목회』 (서울: 한들출판사, 2009), 200.
42) 이연학, "거룩한 독서(lectio divina): 한 수도자의 실천," 200.
43) 엔조 비앙키, 『말씀에서 샘솟는 기도』, 58.
44) 임창복, 김문경, 오방식, 유해룡 공저, 『기독교 영성교육』 (서울: 한국기독교교육교역연구원, 2006), 189.

책망, 인도, 위로 하실 때 우리 자신의 언어로 하나님의 말씀에 구체적으로 응답하는 것이 바로 기도이다.

여기에서 고려해야 할 것은 기도는 단순히 정신에만 관계되는 것으로 생각해서는 안 되며 전인에 관계되는 것임을 잊지 말아야 한다. 케네스 리치(Kenneth Leech)는 기도가 정신 활동만이 아니라 전인적인 활동임을 강조하면서 이렇게 지적하였다. "하나님은 머리 속에 있는 분이 아니기 때문이다. 기도는 총체적인 인간의 활동이다. 그리고 하나님은 전체성 안에 존재하신다."[45] 때문에 기도할 때는 "신체적인 고요함의 완전에 주위를 기울이고, 나아가 영성생활의 균형을 이루는 데 결정적이라 할 수 있는, 먹고 마시고 쉬는 활동의 리듬을 습득하는 일에도 주의를 기울여야 한다."[46] 말씀과 함께 기도하고 말씀 안에서 기도는 마음으로만이 아니라 전인으로 하는 것이다. 기도는 전인적인 것이다.

4) 관상(Contemplatio: Contemplation)

관상은 말씀을 통해서 우리를 찾아오신 하나님의 현존 앞에 머무르는 단계이다. 성령이 나와 하나님의 관계를 더욱 깊게 해 주시고, 인도하고 변화시킬 수 있도록 하나님의 품 안에 깊은 사랑과 평화 속에 머물러 있는 상태다. 이것이 관상적인 안식(contemplative rest)의 순간이다. 이 안식하는 순간은 기도 경험 전체를 돌아볼 수 있는 시간을 제공한다. 자신과 하나님에 대한 새로운 인식, 세상과 사물에 대한 새로운 인식, 이러한 새로운 인식이나

---

45) Kenneth Leech, *Soul Friend: A Study of Spirituality* (London: Sheldon Press, 1985), 173.
46) Kenneth Leech, *Soul Friend*, 173.

깨달음에 대한 감사 등이다.[47]

관상의 단계에서 아무것도 경험하지 못할 수도 있다. 오히려 기도하는 동안 생각나는 것은 온통 세상적인 생각들로 가득하여 힘들거나 좌절하거나 분노할 수도 있다. 이렇듯 '아무것도 일어나지 않는' 경험을 할 때 어떻게 해야 하느냐라는 문제가 대두된다. 베네딕트(Benedict)의 관점에서 보면, 그러한 '실패'는 타락한 인간의 상태에서 정상적인 부분이다. 만일 하나님의 말씀과 만남이 쉽다면, 기도를 실천해야할 필요가 없기 때문이다.[48] 기도는 하나의 상품이 아니라 하나님과의 관계이기 때문에 비록 이 단계에서 어떤 경험을 하지 못했다고 할지라도 하나님과 함께 시간을 보내기를 소망한 것 그 자체로 가치로운 것이다.[49]

귀고 2세는 다음과 같이 렉시오 디비나의 모든 과정을 요약한다.

"독서가 표면과 관련된 훈련이라면 묵상은 속내를 들여다보는 지성입니다. 그리고 기도가 갈망과 관련된 것이라면 관상은 모든 감각을 초월한 것입니다." 이렇게, 성경 없이 기도할 수 없고 기도 없이 성경을 읽을 수 없다는 사실에 대해 실감나게 묘사해 준 귀고 2세는, 거룩한 독서의 각 순서들이 빠짐없이 다 중요하다는 사실에 관해서도 다음과 같은 실천적 경구로써 일깨워준다. "묵상 없는 독서는 건조하며 독서 없는 묵상은 오류에 빠지기 쉽고, 묵상 없는 기도는 미지근하며 기도 없는 묵상은 결실이 없는 것입니다."[50]

렉시오 디비나에서 이 네 단계가 항상 일정한 순서를 갖는 것은 아니다.

---

47) 렉시오 디비나를 가장 충실하게 실천 발전시켰던 성 베네딕트는 수도사들에게 렉시오 디비나의 마지막 단계에서 살아있는 말씀을 만나는 것에 대해 하나님께 감사하라고 가르쳤다. 이 관상의 단계에서는 하나님 안에서 안식과 평안을 경험하는 것인데 이러한 경험은 반드시 감사로 이어져야 한다고 강조했다(대니얼 월퍼트, 『기독교 전통과 영성기도』, 62).
48) 대니얼 월퍼트, 『기독교 전통과 영성기도』, 63.
49) 대니얼 월퍼트, 『기독교 전통과 영성기도』, 63.
50) 이연학, "거룩한 독서(lectio divina): 한 수도자의 실천," 205에서 인용.

렉시오 디바나의 실제에서, 읽기, 묵상, 기도, 관상은 이런 단계의 과정을 거쳐 우리에게 다가오기도 하지만 이 네 단계가 고정적이고 기계적인 순서로 발전해 우리에게 주어지는 경험은 아니다.[51] 렉시오 디비나에서 이 네 가지는 단계이기보다는 순간(moment)으로 이해하는 것이 더 적합하다. 우리가 관상기도로 나아가고자 하는 열망으로 렉시오 디비나를 실천할 때 읽기에서 묵상을 거치지 않고, 바로 기도나 관상의 경험으로 나아갈 수 있다. 또는 묵상의 경험에서 바로 기도를 거치지 않고 관상의 경험으로 나아갈 수 있다.[52] 때문에 이 순서에서 저 순서로 가는 데 있어서 반드시 일정한 순서를 갖는 것은 아니다.

4. 렉시오 디비나의 현대적 의의

과학의 엄청난 진보와 물질주의 문화 속에서 기독교 신앙의 정체성을 위협하고 있는 오늘의 시대적 상황을 극복할 수 있는 길은 주지주의를 넘어 진정한 영적 가치를 회복하는 것이라 할 수 있다. 오늘날 현대 기독교인들이 기억해야 할 것은, 수많은 설교자들이 강단에서 윤리적 가르침을 전파하고 있다. 그러나 그것을 듣는 사람들은 대부분 그것을 실천하지 못한다. 왜 그럴까? 그런 윤리적 가르침이 잘못되었기 때문이 아니다. 그것을 실천할 수 있는 힘이 약하기 때문이다. 즉 영적으로 성장하고 성숙하지 못했기 때문이다. 기독교인들에게 영성 형성과 발달은 신앙의 정체성과 성숙한 신앙적 삶이 위협받고 있는 이때에 중요한 것임에 틀림없다. 우리 시대는

---

51) 임창복, 김문경, 오방식, 유해룡 공저, 『기독교 영성교육』, 192.
52) 임창복, 김문경, 오방식, 유해룡 공저, 『기독교 영성교육』, 192.

'얼마나 아느냐'의 문제보다는 '얼마나 성숙한 경험과 실천을 했느냐'라는 문제를 더 소중히 여기고 있다. 진정한 기독교적인 정체성과 힘은 지식의 차원을 넘어 기독교적 경험과 영성 형성과 성숙에서 오는 것임으로 그러한 길을 모색해야 한다. 그러한 모색 중의 하나가 풍부한 영성적인 경험과 전통적인 지혜를 이어받아 성경적인 지식을 갖춘 영성 형성의 방법과 체제인 렉시오 디비나를 우리 안에서 회복시키는 것이다.

렉시오 디비나는 기독교 전통 안에서 그리스도인들의 영성 형성을 위한 중요한 방법으로 여겨졌을 뿐만 아니라 또한 성경을 대하는 방법에도 크게 영향을 미쳤다. 앞에서 살펴본 것처럼 기독교 전통 안에서 성경을 읽는 대표적으로 두 가지 방식이 있다. 하나는 정보를 얻기 위해 읽는 방식(information)이고, 다른 하나는 우리 자신을 새롭게 하기 위하여 읽는 방식(formation)이다. 하지만 성경을 단지 정보를 얻기 위해 읽는 한, 성경을 읽으면서도 영적 유익을 얻지 못하며, 이렇듯 우리를 하나님께로 인도하지 않는 성경의 지식은 특별한 가치가 없다.[53] 초기 기독교시대부터 그리스도인들은 하나님의 말씀인 성경을 머리가 아닌 순수한 마음으로 읽고, 그 말씀을 통하여 그리스도를 만나고, 또 그분과의 만남을 통하여 그리스도와의 우정을 깊게 하고, 우리의 존재 변화를 추구하는 독서방식을 취했다.[54]

렉시오 디비나에서는 우리가 말씀을 해석하는 것이 아니라 말씀이 우리를 해석하도록 말씀 앞에 열린 자세로 서는 것이다. 다시 말하면, 성경을 지식을 얻는 '정보'(information)의 대상이 아니라 우리의 영혼과 삶을 '형성'(formation)하고 '변화'(transformation)시키는 생명력 있는 말씀으로 믿고 받아들이는 과정이 렉시오 디비나이다.

---

53) 하워드 라이스, 『영성 목회와 영적지도』, 최대형 역 (서울: 은성, 2003), 61.
54) 임창복, 김문경, 오방식, 유해룡 공저, 『기독교 영성교육』, 171.

렉시오 디비나는 우리에게 보다 더 풍성한 영성 생활을 누리도록 도와주는 중요한 길이 될 수 있다. 물론 영적 독서가 성경을 대하는 절대적인 방법이라거나 영성 형성을 위한 유일한 길은 아니다. 성경을 통하여 하나님의 현존을 경험하는 방법은 사람에 따라 다를 수 있으며 각자에게 맞는 방법을 안내하시는 분은 성령이시기 때문이다.

5. 렉시오 디비나와 설교자

현대 그리스도인들에게는 영적 독서(lectio divina)보다는 성경공부가 훨씬 더 익숙하다. 성경공부는 주어진 본문의 배경과 의미에 대한 설명과 주요한 질문들에 답하고 적용하는 방식으로 되어 있다. 성경공부의 우선적인 관심사는 본문의 의미를 설명하고 그 다음에 그것을 생활에 적용하는 것이다. 성경공부는 성경에서 정보를 얻고 그 정보를 삶에 적용하는 방식이다. 반면, 영적 독서는 우리를 하나님께로 부르는 하나님의 말씀으로서의 성경에 관심을 갖는다. 영적 독서는 성경을 연구의 대상으로 삼고 정보를 얻기 위해서라기보다는 영성 형성에 목표를 둔다. 영적 독서에 대해 헨리 나우웬은 다음과 같이 설명한다.

성경을 취하여 그것을 읽는 것은 하나님의 부르심에 우리 자신을 열기 위해 하는 첫 번째 일이다. 성경을 읽는 것은 보이는 것만큼 쉬운 일이 아니다. 학문세계에서 우리는 우리가 읽는 모든 것을 분석하고 토론하는 경향이 있기 때문이다. 그러나 하나님의 말씀은 무엇보다 먼저 우리를 관상과 묵상으로 인도해야 한다. 우리는 말씀을 분석하는 대신, 우리가 가장 깊은 존재 안에서 그것들을 하나로 모아야 한다. 또한 우리가 동의하는지 않는지를 고민하는 대신, 말씀들이 우리에게 직접적으로 말하는지, 그것이 우리의 가장 내적인 개인적 이야기와 직접적으로 연결되어 있는지를 생각해야 한다. 우리는 말씀들을 흥미 있는 대화나 글을 위한 가능성 있는 주제들이라고 생각하는 대신, 그 말씀들이, 심지어 어떤 다른 말도 들어올 수 없는 장소에까지 우리 마음의 가장 숨겨진 구석에까지 스며들도록 기꺼이 허락해야 한다. 그런 다음에야 비로소 말씀들은 비옥한 땅에 뿌려진 씨처럼 열매를 맺을 것이다. 그때에야 우리는 진정으로 듣고 이해할 수 있다.[55]

그러나 현대인의 마음 구조는 이러한 영적 독서를 실천하기가 쉽지 않다. 이유는 이러한 영적 독서의 방식을 형성하려고 노력할 때 많은 장애물에 직면하게 되기 때문이다. 우리가 경험하는 교육체제는 거의 대부분 정보와 기술 습득을 위해 글을 읽도록 우리를 훈련시켰다. 이러한 정보와 기술 습득적인 교육은 우리가 성경을 대하는 방식에도 많은 영향을 준다. 우리의 독서 방법은 분석하고 평가하는 태도에 익숙해져 있다. 때문에 성경의 본문을 대할 때에도 본문이 우리에게 말하게 하는 대신에, 그것을 먼저 분석하려고 한다. 본문으로 하여금 우리가 알지 못하는 것을 말하도록 하는 대신에 우리는 분석가와 논평자로 본문을 대한다. 그 다음 우리는 승리한 기분과 만족감으로 저자와 멀어진다. 우리의 독서 습관은 좋은 감정과 강력한 도전을 기대하도록 되어 있다. 이러한 습관은 우리의 실용주의적인 모습을 보여준다. 멀홀랜드(Robert Mulholland)는 영적 독서를 할 때 지각적 장애물을 주의해야 한다고 다음과 같이 제안한다.

우리가 형성적 방법으로 성경을 다루지 못한다면, 우리의 삶을 형성한 정보 습득적인 원동력들이 지배력을 발휘할 것이다. 우리는 성경을 멀리하고, 우리 자

---

[55] Henri J. M. Nouwen, *Reaching Out: The Three Movement of the Spiritual Life* (London: Fount, 1980), 124.

신의 의식적이거나 무의식적인 계획을 반영해줄 객관적이고 분석적인 방법으로 성경을 다룰 것이다. 우리는 본문의 깊은 곳이 아니라 표면을 다룰 것이며, 질보다는 양을 중시하고, 본문의 말을 듣기보다는 본문에게 말을 하며, 본문으로 하여금 우리를 지배하게 하기보다는 우리가 본문을 지배하려 한다. 정보 습득적인 독서는 우리를 존재하도록 공표하시는 말씀으로 만들기 시작할 살아있는 하나님의 말씀과의 만남으로 인도하기보다는 하나님이 공표하시기를 우리가 기대하는 것을 초래하는 경향이 있다.[56]

또한 우리가 기능적인 방법으로, 그리고 우리의 힘과 방법으로 우리의 계획을 성취하기 위한 수단으로 성경을 읽는다면, 우리의 계획 성취를 위해서 성경을 조정하려는 유혹을 피하기가 어렵다. 성경을 기능적으로 읽을 때 성경은 단지 우리의 목적과 욕구 충족에 필요한 도구가 될 수 있다. 이러한 장애물을 극복하는 방법은 형성적인 영적 독서이다. 영적 독서는 말씀 이해에 초점을 두기보다는 말씀 배후에 있는 말씀의 주인공이신 하나님께 좀 더 초점을 맞춘다. 영적 독서는 본문 내용을 분석하거나 그로부터 어떤 교훈을 뽑아내려고 하는 것이 아니라 그 자체를 먼저 경험하는데 일차적인 목표가 있다. 성경을 읽는 목적을 우리의 계획을 촉진하려는 데 두지 않고 우리의 영혼이 하나님의 말씀으로 형성되도록 하는 것이다.

우리의 가슴 깊은 곳으로 들어오게 하는 방식으로 책을 읽는 습관을 기르려면 많은 훈련이 필요하다. 특별히 글을 읽을 때 정독하는 습관과 묵상적인 글 읽기를 해야 한다. 우리는 규칙적으로 성경과 다른 영적 저서들을 정독하는 습관을 개발할 필요가 있다. 영적 독서를 개발하기 위해서는 처음에는 시편이나 복음서를 부지런히 읽는 것에 집중하는 것도 좋은 방법이 될 수 있다. 그리고 어느 정도 성경을 읽는 것이 습관화되면 정독하며 묵상

---

[56] M. Robert Mulholland Jr., *Shaped by the Word*, 134-35.

적인 읽기를 해야 한다. 매우 실용주의적인 사회에 사는 우리에게는 이러한 방법들이 우리의 독서방법을 재구성하는 데 효과적일 수 있다. 설교자가 이러한 영적 독서를 통하여 설교를 하지 않으면, 즉 설교가 단지 도움이 되는 말들과 정보전달식의 형태를 따른다면 청중들을 정보 수집가나 비평가가 되게 할 수 있다. 왜냐하면 설교자와 청중은 메시지에 대한 자세와 정신 등에서 서로 영향을 주고 받게 되어 있기 때문이다. 설교자가 정보전달식 설교를 하면 청중도 정보 습득적인 자세로 설교를 듣게 되어 있다.

설교자가 영적 독서의 형식을 따른다면 자신이 선호하는 성경을 선택적으로 읽고, 좋아하는 본문만을 설교하는 습관을 피할 수 있다. 설교는 본질적으로 성경의 메시지를 오늘의 청중에게 현대 언어로 전하여 청중이 성경 이야기를 듣고 그 메시지와 관계를 맺을 수 있도록 해야 한다. 그러나 현대의 많은 설교는 청중들의 소비자적 요구에 맞게 행해지는 경우가 많다. 성경은 인간에게 도움이 되는 조건을 얻기 위해서가 아니라 하나님의 이야기를 듣고 하나님의 이야기에 참여하도록 하기 위해서 들려져야 한다. 유진 피터슨은 성경의 기능을 다음과 같이 요약한다.

> 책의 일차적인 존재 이유는 우리가 저자의 이야기를 들으면서 그 속에서 우리 자신을 발견하고, 저자의 노래를 들으면서 그들과 함께 노래 부르고, 그들의 주장들을 들으면서 그들과 함께 논의하고, 그들의 답변을 들으면서 그들에게 질문할 수 있도록, 저자와 독자들이 관계를 맺도록 하는 것이다. 성경이야말로 바로 그러한 책이다. 정보 수집을 목적으로 이야기들을 비인격적으로 읽으면 우리는 그것들을 왜곡하게 된다.[57]

---

57) Eugene H. Peterson, *Working the Angels: The Shape of Pastoral Integrity* (Grand Rapids: Eerdmans, 1987), 99.

설교자는 정보 수집가 혹은 비평가로서가 아니라 제자로서 본문을 대하는 자세를 배워야 한다. 설교자는 어린 사무엘의 태도를 본받아야 한다. "말씀 하옵소서 주의 종이 듣겠나이다"(삼상 3:10). 설교자가 성경을 대하는 목적이 사실을 습득하는 단계를 넘어 성경이 설교자에게 말하도록 하려면, 설교자는 성경의 모든 단어들을 음미하면서 그것을 곰곰이 생각하고 숙고하면서 묵상해야 한다. 이것이 바로 영적 독서이다.

제 6 장

설교와 묵상
Preaching & Meditation

1. 묵상과 설교자

설교자는 학문적 신실함보다 더 중요한 것이 있음을 알아야 한다. 설교자에게 학문적 신실함, 즉 성경연구와 인간 이해를 위한 연구 등은 설교자의 삶에 있어 중요한 한 가지 측면이지만, 설교란 단지 학문적 연구로만 가능한 것이 결코 아니다. 물론 설교자의 학문적 신실함이라는 한 측면을 개발하기 시작하면, 삶의 다른 영역에서도 신실함을 더 깊게 추구할 수 있는 것은 사실이다. 하지만 설교자에게 요구되는 것은 어리석어 보일만큼 은혜 가운데 살아가는 삶, 예상을 초월하여 사랑하는 삶, 말할 수 없는 감사로 기뻐하는 삶, 우직하게 섬기는 삶, 지나치게 단순할 만큼의 기도와 묵상을 사랑하는 삶이다. 삶의 모든 영역이 그리스도의 주되심 아래 있기에 설교의 진정한 능력은 일상의 삶의 신실함으로부터 온다. 즉 가정에서, 가난하고 고통 받는 사람들을 돕는 봉사 활동에서, 시민으로서, 예술과 휴식을 향유하는 데서, 그리고 신실함으로부터 온다. 설교자는 사람들이 살아가는 형편과 처지와 그 속에서 끊임없이 제기되는 질문들을 하나님에 대한 경외의 관점에서 이해하기 위하여 듣고 보고 관찰하는 것을 계속 실천해야 한다.

설교자는 현실세계에 대한 관심을 가지고 관찰할 때 주의해야 할 것이 있다. 설교자는 세계에 대한 이해와 참여가 필요하지만 또한 수도사처럼 뒤로 물러나서 경건과 신중함을 길러야 한다. 물론 설교자가 청중의 문화로부터 무조건 후퇴하여 살아가는 것은 바른 자세가 아니다.

예수님의 주변에 모여든 당시 종교지도자들은 이 점을 제대로 이해하지 못했다. 이들도 나름대로 당시 백성들의 개혁과 부흥을 추구했다. 하지만 이런 목표를 위하여 당시 종교지도자들이 선택한 전략 때문에 당시 백성들은 종교적 형식으로 얼룩진 흉측한 세상에서 살고 말았다. 당시 종교지도자들은 눈에 보이는 종교적인 관례를 외형적으로 유지하면 공동체 내에 경건이 자리 잡고 도덕적인 정서가 회복될 것이라 생각했다. 하지만 이러한 노력에도 불구하고 당시 지도자들이 잊고 있었던 것은, 하나님 앞에서의 내면생활에 지속적으로 주의를 기울여야 한다는 점이었다. 당시 이들은 외부 활동에서는 헌신적인 노력을 기울였음에도 불구하고 내면의 상태에 대해서는 전혀 주의를 기울이지 않았다. 때문에 하나님의 이름으로 직분을 감당하면서도 실제적으로 매일 하나님에 대해서는 무지한 상태가 되고 말았다. 설교자에게 결코 빼놓을 수 없는 것이 바로 묵상이다. 프란시스 휴 메이코크(Francis Hugh Maycock)는 묵상에 대해 이렇게 기록했다.

> 묵상은…모든 창조적 활동의 공통적인 기원이다. 묵상은 모두에게 열려 있다. 하나님, 거칠고 활기 넘치는 하나님, 비록 우리들 중 더러는 그렇게 거칠고 활

기 넘치지는 않지만 당신과 나, 그리고 다른 모든 사람들이 그 안에서 존재하고 있는 거칠고 활기 넘치는 우주의 창조주, 이 분을 알고 사랑하고 보고 발견하기를 원하는 모든 인간들에게 묵상은 열려 있다. 묵상을 통해서 우리는 우리 존재의 존재론적 근거와의 만남을 새롭게 한다.[1]

신실한 설교자는 반드시 세계와 그 세계의 창조주 앞에서의 경탄의 경험에 뿌리를 두어야 한다. 설교자는 항상 복음적 뿌리로 되돌아가 끊임없이 성경말씀을 묵상하고, 끊임없이 성령의 은혜를 사모해야 한다. 설교자에게 묵상은 단순히 좋은 설교를 위한 요소나 기술이 아니라 내적 자질이다. 설교자는 반드시 자신의 정체성과 설교의 핵심 의미를 묵상할 수 있어야 한다. 묵상적이고 신비적인 경험의 핵인 그리스도와의 내적 연대가 필요하다. 설교자가 말씀 묵상을 통한 깊은 영적 갱신을 하지 않으면 그의 설교는 단지 성경적 정보를 제공하는 메시지로 전락할 수 있다. 성도들에게 지적인 아편을 제공하는 것은 결코 설교의 목적이 아니다. 구약의 예언자들의 비전은 그들의 묵상의 결과였다. 예언적인 증언은 반드시 묵상으로 시작되어야 한다. 그 같은 묵상의 영이 없으면 종교가 아편이 될 가능성이 있기 때문이다.[2]

설교자에게는 사막과 같은 자신만의 장소가 필요하다. 설교자는 연구와 묵상과 행동, 관심과 물러남 간에 변증법적 생동감이 존재함을 알아야한다. 설교자의 삶에서 묵상적인 영역이 육성되고 강화될 수 있는 실제적인 공간이 필요하다. 장 다니엘루(Jean Danielou)는 묵상의 의미와 필요성을 다음과 같이 기술한다.

---

1) Kenneth Leech, *Spirituality and Pastoral Care*, 113에서 재인용.
2) Kenneth Leech, *Spirituality and Pastoral Care*, 43.

> 기독교 역사에 있어 콘스탄티누스의 단계는 끝나가고 있다…사막으로 들어감은 안토니가 수도자들의 시대를 연 4세기 이후로 하나의 혁명적인 혁신이었다. 그것은 기독교가 타협하고 있는 세상으로부터 순교자들의 신앙들을 지켜내는 고독으로의 물러남이었다. 그 시대는 지나가고 있다. 안토니는 사막으로부터 세상으로 되돌아오고 있다.[3]

오늘날에는 오히려 현대 도시의 사막들과 거대한 물질문화의 함성 속의 한복판에서 묵상적인 삶을 형성하는 것이 요청되고 있다. 설교자가 홀로 깊은 성찰과 묵상의 시간을 갖지 않고서는 그 어떤 설교자도 자신의 사명을 제대로 감당할 수 없다. 이러한 경건의 시간을 설교자가 정규적으로 가질 때 영적으로 시들지 않고 복음을 전할 수 있다. 설교자가 감당해야 할 많은 책임들과 빨리 달성하고픈 욕망에도 불구하고 혼자만의 묵상의 시간을 정규적으로 가져야 생명력 있는 설교를 할 수 있다.

성경 묵상에 이방인이 된 설교자는 하나님께도 이방인이 될 수 있다. 하나님께 이방인이 된 설교자는 자기 자신에게도 이방인이 될 수 있다. 또한 자신에게 이방인이 된 설교자는 타인(청중)에게도 이방인이 될 수 있다. 설교자에게 묵상은 하나님과의 충만한 관계에로 이끄는 중요한 통로이다. 묵상이 없다면 하나님의 진리는 설교자와 함께 머물러 있지 않을 뿐만 아니라 설교는 피상적인 되울림만 하는 메아리가 되어버릴 수 있다. 그러므로 묵상이 없는 설교자는 무기가 없는 군인과 같고 펜이 없는 작가와 같은 것이다.

---

3) Jean Danielou, *The Lord of History* (London: Longmans, 1960), 77.

2. 묵상과 기독교

묵상이란 용어는 성경에서 여러 의미로 쓰이고 있다. 구약성경에서 묵상이란 용어가 음성적 의미로 쓰일 때는 '낮은 목소리로 속삭이다'(삼상 1:9-13)라는 뜻을 지니지만, 정신적 의미로 쓰일 때는 '신음하다', '되새기다', '깊이 생각하다', 또는 '묵상하다'(수 1:8; 시 1:2)는 의미를 나타낸다. 특별히 하나님의 말씀과 함께 쓰일 때는 음식을 되새김질한다는 것과 관련되어 쓰인다. 여호수아 1:8과 시편 1:2에 "여호와의 율법을 주야로 묵상하여"라고 할 때 묵상한다는 의미는 '되새기어' 또는 '반복하여'라는 뜻이다. 신약성경에서 묵상은 관심, 생각, 돌봄, 실행 등과 관련하여 사용되고 있다. 묵상이란 용어가 디모데전서 4:15에서는 "이 모든 일에 전심하여"로 표현되고 있고, 누가복음에서는 마리아가 잉태에 대한 소식을 가져온 천사의 인사를 받고 '생각하매'라고 표현하고 있다.

기독교 역사에서 묵상은 고대 수도원에서 활성화 되었다. 수도 전통에서 묵상은 성경 말씀을 순수한 마음으로 지속적으로 되뇌는 것이었다. 수도 전통에서 행해진 묵상 방법은 말씀을 끊임없이 되새기며 맛보는 것이었다. 되새김으로서의 묵상 방법은 중세 수도 전통에서 활성화되었다. 그러나 귀고 2세는 성경을 읽는 것은 단순히 읽는 것만이 아니라 읽고 듣는 것까지 포함함을 분명히 밝히고 있다. 그에게 있어서 독서는 단순히 읽는 것이 아니라 그 본문을 주의 깊게 관찰하거나 성찰하는 지성적인 작업이다.[4] 이것은 초기 수도자들이 온 마음으로 성경을 읽고 암기했던 수행과는 약간 거리가 있다고 볼 수 있다. 물론 성경에 대한 아무런 전이해나 지식 없이

---
4) 허성준, 『수도 전통에 따른 렉시오 디비나』, 78.

성경을 읽게 될 때, 자칫 말씀을 자의적으로 생각할 위험이 있음으로 성경에 대한 바른 전이해가 필요하다고 할 수 있다. 하지만 지나치게 지적인 면을 강조하여 성경을 연구하고 분석할 때 성경의 주인공이신 하나님을 간과할 수 있는 위험이 있다.

기독교 역사에서 묵상에 대한 이해와 실천은 크게 두 가지 유형으로 발전하였다. 하나는 초기 기독교에서부터 행해졌던 되새김하는 반추로서의 묵상과, 그 이후에 추가된 상상력을 활용한 묵상이다.

먼저 반추로서의 묵상은 초기 수도자들이 행했던 단순한 성경묵상 방법이다. 원래 라틴어 **메디타리**(meditari, 묵상하다)는 하나님의 말씀을 내면으로 받아들인다는 뜻인 헬라어 **멜레탄**(melletan)에서 왔다. 이것은 다시 어떤 것을 반쯤 소리 내어 중얼거림을 뜻하는 히브리어 **하가**(hagah)에서 왔다. 때문에 초대나 중세 때 수도사들의 묵상에 대한 이해와 실천은 성경 본문을 작은 소리로 읽고 마음으로 그 구절의 의미를 깨닫는 것을 의미하였다. 이러한 묵상에 대해 보케(Adalbert de Vogue)는 "이것은 오늘날의 우리의 묵상과 같이 전적으로 내면적인 행위가 아니라 입과 정신 모두를 사용하는 과정으로서 암송과 같다. 이것은 생각이나 느낌을 형성할 뿐만 아니라 무엇보다도 먼저 어떤 본문을 암송하는 것을 뜻한다"[5]고 하였다. 이렇게 수도자들은 성경 말씀을 온전히 자기의 것이 되도록 그 말씀을 끊임없이 되새기고 맛보는 묵상을 하였다. 바로 이 되새김이 수도자 전통 안에서 행해진 묵상 방법이었다. 묵상에 대한 또 다른 하나의 방법은 상상력을 활용한 묵상이다. 이 방법은 성경의 세계로 들어가 상상을 하는 방법이다. 이 방법은 성경을 가지고 적극적으로 상상력을 동원하여 참여하는 방법이다.

---

5) Adalbert de Vogue, *Community and Abbot in the Rule of St. Benedict* (Collegeville, MN: Cistercian Publications, 1979), 246.

3. 묵상과 성경의 세계

얼마 전 모 기독교 텔레비전에서 한국교회 원로이신 한 목사님께서, 한국교회 신학의 근본적인 문제점은 다름아닌 기독교 역사에서 중요한 자리를 차지했던 묵상이 사라져 버렸기 때문이라고 말한 적이 있다. 묵상이 없는 신학은 지식추구의 신학으로 전락할 수 있다. 기독교 역사에서 동방교회와 서방교회는 동일하게 묵상을 중요하게 여겼다.

다윗은 시편 119:99에 "내가 주의 증거를 묵상하므로 나의 명철함이 나의 모든 스승보다 승하며"라고 하였다. 성경은 말씀 묵상의 역할을 모든 스승들의 가르침보다 더 큰 역할을 한다고 말한다. 이처럼 묵상은 우리의 삶에 많은 지혜와 힘을 준다. 성경적 묵상은 하나님께 주의를 기울이는 훈련이다. 이 집중하는 영적 행위를 통해 우리는 하나님의 말씀과 그의 은혜에 우리 자신을 열게 된다. 묵상은 또한 은혜로운 상상의 작용이다. 상상은 하나님이 우리에게 주신 놀라운 선물이며, 영적 생활에서 중요한 영역이다. 묵상은 거룩한 상상을 통해 우리의 믿음이 살아 있음을 느끼게 해준다. 묵상은 또한 성경이 우리 안에서 더욱 효과적으로 역사하게 해준다.

성경에 대한 신학적 이해는 박식하지만 묵상을 전혀 하지 않는 사람과 성경에 대한 신학적 지식은 부족하지만 성경을 묵상하는 사람에 대해서 우리는 어떻게 생각해야 할까? 설교자는 성경과의 관계에서 어떤 사람이어야 할까? 이에 대한 대답은 사람마다 다르고 관점에 따라 다를 수 있다. 하지만 성경 묵상 없이 축적된 신학적 지식은 공허한 지식이 될 수 있다.

고도로 지식화된 시대에 우리는 종종 신학적 능력과 기술적 능력을 동등시 한다. 여기서 기술적 능력이란 올바른 해석 규칙들을 적용하고 최신의 비판적 도구들을 사용할 줄 아는 능력을 말한다. 정말 신학적 능력이 기술적 능력에 의존한다면, 더 많은 교육을 받은 사람이 교육을 덜 받은 사람보다 성자가 될 가능성이 더 많다고 가정해야 할 것이다. 그러나 위대한 성자들이 반드시 더 많이 배웠다는 가정은 분명 거짓이다. 종종 있는 일이지만, 학식이 있는 사람들이 항상 그들의 방대한 지식을 실천에 옮기지는 못함으로 영적 난쟁이로 남게 되고, 반면에 습득한 빈약한 지식을 실현하는 사실상의 문맹자들이 신성함에 학식이 있는 사람들을 능가한다. 교육을 많이 받은 사람이 교육을 덜 받은 사람보다 신학적 지식을 더 가지고 있다고 말할 수 없기 때문에 그 가정은 또한 원리상 거짓이다. 전자가 더 가지고 있는 것은 명시적 신학적 지식이고, 반면에 후자는 신학적 지식을 암시적으로 가지고 있는데, 이것은 교육을 더 받은 사람이 소유하고 있는 것과 잠재적으로 비슷하다.[6]

설교자는 성경의 세계와 복음을 신학적으로 분석하고 이해하는 차원을 넘어서 반드시 복음이 설교자의 전 존재에 영향을 미치도록 복음을 내면화하는 방법이 필요하다. 이 때 복음을 설교자 자신에게 내면화하는 중요한 방법이 바로 묵상이라 할 수 있다. "묵상은 말씀을 외적으로 확대하는 것(extensification)이기보다는 내적으로 강화하는 것(intensification)이다."[7] 성경의 진리를 개념적으로만 이해하거나 피상적으로만 이해하는 것으로는 충분하지 않다. 성경에 대해 불을 붙이고 성경을 깊이 있게 알기 위해서는 묵상이 필요하다. 리처드 그린햄(Richard Greenham)은 묵상을 "우리가 알고 있는 기억을 불러내어, 그것과 더 깊이 씨름하여 우리 자신에게 적용함으로써, 실생활에서 그 중 일부를 활용할 수 있게 해주는 마음의 훈련"이라고 했다.[8] 그는 또한 "읽고 묵상하지 않으면 열매를 맺을 수 없고, 묵상은 하지

---

6) 사이몬 찬, 『영성신학』, 235-36.
7) 사이몬 찬, 『영성신학』, 237.
8) Richard Greenham, *Works* (1612), 37; 사이몬 찬, 『영성신학』, 239에서 재인용.

만 읽지 않으면 위험하고, 기도 없이 묵상하는 것은 해롭다"고 했다.[9] 하나님의 말씀을 전하는 설교자에게 있어서 묵상은 중요한 요소다.

4. 묵상과 창조세계

많은 기독교 저술가들은 묵상을 위한 세 가지 책을 언급한다. 첫째는 성경이다. 여러 가지 방법으로 성경을 묵상할 수 있다. 둘째는 마음의 책(book of heart)이다. 마음의 책은 자기점검을 통해서 읽혀진다. 셋째는 하나님의 창조세계의 책이다. 성경은 창조세계를 통한 계시를 이렇게 말한다. "하늘이 하나님의 영광을 선포하고 궁창이 그 손으로 하신 일을 나타내는도다"(시 19:1). "주의 손가락으로 만드신 주의 하늘과 주의 베풀어 주신 달과 별들을 내가 보오니 사람이 무엇이관대 주께서 저를 생각하시며 인자가 무엇이관대 주께서 저를 권고하시나이까?"(시 8:3-4). 예리한 설교자는 모든 창조물에서도 영적 교훈을 끌어낸다. 칼빈에 따르면, 우주는 눈에 보이지 않는 하나님에 대해 관상할 수 있는 거울과도 같다.

> 당신이 어디에 눈길을 주든지, 조금이라도 그분의 영광의 빛을 분별할 수 없는 곳은 우주에 그 어디에도 없다. 당신이 한 번이라도 넓게 퍼져 있는 우주의 가장 방대하고 아름다운 체계를 측량해 본다면, 그 찬란함의 무한한 힘에 완전히 압도당할 것이다.[10]

성 빅토르 위고는 창조세계와 영적 탐구를 결합시킨 가장 초기의 사람

---
9) Richard Greenham, *Works* (1612), 41; 사이몬 찬, 『영성신학』, 225에서 재인용.
10) John Calvin, *Institute of Christian Religion*, I, v, 1.

중 하나다. 그는 하나님의 거울인 창조세계를 묵상하라고 격려했다. 그것은 "은혜가 우리를 인도하여 하나님의 마음에 있는 메시지와 목적을 깊이 보도록 하기 위해 창조물에 대해 묵상하는 것이다."[11] 위고는 창조세계를 하나님의 거울로 보는 반면에, 아시시의 프란시스는 창조세계를 진정한 형제, 자매들로 보았다. 왜냐하면 그것들 역시 하나님이 창조하셨고 마지막 날에 회복될 것이기 때문이다. 창조세계에 대한 프란시스적인 견해는 보나벤투라에게 많은 영향을 끼쳤다. 보나벤투라는 창조세계에 대한 묵상의 실천을 다음과 같이 진술했다.

> 창조세계의 장엄함을 깨닫지 못하는 사람은 눈이 멀어 있는 것이다. 그 외침에 깨어 있지 않은 사람은 귀가 먼 것이다. 이 모든 것들로 인해 하나님을 찬양하지 않는 사람은 벙어리가 된 것이다. 이렇게 분명한 표시들로부터 제일 원리를 발견하지 못하는 사람은 바보이다. 그러므로 당신의 눈을 열라. 당신의 심령의 귀를 깨우라. 당신의 입술을 열고 당신의 마음을 작동시키라. 그러면 온 세상이 당신을 향해 맞서지 않고, 당신은 모든 창조물 안에서 당신의 하나님을 보고, 듣고, 찬양하고, 사랑하고, 경배하고, 영화롭게 하고, 영광을 돌리게 될 것이다.[12]

청교도들 가운데에서도 창조세계의 책을 묵상하는 방법이 널리 실천되었다. 그들은 '직유의 보고'(storehouses of similes)를 담은 책들을 썼다.[13] 그것은 창조세계의 책을 읽기 위한 기초 규칙을 설정하는 중심 상징이다. 청교도들의 창조세계에 대한 묵상은 창조물과 영적 실재 사이에 존재하는 차이점으로부터 교훈을 얻는 방법이다. 지상의 것과 천상의 것 사이의 유사

---

11) Martin Thronton, *English Spirituality* (London: SPCK, 1963), 112.
12) Bonaventure, *The Soul's Journey into God* (New York: Paulist Press, 1978), 1.15.
13) Robert Cawdry, *A Treasure or Store-house of Smiles: London 1600* (Massachusetts: Da Capo Press, 1971)을 참조.

점을 비교함으로써, 묵상하는 사람은 하나님이 지상에 주신 선물들에 감사하게 된다. 또 지상의 것과 천상의 것을 대조함으로써, 자신을 세상에서 구별하는 법을 배운다. 인간은 이러한 방법을 통해 창조물과 올바른 관계를 발전시킨다.

시편 1편에서 "복 있는 사람은 악인의 꾀를 좇지 아니하며 죄인의 길에 서지 아니하며 오만한 자의 자리에 앉지 아니하고 오직 여호와의 율법을 즐거워하고 주야로 묵상하는 자로다"(1-2절)라고 말한다. 이 구절은 설교자에게 상당히 중요한 내용을 가르쳐 준다. 시편 기자는 즐거움과 묵상을 교리교육이나 신학교육의 방식으로 설명하지 않고, 전략적으로 튼튼하게 잘 자란 나무의 유비를 사용하여 하나님의 율법을 따르는 의인의 모습을 소개한 후 바람에 나는 겨의 이미지로 악인을 묘사한다. "저는 시냇가에 심은 나무가 시절을 좇아 과실을 맺으며 그 잎사귀가 마르지 아니함 같으니 그 행사가 다 형통하리로다 악인은 그렇지 않음이여 오직 바람에 나는 겨와 같도다"(3-4절). 이 구절에서 의사소통의 패턴에 주목할 필요가 있다. 시편 기자는 말씀을 묵상하는 의인을 묘사하기 위하여 바람에 나는 겨와 극명한 대조를 이루는 열매가 풍성하게 맺힌 나무를 소개한다. 시편기자는 시냇가에 뿌리를 튼튼하게 내린 나무를 충분히 관찰하고 묵상했고 또 바람에 나는 겨의 허무함에 대해서도 충분히 주목했다. 시편 기자를 통해 알 수 있는 지혜는, 하나님이 자연에 대한 시편 기자의 관찰과 묵상을 하나님의 영감 활동 속에 포함시켰다는 것이다.

시나이의 그레고리가 말했듯이 "하나님께로 상승하는 사람은 창조세계가 빛나는 것을 본다."[14] 그의 말은 만물에서 하나님을 만나는 켈트인의 신앙과 삶에서 찾아볼 수 있다.

---

14) Lawrence Osborn, *Meeting God in Creation* (Nottingham: Grove, 1990), 15에서 재인용.

작은 섬의 한 복판에서
바위 꼭대기에 앉아
바다의 고요를 볼 수 있다는 것은
얼마나 즐거운가
눈부신 대양의 높은 파도가
영원한 출렁임 속에서
그들의 창조자 하나님께
찬양을 드리는 것을 보네.[15]

　창조세계에 대한 성례적인 견해를 자연신학과 혼동해서는 안 된다. 자연신학은 자연이 하나님에게 이르는 독자적인 길일 수 있다고 가르친다. 창조세계를 영적으로 이해하기 위해서는 하나님에 대한 선 지식과 하나님과의 인격적인 관계가 필수적이다. 그렇지 않으면 우리는 하나님보다는 창조세계 자체를 숭배하고 영화롭게 하는 자연 종교에 머물게 될 수 있다.

　설교자가 창조세계를 읽는 교훈적 방법을 활용하지 못한다면 창조세계는 설교자에게 닫힌 책으로 남을 것이다. 창조세계는 우리 영혼의 순례에 있어 첫 번째 단계이고, 영혼의 순례를 시작할 수 있는 가장 논리적인 장소이다. 때문에 설교자가 창조세계를 읽고 묵상할 수 있는 능력을 개발하지 않는다면 그의 설교는 삶과 연결하는 구체적인 언어로부터 멀어진 추상적인 언어로 가득 찬 설교에 자리를 내주어야 할지도 모른다. 설교자가 창조세계에 대한 감각이 약하다면 하나님의 세계에 대한 감수성을 높이기 위해서 자연, 동물, 식물 등에 관한 책을 읽을 필요가 있다. 물론 자연을 감상하고 즐기는 여행도 중요한 하나의 방법이 될 수 있다.

　설교자가 창조세계의 책을 읽고 묵상하는 것을 피하려고 해도 창조세계

---

15) Lawrence Osborn, *Meeting God in Creation*, 16에서 재인용.

는 하나님의 영광을 가장 실제적으로 선포하는 책이다. 그러므로 설교자는 어떤 형태로든 하나님의 창조세계를 소중히 여겨야 한다는 결론을 피하지 못한다.

5. 묵상과 상상력

고대 히브리인들은 전통적으로 상상력(yester)을 위험한 능력으로 여겼다. 그들은 인간의 상상력을 하나님의 창조적 능력을 빼앗기 위한 시도로 보았다. 능동적인 상상력의 결과인 인간의 창조성은 항상 하나님과 그의 백성들과의 관계를 가르는 위험스러운 것으로 여겼다. 그러나 리차드 키에르니(Richard Kearney)는 히브리인들의 전통에서 인간의 상상력은 항상 위험한 속성만 있는 것이 아니라고 지적했다. 그는 인간을 악한 상상력(yester hara)과 선한 상상력(yester hatov)을 동시에 지니고 있는 존재로 이해했다.[16] 그는 악한 상상력을 인간의 육체적인 속성인 욕망과 관련시키고 있다. 선한 상상력은 비록 인간에게 깨끗지 못함이 있을지라도(시 56:12) 그리고 거치는 것(사 57:14)이 있을지라도 인간을 천사보다 더 낮게 보시는 것은 인간에게는 '상상력'(yester)이 있기 때문이고 천사에게는 상상력이 없기 때문이라고 보았다. 때문에 히브리인들에게서의 상상력은 상상력 그 자체가 선하거나 악한 것이 아니라, 인간이 상상력을 어떻게 사용하느냐에 따라 악할 수도 선할 수도 있다고 했다. 악한 상상력은 육체와 전적으로 관계되어 있고, 선한 상상력은 영과 관계되어 있다는 육과 영의 이분법은 배제

---

16) Richard Kearney, *The Wake of Imagination* (Minneapolis: University of Minnesota Press, 1988), 44.

되며, 선과 악 사이의 구분은 인간의 육체적인 속성보다는 도덕적인 선택에 의해 좌우된다고 보았다.

상상력을 사용하는데 반대하는 사람들은, 성경에서는 상상력에 대한 용어의 대부분을 부정적으로 사용하고 있을 뿐만 아니라, 인간의 상상력은 마술적 행위와 같은 잘못된 방향으로 나아갈 수 있기 때문에 그리스도인들은 하나님을 섬기는데 상상력을 사용하여 영상화하는 일 같은 것을 해서는 안 된다고 여긴다.[17] 하지만 그리스도 안에서 택함을 받은 건전한 설교자라면 하나님의 뜻과 말씀에 반대되는 방법으로 상상력을 이용하지는 않을 것이다. 게다가 성경에는 일곱 개의 히브리어와 네 개의 헬라어가 '상상' 혹은 '상상력'으로 번역되었을 뿐만 아니라 같은 히브리어와 헬라어가 '묵상', '목적' 혹은 '생각'으로 번역되기도 한다.[18] 때문에 상상력은 잘못 사용될 수도 있지만 얼마든지 바르게 사용될 수 있다.

우리가 잘못된 생각을 할 수 있다고 해서 생각하는 것을 포기하는 것은 지혜로운 것이 아니라 어리석은 것이다. 상상력도 마찬가지다. 관점에 따라 다를 수 있지만 성경의 세계를 더욱 풍성하게 창조할 수 있는 상상력은 설교자에게 필요할 뿐만 아니라 중요한 요소라고 할 수 있다. 토마스 롱(Thomas Long)은 "성경 본문 안에서, 또 본문을 통해 하나님의 주권을 듣는 것은 언제든지 신앙적 상상력(faithful imagination)을 요구한다"고 했다.[19]

수많은 발명품들이 상상력으로부터 비롯되었다. 상상의 세계는 때로 매우 탁월한 통찰력을 제공해 준다. 상상은 현상적인 세계에만 머물지 않는다. 상상은 현상을 통하여 현상을 뛰어넘고 영적인 실체에로까지 연결된

---

17) 마이클 플린 & 더그 그레그, 『내적치유와 영적성숙』 오정현 역 (서울: IVP, 1995), 190.
18) 마이클 플린 & 더그 그레그, 『내적치유와 영적성숙』, 191.
19) 토마스 G. 롱, 『설교자는 증인이다』, 77.

다.[20] 알프레드 화이트헤드(Alfred N. Whitehead)는 "상상이란 사실과의 별 거를 의미하지 않는다. 오히려 사실을 조명한다. 상상이란 존재하는 그 사실 안에서 그 사실에 적용되고 있는 일반적인 원리를 끌어내는 작용을 한다. 그리고 그 원리들과 상응하는 대안적인 가능성에 대하여 전망을 창조해 낸다"고 했다.[21]

모든 사람들은 상상력을 가지고 있다. 우리의 이성과 감성이 하나님으로부터 주어진 선물이라면 우리가 이 주어진 선물들을 사용하는 것은 중요하다고 할 수 있다. 이 선물들 중에 상상력의 가치는 그 무엇보다도 중요한 역할을 한다. 상상력이 우리의 삶에서 중요한 요소이지만 그 상상력을 선하고 거룩한 일에 사용하지 못하는 것은 상상력 그 자체의 문제이기보다는 정화되지 않은 상상력 때문이다. A. W. 토저(A. W. Tozer)는 성화된 상상의 가치에 대해 이렇게 썼다.

> 그 옛날 바리새인들의 약점은 상상이 결여되었다는 것이다. 그들은 상상을 신앙의 영역에 들어오도록 허용하지 않았다. 경전을 읽을 때에도 이미 잘 포장된 신학적 정의를 통해서만 읽었기 때문에 그들은 그 이상을 볼 수 없었다…그리스도께서 놀라운 영적 감화력과 도덕적 감수성으로 등장하셨을 때 바리새인들은 그가 새로운 종교를 들고 나왔다고 생각하였다. 사실이 그랬다. 바리새인들이 경전의 몸체밖에 볼 수 없었을 때 그리스도는 그 경전의 혼을 꿰뚫어 보셨다. 그래서 바리새인들은 율법의 문자와 전통적 해석에 의존해서 그리스도가 틀렸다고 주장하였던 것이다. 나는 이제 새로운 창조의 아들들 사이에서 지금껏 묶여 있던 상상이 풀려 나와 제자리를 찾는 모습을 갈망한다. 내가 말하는 것은 볼 수 있는 성스러운 은사, 베일 너머에 가리워진 거룩하고 영원한 아름

---

20) Urban Tigner Holmes, *Ministry and Imagination* (New York: The Seabury Press, 1976), 100-03.
21) Alfred North Whitehead, *The Aims of Education and Other Essays* (Cambridge: Free Press, 1967), 139.

다움과 신비를 꿰뚫어 볼 수 있는 능력이다.[22]

하나님의 주권을 강조했던 조나단 에드워즈(Jonathan Edwards)는 대각성 운동의 과정에서, 이 운동이 인간의 노력이나 기교에 의해서가 아닌 "성령의 역사이며, 건전한 교회의 증명"이라고 고백했다.[23] 그러나 에드워즈는 그의 설교에서 심성적인 측면 또한 강조했다.[24] 그는 설교에서 정의적인 요소와 이미지를 많이 사용했다.[25] 특별히 에드워즈에게서 자연은 하나님의 영광을 나타내는 이미지(image)였다.[26] 에드워즈는 단순한 이미지라기보다는 복수의 이미지들(images)이 자연 가운데 존재함을 말했다. 그가 가장 중요하게 여겼던 이미지는 '빛'에 대한 이미지였다.[27] 그는 이미지들의 중요성을 강조하면서, "우리가 어디에 있든지, 무엇을 하든지, 우리는 신적인 것들(divine things)을 볼 수 있으며, 이러한 것들은 성경에서도 나타나 있다. 왜냐하면 이러한 것들과 성경 사이에는 놀라운 일치가 있기 때문이다"라고 했다.[28] 에드워즈는 하나님이 자연을 통하여 자신의 뜻을 드러내신다는 것을 설명할 때에도 은유(metaphor)를 사용하고 있다.[29] 그는 상상력의 중요성을 강조한 신학자라 여겨질 만큼 상상력과 이미지의 중요성을 강조

---

22) A. W. Tozer, *Born After Midnight* (Harrisburg: Christian Publications, 1986), 94-5.
23) Sydney E. Ahlstrom, *A Religious History of the American Peoples* (New York: Image Book, 1975), 349.
24) Clarenced H. Faust and Thomas H. Johnson, *Jonathan Edwards Representative Selections with Introduction, Bibliography, and Notes* (New York: Hillandwarg, 1962), 85.
25) Conrad Cherry, *Nature and Religious Imagination* (Minneapolis: Augsburg Fortress, 1980), 32.
26) Conrad Cherry, *Nature and Religious Imagination*, 26ff.
27) Conrad Cherry, *Nature and Religious Imagination*, 27.
28) Jonathan Edwards, *Images or Shadows of Divine Things*, edited by Perry Miller (Oxford: Greenwood Press, 1977), 69-70.
29) Conrad Cherry, *Nature and Religious Imagination*, 49.

했다.[30]

우리는 '책벌레'와 '상상가'가 빈병을 재활용하는 이야기에서 상상력의 중요성을 발견할 수 있다. 아마도 '책벌레'는 병을 깨끗이 씻어서 그 안에 무엇을 넣을 것인가 생각할 것이다. '상상가'는 빈병을 불에 녹인 다음 주둥이를 비틀어 환상적인 꽃병을 만들 것이다. 납작하게 누르거나 혹은 뭉치다보면 비췻빛 타일, 보도블록, 샹들리에까지도 나올 것이다. 설교자가 책을 읽고 자료를 모아 그것을 분석 종합하는 데에 그치면 아마도 빈병에 무엇을 넣으려고 깨끗이 씻는 '책벌레'와 같은 결과만을 얻을 것이다. 하지만 성경의 은유를 드러내기 위해 상상력의 장점을 충분히 활용한다면 위의 '상상가'와 같이 놀라운 결과를 얻을 수 있을 것이다. 설교자들은 이성적 사고와 추론과 더불어 감성적이고 관계적 앎을 바탕으로 하는 상상력을 필요로 한다.

기독교의 묵상과 상상력은 초월적 명상이나 상상력이 아니다. 그것은 대상적 묵상이요 상상력이요 성령의 인도를 추구하는 묵상이요 상상력이다. 그것의 핵심은 그리스도의 수난과 죽음과 부활의 묵상이요 상상이다. 설교자가 하나님의 영의 인도함을 받는 상상력을 두려워해야 할 이유는 없다. 이런 상상은 여러 가지 형태를 지닐 수 있다. 예수 그리스도의 생애의 어떤 순간이나 그의 가르침이나 비유 중 어떤 부분이 예수님을 만날 수 있는 풍부한 기회를 제공할 수 있기 때문이다. 우리는 실제적으로 모든 감각을 사용하여서 상상력을 발휘하여 성경 본문의 배경을 재창조한다. 상상으로 성경의 이야기를 재창조하고 자신을 그 이야기에 참석시킨 후에, 그 상황에 대한 우리의 생각과 느낌을 살필 수 있다. 여기서 우리는 조화나 부

---

30) Robert N. Bellah, *The Broken Covenant: American Civil Religion in Time of Trial* (New York: The Seabury Press, 1975), 71.

조화를 경험할 수 있는데, 그것은 우리가 기도하면서 하나님께 자신을 개방하며 말씀이 우리에게 주시는 것을 묵상하기 위한 초점이 될 수도 있다. 성경에 등장하는 장면에 초점을 둔 묵상과 상상 훈련은 하나님의 통찰하시는 말씀에 우리 자신을 개방하는 강력한 방법이 될 수 있다. 상상의 과정은 종종 우리가 하나님의 말씀을 들어야 할 필요가 있는 곳, 즉 우리 존재의 감정적인 영역, 감정의 차원에서 우리를 개방해 주기도 한다. 워렌 위어스비(Warren Wiersbe)는 설교와 상상력의 관계를 다음과 같이 설명한다.

> 하나님은 우리 인간에게 상상할 수 있는 능력, 즉 정신의 화랑을 선물로 주셨다. 주실 때에야 사용하라고 주신 것이지 묵혀 두라는 것이 아니다. 딕슨은 "상상은 우리 인생을 지배하는 결정적인 요소"라고 했다. 사실은 나폴레옹도 "상상이 세계를 지배한다"는 말을 했다. 그런데 오늘날 설교자들이 (그리고 이 설교자들을 가르치는 선생들이) 이 기본적인 진리를 망각했기 때문에, 해석학은 그저 분석이나 하고, 설교는 분석한 내용을 정돈 배열해서 설교시간에 마냥 가르치기만 하면 되는 것으로 전락하고 말았다. 그래서 설교가 그저 논리적인 개요에 머물러 신학 강의처럼 그저 설명하고 적용할 것만 전달하면, 듣는 청중이 그 내용을 상상으로 바라보는 일은 전혀 일어나지 않는다. 우리는 정신과 의지를 잇는 가교는 바로 상상이며, 이 상상을 통해 내면화되지 않은 지식은 진정한 지식이 아니라는 사실을 망각하고 있다. 핼포드 루콕은 "설교의 목적은 듣는 사람이 설교의 합리성을 인식하게 하는 데 있는 것이 아니라 그 설교를 통해 어떤 비전을 보게 하는 데 있다"고 했다.[31]

설교자는 상상력이 풍부한 접근방법을 지닌 사람, 인간의 경험의 현실들과 씨름하려고 하는 사람, 말씀과 사물에 대한 묵상적인 감각과 이해를 지닌 사람이어야 한다. 설교자가 통전성을 확보하지 못하면 청중의 삶에 도

---

31) 워렌 W. 위어스비, 『상상이 담긴 설교: 마음의 화랑에 말씀을 그려라』 (서울: 요단출판사, 2009), 33-4.

전과 감동을 주는 설교를 할 수 없다. 설교자는 말씀을 깊이 있게 묵상하는 것뿐만 아니라 상상력을 길러 주고 고양시켜주는 소설과 시와 문학작품을 읽는 것이 중요하다. 설교자에게 독서와 묵상은 운동과 같은 것이다. 운동을 하지 않고 건강한 삶을 유지하기 힘들 듯이 설교자는 독서와 묵상을 하지 않고 생명력 있는 메시지를 전할 수가 없다. 설교자가 독서를 많이 해야 한다는 말이 상당이 좁은 의미로 이해되어 신학서적과 성경주석과 같은 책을 많이 읽는 것으로 이해되는 경향이 있다. 그러나 설교자는 인간의 상상력을 고양시키고, 전인을 풍성하게 하는 책들을 읽을 필요가 있다. 설교자의 생각이 추상적이고 메마른 것이 되지 않기 위해서는 소설과 수필과 시와 음악 등을 규칙적으로 풍부하게 읽고 듣는 것이 필요하다.

Spirituality & Preaching

제 7 장

들리는 설교를 위한 지침
Preaching & Understanding

1. 설교는 해석이다

설교자의 삶은 해석의 삶이다(The life of preacher is a life of interpretation). 다양한 상황에 처해있는 다양한 사람들의 표정을 읽고, 한숨 소리 혹은 저조한 목소리의 의미를 주의 깊게 듣고, 학교 담 너머로 보이는 학생들의 뛰노는 모습에서 그들의 미래 모습을 미루어 보고, 책 표지 그림을 묵상하며, 여러 이미지들을 함께 모아보기 위해 TV를 끄고, 성경을 읽고, 설교를 준비하는 것들은 모두 해석하는 활동 속에 포함된다.[1]

각 차원의 경험은 특별한 도전을 주며 각각 다른 방법, 다른 원리 그리고 다른 도움을 필요로 한다. 한 사람의 삶을 해석하는 데는 어떤 한 가지의 방법이나 원리만 필요할 수 있으나 인류 공동체의 삶을 해석하기 위해서는 다른 방법이나 원리가 필요하다. 삶의 원대한 의미, 목적과 목표, 삶 그 자체

---

[1] W. Dow Edgerton, *Speak to Me That I May Speak: A Spirituality of Preaching*, 43.

즉 궁극적 차원, 죽음, 정신, 혹은 신비 등은 물론 또 다른 접근이 필요하다.

사람의 표정과 목소리, 어린이들의 모습, 통계자료들 그리고 성경을 해석하는 데 각각 다른 접근방법 혹은 원리가 필요하다. 이러한 것들은 설교자의 지성, 감성, 영성을 포괄하는 다양한 차원의 이해와 해석의 과정을 거치게 된다. 비록 그러할 지라도 설교자는 결국 그것들을 말로 만들어야 하며, 또한 말로 표현해야만 한다. 설교자에게 다수의 해석들은 결국 말하는 그 순간에 종착된다. 말하는 그 순간에 모든 해석이 실제가 된다.[2]

2011년 7월 22일 노르웨이 사상 최악의 연쇄 테러 사건 용의자 안데르스 베링 브레이빅은 범행 5일 전인 17일 개설한 트위터에 19세기 영국 철학자 존 스튜어트 밀의 말을 인용해 글을 남겼다. "신념을 가진 한 사람은 이익만을 따르는 사람 10만 명의 힘에 맞먹는다." 스튜어트 밀의 문장은 인류사에 많은 의미와 도전을 주었다. 인간이 바른 신념과 가치를 지니고 살아가는 것이 얼마나 중요한지를 일깨워 주는 말이기도 하다. 이익만을 추구하는 사람들에게 큰 도전을 주는 내용이 아닐 수 없다. 그러나 우리가 브레이빅을 통해 깨닫게 되는 것은, 내용도 중요하지만 그 내용을 어떻게 해석하고 적용하는가가 더 중요하다는 점이다. 위의 실례로부터 우리는 아무리 좋은 내용이라 할지라도 잘못 해석되고 적용될 수 있다는 사실을 알 수 있으며 바른 해석의 중요성을 깨닫게 된다.

바른 해석을 위해서는 세 가지 요소가 바른 관계 안에 있을 때 가능하다. 첫째는 내용이다. 내용을 알아야 한다. 둘째는 해석자다. 해석자가 어떤 정신을 가지고 내용을 해석하느냐에 따라 해석과 적용은 달라질 수 있다. 셋째는 바른 해석이다. 바른 해석을 위해서는 해석자가 내용을 바르게 이해

---

2) W. Dow Edgerton, *Speak to Me That I May Speak: A Spirituality of Preaching*, 43.

해야 할 뿐만 아니라 균형 감각과 정신을 소유해야 한다. 이러한 해석적 원리는 설교자에게도 그대로 적용된다. 설교자가 성경을 바르게 이해하는 것도 중요하지만 성경을 통해서 어떤 정신과 사상을 형성하고 있느냐는 더 중요한 것이다. 바른 성경적 정신을 가지고 있어야 바른 해석이 나오기 때문이다. 설교자는 성경의 세계에 대한 바른 해석적 능력이 있어야 한다.

설교를 위한 해석은 분명 성경 본문을 해독해 내는 것 이상이다. 그러나 종종 설교의 내용이 실제 삶 위에 놓여진 문제를 간신히 다루거나 거의 다루지 않는 아주 일반적인 적용이 많다. 이것은 성경본문에 대한 해석이지 공동체가 실제로 존재하는 방식인 평범함, 화려함, 고통, 독특성 등과 같은 실제 삶에 대한 해석은 아니다. 설교자는 성경뿐만 아니라 어떤 서적이라도 읽고 그 내용을 파악하기 위해 많은 시간을 소요할 필요가 있다. 그렇게 많은 시간을 들여 읽었을지라도 다른 때에 다른 각도로 혹은 다른 물음을 갖고 그 본문을 다시 읽고 또 읽어야 한다. 설교자는 설교준비를 위해 이러한 원리 아래 본문과 삶의 문제를 가지고 씨름하고 주의를 집중하여 몰입하는 것이 필요하다.

성경을 잘못 이해할 때와 마찬가지로 사람을 잘못 이해할 때에도 설교는 공허해진다. 성경이 제시하는 것을 무시할 때와 같이 일상의 삶의 경험이 제시하는 것을 진지하게 여기지 못할 때에 설교는 그 길을 잃고 만다. 성경을 원래의 시공간적 상황에 맞지 않게 해석하게 되면 그것은 죽은 문자를 전하는 것에 지나지 않는다. 역설적이게도 사람을 잘못 이해하는 설교는 성경을 잘못 이해하는 설교이다. 이것은 설교자가 구체화된 기독교 진리 선포 위에 서있어야 한다는 요구이다.[3]

복음이 제시하는 놀라움이나 약속도 일상적 삶과의 관계에서 다뤄져야

---

[3] W. Dow Edgerton, *Speak to Me That I May Speak: A Spirituality of Preaching*, 44.

한다. 설교는 궁극적인 것을 제시하되 구체적이면서도 우리 삶과 관련 있는 것을 다루어야 한다. 카페, 회의장, 병원 등 일상적 삶의 장이 궁극적인 장과 만나는 곳에서 복음의 이야기가 이해되어야 한다. 사람의 한숨을 해석하지 못하는 한, 성경을 해석할 수 없다. 놀이터에서 뛰노는 아이의 모습을 읽어내지 못하는 한, 어떤 부분의 성경을 펼치더라도 그 성경 구절들은 우리 자신에게 닫혀있을 것이다. 자신이 속해 있는 시공간의 이야기를 말하는데 혼신을 쏟지 않는 한, 설교자는 하나님의 이야기를 가지지 못할 것이다.

2. 본문의 숲을 보아야 한다

설교자가 선택한 본문과 그 주변 문맥을 이해하는 것은 설교에서 중요한 부분이다. 성경 본문에서 문맥의 맥락을 고려하지 않으면 왜곡된 이해에 도달할 수 있기 때문이다. 종강 시간에 교수가 수업을 수강한 학생들을 파티에 초대한 것을 가지고 상상해 보자. 이 교수가 학생들에게 "여러분 모두를 파티에 초대합니다. 꼭 참석해 주시기 바랍니다"라고 말했다. 그런데 그 자리에 어떤 신문사 기자가 동석했다고 가정해보자. 그 다음날 신문에 "여러분 모두를 파티에 초대합니다"라고 크게 기사가 실렸다. 이 기자는 초청자가 한 말을 하나도 빠뜨리지 않고 정확하게 신문에 옮겼다. 그래서 신문을 읽는 사람들도 자신들 역시 파티에 초대되었다고 믿게 되었다고 하자. 어떻게 그런 결과가 벌어졌는가? 소통 과정에서 맥락(context)이 빠졌기 때문이다. 교수가 '여러분 모두'라고 말했을 때 그 '모두'는 그 교실에 모인 모든 학생들을 의미한 것이지 그 도시에 살고 있거나 신문을 읽을 모든 사람이 아니다.

 이처럼 설교자가 성경 본문을 해석할 때 그 교실에 동석하여 소통의 맥락에 동참해야 하는 것처럼 성경 본문의 맥락을 살펴야 한다. 예를 들어 더 구체적으로 설명해 보면, 바울은 고린도전서 13:5에서 "사랑은 무례히 행치 아니하며"라고 말하고 있다. 우리는 무례히 행치 아니한다는 말의 의미를 바울이 말하고자 했던 소통의 맥락보다는 오늘날의 독자 자신의 소통 또는 이해 맥락 속에서 찾으려고 한다. 일반적으로 우리들은 사도 바울이 말한 무례히 행하지 않는다는 말의 의미를 우리의 예절에 관하여 교훈하고 있다고 이해한다. 하지만 바울이 무례히 행한다는 용어를 사용할 때 그는 고린도전서에서 이미 두 번이나 이 단어를 사용하고 있음을 볼 수 있다(고전 7:36; 12:23). 무례히 행한다는 단어에 대한 바울의 용례는 성적인 부적절함에 대한 의미를 담고 있다. 때문에 고린도교회 신자들이 고린도전서 13장에서 사랑은 무례히 행하지 않는다는 바울의 교훈을 듣게 되었을 때 그들은 바울이 이전에 이 단어를 사용했던 맥락 속에서 이해했을 것이다. 사랑은 무례히 행치 아니한다는 말의 문맥적 의미는 친구사이나 사제지간이나 성도들 사이에 친절하게 대해야 한다는 뜻이라기보다는 참된 사랑은 성적인 경계선(sexual boundary)을 넘지 말아야 한다는 의미이다.[4]

3. 문화적 맥락을 알아야 한다

 바울과 바나바가 루스드라에서 태어나 걸어본 적이 없는 사람의 다리

---

4) Zack Eswine, *Preaching to a Post-Everything World*, 184-85.

를 예수님의 능력에 힘입어 고쳐주었다(행 14:8-10). 그러자 큰 소동이 일어났다. 기적을 목격한 그곳 사람들은 "신들이 사람의 형상으로 우리 가운데 내려 오셨다"고 소리 지르기 시작했다. 그리고 바나바는 쓰스라 하고 바울은 그 중에 말하는 자이므로 허메라 했다. 그러자 바울과 바나바는 이들의 말을 듣고 옷을 찢고 무리 가운데 뛰어 들어가서 소리를 지르며 자신들의 정체를 성경적인 관점에서 설명해 주었다. "여러분이여 어찌하여 이러한 일을 하느냐 우리도 너희와 같은 성정을 가진 사람이라"(행 14:15). 루스드라 사람들이 사도들의 치유 사건을 이렇게 이해한 이유는, 이들에게는 성경적인 배경 지식과 이해가 없었기 때문이다.

설교자가 성경의 세계를 잘 이해는 것과 성경 본문을 바르게 해석하는 것은 그 무엇보다 중요하다. 설교자는 시대의 문화적인 가치기준보다는 성경에 기초하여 현실과 삶을 해석하는 능력을 길러야 한다. 하지만 이러한 견해가 잘못하면 매우 우직한 방식으로 왜곡될 수도 있다. 설교자가 자신의 고유한 문화적 배경과 심리적 배경에 대해서는 전혀 생각하지 않거나 연구하지 않고 오직 하나님의 말씀만 선포하는 것을 성경적 설교로 이해하는 것이다. 그러나 성경적인 설교란 단순히 본문의 의미만을 청중들에게 그대로 전하는 것이 아니라 본문의 메시지를 청중들의 문화적 맥락 속에서 충분히 설명하고 이해할 수 있도록 전하는 것이다.

설교자의 손에 들려진 번역된 성경은 문화적인 맥락 속에서 번역된 것이다. 때문에 성경은 번역 과정에서 어떤 용어나 내용이 사뭇 다른 언어적 표현이 있기 마련이다. 한국어 성경에는 "너희 안에 이 마음을 품으라 곧 그리스도 예수의 마음이니"(빌 2:5)라고 되어 있지만, 영어 성경에는 "Your attitude should be the same as that of Christ Jesus"(NIV)라고 되어 있다. 한국어 성경에는 '마음'에 초점이 맞추어져 있지만, 영어 성경에는 '태도'에 초점이 맞추어져 있다. 성경은 번역과정에서 문화적인 배경이나 언어적 감정을 충분히 고려하여 번역하였다는 것을 설교자가 알 필요가 있다. 그렇기 때문에 설교자가 처한 문화적 맥락에 대한 이해 없이 성경을 대하면 바른 의미를 도출해 낼 수 없다. 설교자는 주로 번역된 성경에 의존하여 설교하고 그와 마찬가지로 청중 역시 자신들을 위하여 성경을 해석해주는 설교자에게 의존하여 복음을 듣는다. 때문에 설교자가 이러한 것들에 대한 충분한 이해 없이는 성경의 메시지를 바르게 이해할 수 없을 뿐만 아니라 효과적인 메시지를 청중들에게 들려 줄 수도 없다. 성경의 메시지를 효과적으로 소통하기 위해서는 소통에 참여하는 사람들의 문화적인 맥락과 언어적 감정에 주의를 기울여야 한다.

해돈 로빈슨은 "강단 위에서의 옅은 안개가 강단 아래 회중석에서의 짙은 안개를 초래할 수 있다"고 했다.[5] 로빈슨의 견해가 설교자의 성경에 대한 무지와 청중에 대한 무지로 이해될 수도 있겠지만 다른 의미로 적용될 수도 있다. 설교자의 무지의 안개는 때로는 성경에 대해 무지할 때도 발생하지만, 설교자가 자신의 문화적 문법과 심리적 문법에 대해 무지할 때도 발생한다. 설교에 대한 기본적이고 일반화된 관점, 즉 설교자는 성경에 대한 충실성과 해석 능력을 배양하는 것과 청중을 바르게 이해하여 효과적인 적용을 이끌어낼 수 있는 능력이 동시에 필요하다. 하지만 설교에서 일반적으로 간과되고 있는 경향은 설교자의 문화적 문법과 심리적 문법에 대한 이해의 중요성이다. 설교자가 자신의 문화적 문법과 심리적 문법에 대해 이해하는 것은 성경주해와 청중분석 만큼이나 중요하다. 왜냐하면 설교자의 문화적인 문법과 심리적인 문법은 성경을 해석하고 의미를 부여해 내는

---

5) Haddon W. Robinson, *Biblical Preaching: The Development and Delivery of Expository Messages* (Grand Rapids: Baker Academic Press, 2001), 143.

능력과 청중과 소통하는 과정에서 중요하게 드러나기 때문이다. 에즈윈이 지적한 것처럼 "설교자는 설교 메시지를 청중의 문화적인 문법의 맥락에서 설명해 줄 수 있어야 한다."[6]

4. '집으로' 진리가 있어야 한다

설교자가 본문을 연구하다보면 저자의 중심 아이디어와 생각의 흐름을 발견할 수 있다. 설교자는 이 흐름을 아웃라인 형태로 정리할 수 있어야 한다. 설교자가 본문의 중심 아이디어와 그 중심 아이디어를 지지해 주는 개념들을 식별해야 한다. 아웃라인 형태는 궁극적으로 세 단계를 거치게 된다. 도널드 수누키안은 아웃라인의 세 단계를 제시하면서, 성경 단락의 아웃라인에서 진리의 아웃라인을 거쳐 최종적으로 설교 아웃라인으로 가야 한다고 말한다.

첫째, 단락 아웃라인이다. 이 아웃라인은 역사적 아웃라인으로 과거에 무슨 일이 일어났는지를 말해 준다. 시제(tense)로 정리하면 '일어났다'(happened)와 관련된 아웃라인이다. 단락 아웃라인은 근본적으로 원 저자가 원 독자들을 염두에 두고 글을 쓰면서 상용했을 법한 아웃라인이다. 단락 아웃라인은 한편 주석적 혹은 본문 아웃라인으로 불리는데, 종종 문법적인 정확성을 기하면서 요점들을 진술한다. 예를 들어, 그 일이 일어난 시간과 방식, 이유, 결과, 수단, 원인들 사이의 논리적 연계를 드러낸다. 이 아웃라인의 용어 혹은 문장은, 인명과 지명, 사건과 문화적 관습을 비롯하여

---

6) Zack Eswine, *Preaching to a Post-Everything World*, 187.

성경시대의 고유한 특색을 그대로 반영한다.[7]

둘째, 다음은 진리 아웃라인이다. 설교자는 단락 아웃라인을 진리 아웃라인으로 전환시킬 수 있어야 한다. 진리 아웃라인은 무엇이 일어나는지를 말해 준다. 시제로 정리하면 '일어난다'(happens)와 관련된 아웃라인이다. 단락 아웃라인이 역사적이라면, 진리 아웃라인은 신학적이다. 이 아웃라인의 언어와 개념은 어느 시대, 어느 장소, 어느 청중에게도 말할 수 있다.[8] 단락 아웃라인에서 진리 아웃라인으로 나아가는 방법을 수누키안은 다음과 같이 말한다.

> 좋은 단락 아웃라인은 설교자로 하여금 본문에 닻을 내리게 만들지만, 통상 그것 자체가 설교할 내용은 아니다. 단락 아웃라인은 보통 과거 시제, 고대 역사, 오래 전에 일어난 무언가이다. 여기서는 영원한 진리를 표현하는 언어로 표현되지 않는다. 영적인 가치도 분명히 드러나지 않는다. 그리고 여기에는 현대 생활을 향한 구체적인 적용이 포함되지 않는다. 그리하여 단락 아웃라인은 진리 아웃라인으로 전환해야 할 필요가 있다. 우리는 역사에서 신학으로 나아가야 한다. 어떻게 그렇게 할 수 있는가? 우리는 단락 아웃라인을 두 가지 방식으로 수정함으로써 단락 아웃라인에서 진리 아웃라인으로 나아간다. 역사적 진술들을 영원한 보편적 진술들로 전환한다. 개념들을 저자의 원래 생각 순서로 배열한다.[9]

셋째, 마지막 단계는 설교 아웃라인이다. 현대적 적실성과 관련된 아웃라인이다. 시제로 정리하면, '일어나고 있다'(happening)와 관련된 단락이다. 궁극적으로 설교자는 이 아웃라인을 최종적인 설교 형태로 구성해야 한다. 설교 아웃라인은 근본적으로 청중에게 말한다. 예를 들면, "하나님

---

[7] 도널드 R. 수누키안, 『성경적 설교의 초대』 채경락 역 (서울: 기독교문서선교회, 2010), 34-5.
[8] 도널드 R. 수누키안, 『성경적 설교의 초대』, 35-6.
[9] 도널드 R. 수누키안, 『성경적 설교의 초대』, 63.

과 동행하면 이런 일이 일어나는 것은 진리이기 때문에, 성경 시대에 이런 일이 일어났던 것처럼, 오늘 우리의 삶 속에 일어나고 있다"와 같은 형태다. 설교 아웃라인은 그 성경 단락의 진리가 어떻게 특정한 청중에게 현대적인 방식으로 전달될 것인지를 보여준다. 그것은 진리를 선포하고, 처음 두 아웃라인의 요소들을 통합하면서 어떻게 이 진리가 본문의 세부사항에서 유추되었는지를 보여주고, 그 다음에 이 진리를 현대 청중의 구체적인 상황에 적용한다. 이 세 단락의 흐름 또는 단계를 간단하게 정리하면 이렇다. 단락 아웃라인('일어났다' happened) - 진리 아웃라인('일어난다' happens) - 설교 아웃라인('일어나고 있다' happening) - 그리고 '집으로' 진리를 결정해야 한다.

아웃라인 작성을 통하여 메시지의 아웃라인을 잡고 나면, 이제 '집으로' (take-home) 진리, 즉 이 본문을 통해 우리에게 주시는 하나님의 계시의 핵심을 결정할 준비가 된 것이다. '집으로' 진리의 문장은 성경의 저자가 전달하고자 하는 핵심 진리를 표현하는 중심 개념(big idea)이다. 이 진리는 청중이 다른 모든 것은 잊어버리더라도 이것만은 집으로 가져가서 꼭 기억하기를 설교자가 기대하는 것이다.[10]

'집으로' 진리를 결정하려면, 진리 아웃라인을 살펴보면서 다음 질문을 던져야 한다. 성경 저자가 제기하고 있는 가장 큰 질문이나 아이디어는 무엇이며, 그 질문이나 아이디어에 대해 저자가 내놓고 있는 답은 무엇인가? 이런 과정을 통해 설교자는 질문과 대답을 얻게 된다. 질문은 설교의 주제를 얻게 한다. 즉 설교자는 질문을 통해 무엇에 관해 설교해야 할지를 알게 된다. 그리고 대답은 설교에서 주장(assertion)해야 할 것을 파악하게 한다.

---

10) 도널드 R. 수누키안, 『성경적 설교의 초대』, 84.

즉 설교의 주제에 관해 설교자가 무엇이라고 말해야 될지가 결정된다. 질문과 대답 혹은 주제와 주장을 합쳐 놓으면 그것이 설교의 중심 개념이 된다. 토마스 롱은 질문과 대답의 관계를 '초점진술'(a focus statement)과 '기능진술'(a function statement)로 구분하여 설명한다. 전자는 주제에 대한 간결한 서술로서 설교의 주제를 통제하고 하나로 만들어 주는 것이다. 즉 초점진술이란 설교의 주제와 관련된 것이다. 후자는 설교가 청중의 변화를 바라는 의도와 관련된 것이다. 곧 질문에 대한 답변과 관련된 진술이다.[11]

설교자는 설교의 핵심 진리를 하나의 단일 문장으로 진술할 수 있어야 한다. 그렇지 않으면 설교가 자칫 서로 무관한 생각들의 나열이 될 수 있다. 예를 들면, "우리가 가진 모든 것은 그리스도로 인한 것이다. 하나님은 우리를 사랑하신다. 성령은 당신을 지키신다. 당신에게 장래의 기업이 있다. 하나님은 축복의 하나님이심으로 당신을 축복하실 것이다." 이처럼 중심된 '집으로' 진리와 논리가 없으면 청중은 지엽적인 소지 하나에 초점을 맞추거나 말하고자 하는 핵심이 무엇인지 이해하지 못해 혼란스러워할 수 있다. 때문에 설교는 중심 개념이 있어야 한다. 설교는 명확한 초점이 있어야 한다. 설교는 논리적이어야 한다. 대단히 중요한 내용들이다. 설교자는 이러한 잘못을 피하기 위해 최선을 다해 설교를 준비해야 한다. 청중들이 설교자가 무엇을 말하려고 하는지 모르거나 초점이 없는 설교를 해서는 안 된다.

한편, 기억해야 할 것이 있다. 그것은 설교가 중심 또는 핵심 진리가 있고 논리적이라고 해서 반드시 효과적인 설교가 되는 것은 아니다. 설교가 중심 진리가 있고 논리적이지만 은혜가 안 되는 설교가 있고, 중심 진리는

---

11) 토마스 롱, 『설교자는 증인이다』, 130.

조금 약해도 은혜와 감동이 있는 설교가 있을 수 있다. 브라운의 주장에 의하면, "궁극적으로 설교자의 사역은 사람들이 지각 가능한 마음 상태에 이르도록, 즉 하나님의 활동에 마음이 열려 있고 수용적이 되도록 돕는 것이다."[12] 하지만 그는 또한 이렇게 말한다. "때때로 어눌한 문장들이 형언할 수 없는 신비를 반사하여," 설교자가 알 수 없는 "일들을 입술이 선포할 것이다."[13] 이는 설교가 단지 인간의 지각 구조에 제한되지 않고 초월적 차원이 있음을 말하고 있는 것이다. 설교는 글로 작성해서 정보를 전하는 것에 제한되지 않기 때문이다. 설교자는 설교에서 심리적이고 정서적이고 영적인 요소들이 반드시 베어 나오도록 많은 묵상을 해야 할 뿐만 아니라 항상 초월적 신비 앞에 겸손히 열린 자세를 가져야 한다.

5. 설교는 청중을 위한 것이다

설교자가 설교를 준비했는데 아무도 듣는 이가 없다면 설교할 필요가 없어진다. 때문에 설교자는 늘 자신의 설교를 들을 청중들을 염두에 두며 설교를 준비해야 한다. 그들이 누구인가? 왜 그들이 내 설교를 들으러 오는가? 그들의 학력, 경제 문화적 수준, 신앙의 연륜, 신학적 지식 면에서 얼마나 다양한가? 설교를 들으러 오면서 어떤 기대감을 가지고 있는가? 기독교 가르침에 대해서 얼마나 알고 있는가? 특정한 성도들과 효과적으로 의사소통을 하기 위해서 알아야 할 것이 무엇이 있는가? 등이다. 토마스 롱은

---

12) R. C. Browne, *The Ministry of the Word* (Minneapolis: Augsburg Fortress Publishers, 1982), 80.
13) R. C. Browne, *The Ministry of the Word*, 30.

본문과 청중사이의 관계를 '다리'라는 은유를 통해서 설명한다.[14] 그에 의하면, 전통적으로 설교학자들은 본문과 설교 사이에 놓여 있는 다리가 본문에서 청중에게로 놓인 다리라고 이해해 왔다. 즉 전통적인 다리 놓기 이론은 본문을 주석한 다음에 청중에게 적용하는 방법이다. 그러나 롱은 이러한 전통적 방법에 문제를 제기한다. 그는 설교자가 본문을 주석해 나갈 때부터 청중이 포함되어야 한다고 주장한다. 즉 설교사는 청중으로부터 본문으로 가고 그리고 청중과 함께 본문으로 가야한다. 그는 "본문으로부터 설교의 시작은 본문에 대한 설교자 자신의 주석 결과를 회중에게 어떻게 알려 줄 것인가가 아니라 설교와 만나게 될 청중의 측면에서 결정되어야 한다. 설교자가 건너야 할 다리는 청중의 상황 안에 있는 본문과 청중의 상황 안에 있는 설교를 연결하는 것이다"라고 역설했다.[15]

다음은 워렌 위어스비(Warren Wiersbe)의 책,『상상이 담긴 설교』에 나오는 내용이다.[16] 대처(Thatcher) 할머니는 주일날 아침 늘 앉는 교회 좌석에 앉았다. 이 할머니의 남편은 교회에 출석하지 않을 뿐만 아니라 주일이면 자기를 남겨두고 할머니가 교회에 가는 것을 못마땅해 하면서 심한 욕까지 하였다. 대처 할머니는 주일이면 으레 남편으로부터 "아예 교회에 가서 살아라!"는 말을 들어야 했다. 대처 할머니는 몸이 아프기까지 했다. 주님이 아니었다면, 그리고 큰 글자로 인쇄된 성경과 믿는 친구들이 없었다면, 할머니는 일찍 인생을 포기했을지도 모른다.

어느 주일에 목사님이 강단에 오르자 대처 할머니는 조용히 마음으로 기도했다. "아버지 하나님, 오늘 목사님을 통해서 뭔가 저에게 특별한 말씀

---

14) 토마스 롱,『설교자는 증인이다』, 119.
15) 토마스 롱,『설교자는 증인이다』, 119.
16) 워렌 W. 위어스비,『상상이 담긴 설교: 마음의 화랑에 말씀을 그려라!』, 79-84.

을 주셨으면 합니다. 전 지금 그게 필요해요!" 그날 성경본문은 창세기 9장이었다. 목사님의 창세기 강해 시리즈 스물두 번째 메시지이기도 했다. 설교 제목은 '하나님이 노아에게 말씀하시다'였다. 본문을 낭독한 목사는 자신의 아카데믹한 연구 자세를 좀 자랑하는 듯한 태도로 그날 메시지의 개요를 말하기 시작했다. 첫째, 나타난 피조세계의 모습(9:1-3), 둘째, 심판의 주요내용(9:4-7), 셋째, 약속된 계약(9:8-17), 넷째, 육욕의 사건(9:18-23), 다섯째, 예언된 사건의 대가(9:24-29)였다. 몇몇 교인들은 의무감에서 주보 뒷면에 이 개요를 받아 적었다. 그러나 할머니는 실망감에 한숨부터 나왔다. "지난주와 비슷한 타령이겠군!" 할머니는 의자에 등을 기댔다. 그때부터 아예 마음을 접고 설교를 듣지 않으면서 남편이 속을 헤집어 놓기 전까지 읽었던 시편을 묵상하기 시작했다.

몇 주 후 목사님이 지방회의에 참석하는 일이 생겼다. 때문에 담임목사 대신 남미 안데스산맥 인근에서 오랫동안 선교사로 일했던 은퇴한 선교사가 설교를 하게 됐다. 공교롭게도 선교사가 택한 설교본문은 창세기 9장이었다. 설교 제목은 '항상 무지개를 찾으라'였다. 선교사는 어느 산중에서 만났던 지독한 비바람 이야기를 꺼내며 설교를 시작했다. "노아가 우리와 같이 있었으면 싶을 지경이었습니다. 노아라면 그 빗속에서도 뭔가 할 수 있지 않겠어요?" 그리고 난 후 선교사는 우리 인생에 닥치는 비바람에 대해 말하기 시작했다. 그 음성 자체에서 동정심과 이해를 느낀 교인들은 선교사 자신이 인생 풍파를 적잖게 겪은 사람임을 알 수 있었다. "비바람은 우리 인생의 일부입니다. 하나님이 인생을 그런 식으로 만드셨어요." 그리고는 이렇게 말을 이었다. "하지만 여러 해 동안 저에게 도움이 됐던 비밀 하나를 저는 터득했습니다. 그 비밀은 지금도 저에게 큰 도움이 되고 있습니다. 그것은 바로 늘 무지개를 찾으라는 것입니다! 이 세상 말에도 궂은 일에서 좋은 면을 찾으라든지, '무지개 저편 어디'를 말하긴 합니다. 그러나 우리 그리스도인들은 그보다 훨씬 좋은 것을 가지고 사는 사람들입니다. 여러분, 성경에서 무지개를 본 세 사람이 누구인지 아십니까?"하고 물은 그는 무지개를 본 노아, 에스겔, 사도 요한을 소개했다. 그리고 성경을 덮은 선교사는 열심히 귀 기울여 듣는 교인들에게 미소를 지어 보이면서 말했다. "사랑하는 여러분, 저와 여러분은 천국에 이를 때까지는 늘 비바람을 경험할 것입니다. 천국에 가서라야 모든 비바람은 그치겠죠. 때문에 여러분, 비바람이 닥치리라 예상하며 살아야겠죠. 그러나 두려워하지 마십시오. 하나님은 항상 신실하시기 때문입니다. 오늘 하나님이 우리에게 주시는 메시지를 잊지 마시기 바랍니다. 늘 무지개를 찾으세요! 변치 않는 하나님을 기대하시기 바랍니다. 그분은 어떤 때는 비바람 이후에 무지개를 보여 주실 것입니다. 어떤 때는 비바람 한가운데서 보여 주실지도 모르죠. 또한 비바람 이전에 아예 볼 수도 있을 것입니다. 그러나 변치 않는 사실 하나는 하나님이 늘 무지개를 보여 주시리라는 것입니다."

집에 가면서 할머니는 생각했다. "흠뻑 영양분을 받아먹은 것 같은 기분, 이렇게 흡족한 기분은 왜일까? 왜 이렇게 내 마음이 평화롭고 기쁜 걸까? 집에서 남편을 만나는 일도 겁이 안 나고 의사를 만날 일도 겁이 안 나니 대체 무슨 일이 일어난 거지?" 담임목사는 늘 성경 지식만을 가르쳤다. 가끔씩 히브리어와 헬라어를 쓰면서 설교를 했다. 선교사의 설교는 교인들로 하여금 들은 설교를 실천하고픈 마음이 일어나게 했다. 그리고 신실하신 하나님을 신뢰한다는 일이 무척이나 당연하고 자연스러운 일이라 느꼈다. 이 선교사님의 설교는 무엇이 달랐던 것일까? 그는 교인들의 상상력을 자극하고 먹였던 것이다. 부르그만은 "우리 인생에서 가장 깊은 곳, 무엇을 거절하고 무엇을 끌어안을지 결정하는 그곳은 지식만 가르쳐서는 닿지 않는 것이다. 오직 세계를 이렇게 저렇게 그려 보는 이야기와 이미지, 은유가 우리가 가진 두려움이나 상처에 영향 받지 않고 작용할 때 닿는 곳 바로 그 곳이다"라고 했다.[17]

설교에서 청중은 성경해석 만큼이나 중요하다. 설교자들이 설교를 준비하면서 본문 연구에 집중하다보면 청중을 잊어버릴 수가 있다. 청중이 없는 설교는 있을 수 없다. 효과적인 설교를 위해서는 반드시 청중과 만나야 한다. 도널드 수누키안은 설교의 목적을 현대 청중에게 적실한 방식으로 설교하는 것과 관련하여 다음과 같이 설명한다.

> 하나님은 이전 세대에게뿐만 아니라 우리에게도, 그리고 바로 지금, 바로 우리가 사는 이곳에서도 진리를 계시하신다. 하나님의 복안 속에서 성경은 세기의 경계를 넘어 모든 세대가 처한 상황에 직접적으로 말씀하도록 의도되었다…성경의 메시지는 '하나님이 그때 하신 것'이 아니라 '하나님이 지금 당신에게 말씀하시는 것'이다. 설교의 목적은 지식을 전달하는 것이 아니라 행동에 영향을 주는 것이며, 정보가 아니라 변혁을 일으키는 것이다. 목표는 청중에게 더 많은 교육을 제공하는 것이 아니라 그들을 보다 그리스도를 닮은 사람으로 만드는 데 있다.[18]

어떤 설교자는 어떤 주제에 대한 모든 지식을 주어진 시간 안에 가능한 한 많이 전달하려고 노력한다. 그러나 이러한 방법들은 회중과의 간격만을 넓힐 뿐이다. 설교자가 기억해야 할 것은 설교는 오늘 하루만 하는 것이 아니라는 것이다. 때문에 설교자는 되도록 하나의 내용 또는 주제에 초점을 맞추어 설교해야 한다.

---

17) Walter Brueggemann, *Finally Comes the Poet: Daring Speech for Proclamation* (Minneapolis: Fortress, 1989), 109-10.
18) 도널드 R. 수누키안, 『성경적 설교의 초대』, 14-5.

한 청소년 집회에 참석했던 2천5백 명을 대상으로 한 통계조사가 있다. 이 조사는 집회가 끝난 후 15분쯤 되었을 때 이루어졌는데, 그들 중 70퍼센트 이상이 그 모임에서 어떤 이야기를 들었는지 기억하지 못했다. 나머지 30퍼센트도 예화나 유머는 기억했지만 메시지의 방향이나 목적은 파악하지 못했다.[19]

한번은 메시지를 전하는 유명한 강사가 집회 후 돌아가는 참석자들과 인터뷰를 한 적이 있다. 그 질문 중에는 "강사에 대해서 어떻게 생각하는가?"라는 내용이 있었다. 한 부인은 이 질문에 대해서 미소를 하며 대답하기를, "그 분은 아주 지식이 뛰어났습니다." 이어서 질문하기를 "무슨 이야기를 했습니까?" 그 부인은 잠시 생각한 후 대답했다. "아주 심오한 것에 대해서 이야기 했습니다." 계속해서 세심하게 질문해 보았지만 그 부인은 그가 말한 심오한 개념들 중 하나도 기억하지 못했다. 이것은 강의가 끝난 후 5분이 채 못되어 한 인터뷰였다.[20]

조각가는 아름다운 이미지를 마음에 떠올리고 단단한 화강암 덩어리를 가지고 조각을 시작한다. 화강암 덩어리 자체가 귀한 것이지만 조각가가 가졌던 아름다운 조각상의 이미지를 표현하기 위해서는 귀한 화강암을 깎아내야 한다. 그 조각가가 그리는 이미지와 부합되지 않는 것을 제거해 버려야 이미지가 살아나는 것이다. 설교도 마찬가지다. 전하려는 메시지가 분명히 전해지려면 아무리 좋은 자료들이 있을지라도 그것이 이미지에 정확히 맞지 않는다면 버려야 한다.

설교자들이 기억해야 할 것은, 청중들은 오늘 설교를 통해서 무언가 하

---

[19] 켄 데이비스, 『탁월한 설교가 유능한 이야기꾼』 김세광 역 (서울: 예영커뮤니케이션, 2004), 13-4.
[20] 켄 데이비스, 『탁월한 설교가 유능한 이야기꾼』, 16-7.

나의 진리에 대한 깨달음이나 은혜와 감동과 같은 것을 기대한다는 것이다. 즉 "설교자 당신이 이 메시지를 통해 나에게 전달하고자 하는 것이 무엇입니까?" "이 설교에서 내가 무엇을 집으로 가지고 가기를 원하십니까?" 이것은 설교에서 본질적이고 중요한 부분이다. 청중은 지성과 감성과 영성의 깊은 자리로부터 그것을 추구하고 있다. 청중들은 설교자의 설교를 들으면서 때로는 의식적으로 때로는 무의식적으로 이러한 것들을 기대하고 있다는 사실을 알아야 한다. 때문에 설교자는 밥상을 차리듯이 설교를 준비해야 한다.

밥상은 기본이 중요하다. 한국 사람들의 밥상에 밥과 김치는 기본이다. 밥과 김치가 없으면 뭔가 허전하고 이상하게 느껴진다. 하지만 주부가 매일 밥상에 밥과 김치만을 내놓으면 온 가족 식구들로부터 환영 받지 못할 것이다. 기본만으로 밥상이 풍성해질 수 없다. 설교자가 기본적으로 갖추어야 할 자질은 성경 말씀을 잘 분석하고 해석하는 것이다. 하지만 설교가 이런 기본만으로는 풍성해질 수 없다. 청중에게 감동을 줄 수 없다.

밥상을 준비할 때는 밥상을 받는 사람의 기호에 맞추어 준비할 때 밥을 먹는 사람들을 기쁘게 할 수 있듯이 설교자는 청중의 문화적 맥락과 특성을 잘 이해하여 설교를 준비할 필요가 있다. 밥상을 맛있게 차리는 것은 주부의 솜씨요 능력이듯이 설교자도 이와 같은 자질이 요구된다. 설교자는 밥상을 받는 사람의 심리를 이해해야 한다. 밥상을 받는 사람의 심리는 자기가 음식을 준비해서 먹을 때는 거의 불만이 없다. 하지만 누군가가 밥상을 차려줄 때는 심리가 다르게 나타난다. 매일 밥과 김치만을 주거나 자주 먹는 것만 차려주면 섭섭하고 때로는 화가 난다. 이것이 사람의 심리다. 설교를 듣는 청중도 마찬가지다. 설교를 준비할 때 알아야 할 것은 내가 노력하지 않고 일반적으로 쉽게 알 수 있는 것은 대부분의 청중들도 그것을 알고 있다는 생각을 가지고 설교를 준비해야 한다. 설교에서 훅(hook, 갈고리)이 있어야 좋은 설교다.[21] 이것은 쉬운 일이 아니지만 효과적인 설교를 위해서는 필요한 부분이다. 즉 설교를 준비하면서 설교자가 먼저 새로운 아이디어, 새로운 내용, 새롭게 깨달은 내용, 은혜 받은 내용, 또는 본문의 의미를 새롭고 의미 있게 드러낼 수 있는 예화 등을 발견해 내야 한다.

일반적으로 한 설교에서 설교자가 노력하지 않고도 쉽게 알 수 있거나, 설교자와 청중이 이미 알고 있는 일반적인 내용과, 설교자가 설교준비를 하면서 새로 발견한 내용이나 본문의 중심사상을 효과적으로 전달할 수 있는 예화 등의 비율이 보통 95대 5, 90대 10, 85대 15, 또는 80대 20의 비율로 나타난다.[22] 80대 20의 비율이면 아주 신선한 설교가 될 수 있다. 본문과 제목만 바뀌고 내용은 거의 비슷하고 단어와 숙어만 바뀌는 설교가 되지 않도록 하기 위해서는 끊임없는 연구와 묵상을 해야 하다. 때문에 설교자가 설교 사역을 충실하게 하려면 그리고 정직하게 복음의 증인이 되기 원한다면 설교자는 청중들을 위하여 계속적으로 노력해야 한다.

---

21) 훅(hook)은 도널드 수누키안이 말하는 '집으로'(take-home) 진리와 비슷한 의미이다. 수누키안은 설교에서 '집으로' 진리를 본질적인 부분으로 이해한다. 그는 청중들은 지성과 감성의 깊은 자리로부터 '집으로' 진리를 추구한다고 말한다. '집으로' 진리란 설교자가 오늘 설교를 통해서 청중으로 하여금 어떤 진리를 집으로 가지고 가게 할 것인가에 대한 것이다(도널드 R. 수누키안, 『성경적 설교의 초대』, 83-5). 설교에서 훅(hook)은 본문의 중심 개념과 관련이 있지만 같은 것은 아니다. 중심 개념이란 본문으로부터 발생하지만, 훅은 개념과 청중 모두와 관련된 것이다. 훅이 있는 설교란 설교자가 청중에게 성경의 정보를 전달하는 데 목적을 두기보다는 본문의 중심 개념을 통해 청중과 소통이 되는 설교를 의미한다. 즉 청중들의 삶의 중요한 도구인 마음(mind), 가슴(heart), 또는 감성(emotion)과 소통하여 그들의 삶에 도전하여 변화가 일어나도록 하는 설교다.
22) 이 비율은 정확한 통계라고 할 수는 없지만 필자가 영국에서 공동목회를 할 때 여러 설교자들의 설교 성향을 분석하고, 신학대학원에서 10여 년간 신학생들의 설교 실습을 지도하면서 깨닫게 되었을 뿐만 아니라 여러 해 동안 설교를 하면서 발견하게 된 것이다.

6. 설교는 적용이다

적용이 없는 설교를 하는 설교자는 마치 의사가 환자에게 건강에 관해 일반적인 강의만 하고는 처방전을 지어주기를 잊어버린 것과 같다. 적용 없는 설교는 강연이나 연설에 그치는 것이다. 강의는 설명 위주로 진행되지만 설교는 적용을 위한 것이다. 설교는 석의와 적용을 반드시 함께 수반해야 한다. 설교에서 적용의 중요성을 리처드는 이렇게 설명한다.

> 적용이 없는 성경 강해는 영적인 변비를 일으키게 된다. 성도들의 삶을 변화시키지 못한다면, 아무리 학문적으로 정확한 설교라도 아무 의미가 없게 되고 만다. 성도들이 단순히 하나님의 말씀을 듣는 자리에서, 그 진리에 의해 권고받으며 순종해 나가는 자리까지 옮겨가도록 할 때 적용은 일어난다. 사도 바울은 그의 서신에서 종종 주장(헬라어의 직설법)에서 명령(헬라어의 명령법)으로 바꾸어 적용시켜 주는 것을 볼 수 있다. 적용은 성도들에게 맞도록 변환되어야 하며 구체적이어야 한다…만일 적용이 추상적으로 끝나 버리면, 성도들은 설교가 어떻게 삶 속에 변화를 일으킬까에 관심을 갖기보다는 설교자가 전한 말에 대해서만 생각하게 될 것이다. 하나님이 성도들에게 원하시는 것이 무엇인가에 대해 가능한 한 구체적이어야 한다. 그저 하나님이 우리가 거룩하기를 원하신다고 전하는 것만으로는 불충분하다. 오늘의 삶의 현장에서 보여줄 수 있는 거룩한 삶에 대한 구체적인 예들을 알려 주어야 한다.[23]

적용을 위한 몇 가지 원리를 살펴보면 다음과 같다. 첫째, 흔히 설교에서 본문에 대한 해석은 하나이나 적용은 여럿이라고 말한다. 하지만 이것이 적용은 아무런 제한을 받지 않고 설교자가 원하는 대로 할 수 있다는 의미는 아니다. 적용은 주어진 본문의 가르침과 일치해야 한다. 둘째, 적용은

---

23) 라메쉬 리처드, 『삶을 변화시키는 7단계 강해설교 준비』 정현 역 (서울: 디모데, 2007), 155-56.

되도록 구체적이어야 할 뿐만 아니라 청중들의 상황과 필요에 부응하도록 해야 한다. 셋째, 적용은 청중 전체를 위한 것이어야 한다. 만약 설교자가 어떤 그룹이나 개인들을 마음에 두고 적용할 때 인간의 사사로운 감정에 자기를 내어주는 우를 범하게 될 수 있다. 적용의 시기는 메시지의 내용이나 설교의 구성 방법에 따라 차이가 있을 수 있다. 그러나 적용은 일반적으로 각 소지 끝이나 대지 끝에서 적용을 히는 것이 좋다. 하지만 어떤 경우에는 적용을 유보시켜 두었다가 설교의 맨 마지막에 할 수도 있다. 설교자가 설교를 하면서 수시로 적용을 할 수도 있다. 중요한 것은 적용의 기준이 지나치게 형식과 논리에 치우치게 되면 설교의 역동성이 떨어질 수 있다. 때문에 적용은 상황에 따라 유동성을 보일 필요가 있다. 성경 본문 설명 그리고 적용이라는 형식을 지나치게 강조하거나 이러한 형식에 메이다 보면 설교가 기계적이고 형식적으로 흐르게 될 수도 있다.

설교는 엄밀한 의미에서 적용이다. 하지만 적용에 대한 분명한 이해 또한 중요하다. 잘못된 적용은 적당치 못한 주석만큼이나 파괴적일 수 있다. 광야에서 사탄이 예수님을 시험할 때 그는 성경을 의도적으로 잘못 적용함으로써 승리를 쟁취하고자 했다. 적용에도 구조적 문제가 있음을 알아야 한다. 예를 들어 설명하면, 예수님이 나병환자를 고치신 본문을 가지고 설교를 할 때 곧바로 이렇게 적용하여 설교하는 경우다. "여러분의 삶 속에서 이 나병환자는 무엇입니까? 이 본문을 통해서 설교자가 예수님을 본받아 청중들이 어떻게 행동해야 하는지를 강조하면 예수님의 은혜는 사라지고 만다. 이런 방식 자체가 전적으로 틀린 것은 아니다. 그러나 원거리 적용(a far application)의 관점에서 보면, 예수님은 우리의 모범이다. 때문에 우리는 어떻게 다른 사람들을 돌보아야 하는지를 그리스도로부터 배워야 한다. 하지만 근거리 적용(near application) 단계부터 청중의 선행을 강조하면 은혜의 공급자로서의 예수님은 소멸된다.[24] 성경적인 설교자란 청중들로 하여금 무엇을 행할 것인가뿐만 아니라 청중들로 하여금 무엇을 믿는지를 분명히 제시해야 한다.[25]

예수님이 나병환자를 만지시고 고쳐주신 것이 오늘날 청중들에게 무슨 의미가 있는지를 파악하려면 근거리 적용이 더 바람직하다. 근거리 적용은 나병환자를 고치신 치유자로서의 예수님에 대한 우리의 일차적인 반응을 강조한다. 근거리 적용을 통하여 은혜의 공급자로서 예수님을 연구한 다음에 우리의 모범자로서의 예수님에 대한 원거리 적용으로 나아가야 한다. 예수님이 먼저 우리에게 공급하신 은혜의 관점에서 이제 우리는 다른 사람들에게 어떻게 반응해야 하는가? 이런 접근 방식이 생략되면 본문의 적용에서는 하나님의 은혜보다는 인간의 선행이 우선시되고 만다.

또 하나의 예를 보면, 베드로전서 2:1의 "사랑하는 자들아 나그네와 행인 같은 너희를 권하노니 영혼을 거스려 싸우는 육체의 정욕을 제어하라"는 본문을 설교할 때, 설교자가 이 구절에서 영혼을 대항하여 싸우는 육체의 정욕을 성적인 것으로 취급하는 경우다. 하지만 베드로가 말하는 영혼을 거스려 싸우는 육체의 정욕은 악의, 기만, 위선, 시기, 죄로 말미암은 고난, 증오, 그리고 복수와 같은 것들이다. 물론 원거리 적용으로서 성적인 유혹의 문제를 언급할 수 있지만, 근거리 적용 단계에서부터 그렇게 하는 것은 본문이 말하는 의미를 왜곡시킬 위험이 있다.[26]

설교의 적용에서 신앙의 단순 논리를 주의할 필요가 있다. 예를 들면, 여호수아와 이스라엘 백성이 여리고 성 주위를 행진하는 본문을 설교할 때,

---

24) Zack Eswine, *Preaching to a Post-Everything World*, 54-5.
25) Zack Eswine, *Preaching to a Post-Everything World*, 54.
26) Zack Eswine, *Preaching to a Post-Everything World*, 55-6.

설교자는 이 본문을 영적으로 해석하고자 하는 유혹에 직면할 수 있다. 성벽을 사업의 장애물이나 내면의 갈등 또는 재정적인 문제를 의미한다고 해석하고 적용하는 경우다. 이와 같은 삶의 장벽을 극복하기 위해서는 여호수아가 조용하게 행진했던 것처럼 우리도 하나님 앞에서 잠잠해야 하고, 여호수아가 일찍 일어났기 때문에 우리도 일찍 일어나야 하며, 여호수아가 하나님 말씀에 순종했기 때문에 우리도 하나님 말씀에 순종해야 한다고 설교하는 경우다. 물론 이와 같은 유형의 설교가 설교를 듣는 청중들에게 도움이 될 수도 있다. 하지만 이런 방식의 설교는 청중들에게 무의식적으로 신앙의 단순논리를 조장할 수 있다.

이 본문에서 성벽은 삶의 개인적인 장벽보다는 공동체가 함께 극복해야 할 문제에 더 가깝다. 본문에서 성벽은 실제 요새와 같은 방어벽이었다. 이스라엘 사람들도 무기를 갖추고 전쟁에 임했고, 사람들을 죽이기도 했다. 때문에 설교자는 이 성벽이 신자들이 극복해야 할 개인적인 문제들을 은유적으로 가리킨다고 말하기보다는, 이 성벽의 붕괴를 통해서 본문이 가르치고자 하는 하나님의 도움이 우리에게 필요하다고 설교하는 것이 더 바른 설교라 할 수 있다. 이와 마찬가지로 성경의 어떤 구절들은 신자 개인의 영적 회복보다는 공동체적 정체성과 더 깊은 관련을 맺고 있다. 때문에 여리고 성의 성벽은 우리가 개인의 잘못된 삶의 문제를 어떻게 해결할 것인가에 관한 문제보다는 내가 속한 공동체의 역사와 그 신앙 공동체를 향한 하나님의 약속의 신실함을 교훈하는 것으로 보는 것이 타당하다.

7. 예화는 설교를 생동감 있게 한다

설교자의 중요한 능력 가운데 하나는 추상적인 관념을 사람들이 알아듣기 쉽도록 구체적인 언어로 전환하는 것이다. 즉 설교자는 본문의 메시지를 구체적으로 분석하여 일상의 언어로, 삶의 언어로, 경험의 언어로 전환할 수 있어야 한다. 효과적인 설교는 바로 이러한 전환의 능력과 비례하는 경우가 많다. 청중들이 설교를 알아듣기 쉽게 구체적으로 만드는 도구 중의 하나가 바로 예화다. 설교에서 예화를 잘 사용하면 본문의 메시지를 청중들에게 구체적이고 효과적으로 전할 수 있다. 스펄전은 설교행위에 있어서 성경말씀과 예화의 관계성을 설명하면서 성경말씀은 벽돌과 같으며 예화는 창문과 같다고 했다.[27] 즉 설교행위를 집을 건축하는 것에 비유한다면, 벽돌로만 집을 건축하게 되면 딱딱하고 어두운 집이 되고, 창문으로만 세운다면 그 집은 가볍고 무너지기 쉬울 것이다. 또한 예화의 역할에 대해 상스터(William Sangster)는 "사람들을 설득시키는데 도움을 준다"고 했고,[28] 조네스(Ilion Jones)는 "진리를 설득력 있게 만드는" 역할을 한다고 했다.[29] 헨리 비쳐(Henry Beecher)는 예화에 대하여 다음과 같은 교훈을 남겼다.

> 여러분을 격려하기 위해서 제가 말씀드릴 수 있는 것은 예화는 저에게는 마치 호흡처럼 자연스럽게 사용할 수 있게 되었지만, 목회 초기에는 전혀 그렇지 못

---

27) 설교 예화에 대한 스펄전의 심도 있는 견해를 위해서는 Charles Haddon Spurgeon, *Lectures to My Students* (Grand Rapids: Baker Book House, 1977), chapter 25-8; 설교 예화의 비판적 접근에 대한 자료를 위해서는 토마스 롱, 『설교자는 증인이다』, 241-79를 참조.
28) William Edwin Sangster, *The Craft of the Sermon* (London: Epworth Press, 1979), 208.
29) Ilion Tingnal Jones, *Principles and Practice of Preaching* (Nashville: Abingdon Press, 1978), 139.

했습니다. 처음 6년 또는 7년은 제 설교에서 예화는 거의 사용되지 않았습니다. 그 후 제 안에 잠잠해 있던 한 가지 경향을 발전시켜 그 관점에서 제 자신을 훈련시켰습니다. 또 연구하고 연습을 하면서 그리고 깊이 고민하고 여러 번 시험을 해 보면서, 펜으로 써보기도 하도, 즉흥적으로 연습을 하면서, 여기저기를 걸어 다니면서 예화 사용하는 방법을 훈련했습니다. 예화에 관해 제가 얻은 것은 무엇이든지 전부 교육의 결과였습니다. 그러므로 여러분들은 예화가 즉시로 떠오르지 않는다고 해서 결코 낙심할 필요가 없습니다.[30]

기독교 설교 역사에서 뛰어난 대부분의 설교자들은 각자의 방식으로 예화를 사용하는데 있어서 나름대로 숙련된 설교자들이었다. 사람들은 좋은 예화가 들어있는 설교를 좋아한다. 이유는 다양하겠지만 예화는 추상적이고 딱딱한 내용을 구체적이고 실제적으로 만들어 주기 때문이다. 이와 동시에 예화는 정보를 제공하며 설명을 도와주고 확신시킬 수도 있으며 행동으로 옮기도록 감동을 줄 수 있기 때문이다. 예화를 통해 설교의 내용이 생생하게 기억되는 경우가 많다. 좋은 예화는 심오한 것을 평범하게 하고 지루하고 추상적인 사실들을 살아 있게 만듦으로써 청중의 마음속에 강렬한 인상을 심어주는 역할을 한다. 따라서 설교에서 청중들로 하여금 추상적인 내용이나 개념을 생생한 예화를 통해 알아듣기 쉽고 흥미 있게 하는 것은 중요하다.

예화는 때로 너무 심오하고 난해한 설교를 분명하게 깨달을 수 있도록 한다. 하지만 예화는 설교의 중심 목적과 내용에 부합되도록 선정되어야 한다. 예화는 분명히 설교에서 단어나 개념의 창문이 될 수 있다. 하지만 예화는 청중들로 하여금 설교의 주요 개념보다 예화적인 자료에 더 흥미를 가지게 할 수 있다.[31] 즉 창문들만 기억할 수 있다. 그러므로 설교자는 확

---

30) Henry Ward Beecher, *Yale Lectures on Preaching* (New York: Read Books, 2008), 175.
31) 토마스 롱, 『설교자는 증인이다』, 247.

실한 예화라도 또 그런 자료가 있을지라도 현명하게 사용해야 한다.

　설교자는 예화 사용에 있어서 다음 사항을 주의하여야 한다. 다른 사람의 경험을 마치 자신에게 일어난 것처럼 말하지 말아야 한다. 개인적 경험을 사용할 때 이와 관련된 다른 사람의 개인적 비밀을 노출시키는 일이 없도록 해야 한다. 그리고 다른 사람의 경험을 사용할 때 설교자의 입장에서는 그 사람을 칭찬했다고 생각했는데도, 본인은 청중에게 자기 경험이 전해진 것에 대해 반감을 갖는 경우도 있다는 것을 알아야 한다.

　현명한 설교자는 같은 청중에게 같은 예화를 반복하는 것을 피할 것이다. 예화의 반복을 피하려면 새로운 예화를 계속해서 찾아내야 한다. 그러나 적절하고 재미있는 예화를 찾아내기란 쉽지 않다. 필요한 예화를 갖고 있는 책에서만 찾아내려고 하기보다는 후에 사용할 만한 자료라면 무엇이든지 수집해 놓는 것이 좋다. 때로 특별한 아이디어가 설교자의 마음에 갑자기 떠오르기도 한다. 그 때 메모해 두지 않으면 잊어버리게 된다. 설교자는 성경 연구뿐만 아니라 독서, 사람들과의 관계를 통해 효과적인 예화로 발전시킬 수 있는 많은 아이디어를 얻을 수 있다. 수집한 자료를 쉽게 찾아볼 수 있도록 적절한 자료 정리 분류법을 체득하고 있어야 한다. 아인슈타인은 적을 수 있는 것을 기억하기 위해 두뇌의 힘을 절대 낭비하지 않는다고 말했다. 고대 중국 격언에 "가장 흐린 먹물이 가장 좋은 두뇌보다 낫다"는 말이 있다.[32] 설교자는 기록하는 습관을 길러야 한다. 좋은 생각이 떠오르거나 예화가 될 만한 것을 발견하면 바로 적는 습관이 필요하다.

---

32) 켄 데이비스, 『탁월한 설교가 유능한 이야기꾼』, 68에서 인용.

8. 설교는 말하듯이 써야한다

설교자도 일주일만 지나면 자기가 만든 대지를 기억하지 못한다. 메시지를 글로 작성함은 설교자를 좋은 연사로 만들 것이다. 또한 설교자가 쓴 것을 검토하여 귀와 감정에 어떤 영향을 미칠지를 살피는 것은 설교자를 더욱 탁월한 연사로 만들어 줄 것이다. 하지만 설교자가 설교를 작성할 때 자칫 귀를 위한 글이 아니라 눈을 위한 글을 쓸 수 있다. 좋은 설교 원고를 위한 기본적인 원칙은 말하듯이 써야 한다는 것이다.

좋은 설교는 하나님이 성경을 통해 지금도 말씀하신다는 분명한 확신을 가지고 신적인 권위를 가장 온전하게 전하는 본문에 입각한 설교다. 또한 좋은 설교는 청중에게 들려지고 그들과 소통하는 설교다. 좋은 설교는 성경에 대한 성실한 연구뿐만 아니라 청중에게 생동감 있게 전해지는 설교여야 한다. 청중에게 들려지는 설교여야 한다. 청중에게 들려지는 설교가 되기 위해서는 설교 원고를 작성할 때 문어체보다는 구어체로 작성해야 한다. 설교에서 구어체의 의미를 해돈 로빈슨은 다음과 같이 말한다.

> 설교를 쓰는 것은 책을 쓰는 것과는 또 다르다. 설교자는 자기가 마치 누구와 이야기하고 있듯이 써야만 하기 때문에 듣는 사람이 즉시 알아들을 수 있도록 최대한의 노력을 기울여야 한다. 책을 쓰는 저자는 독자가 책 속의 생각을 반드시 그 즉시 이해할 필요가 없다는 것을 염두에 두고 있다. 독자는 자기가 원하는 만큼의 시간적 여유를 가지고 각 페이지를 넘기며, 이제까지 읽은 것을 다시 생각해 보기도 하고, 저자의 생각과는 또 다른 각도에서 토론을 벌이기도 하면서 자기가 편한 속도로 책을 읽어갈 수 있다. 만약 그 뜻을 잘 알지 못하는 단어가 나타나면 사전을 찾아볼 수도 있다. 또한 저자의 생각이 흐르는 줄기를 놓치면, 거슬러 올라가서 다시 더듬어 내려 올 수도 있다. 그러나 설교를 듣는 회중들은 이와 같이 시간적 여유를 갖고 다시 회고한다는 것이 불가능하다.

즉 다시 돌아가서 두 번째로 들을 수는 없는 것이다. 만약 설교자가 한번 말하는 것을 제대로 듣지 못하게 되면 이를 온통 놓치게 되는 것이다. 설교자가 먼저 한 말을 되풀이하여 생각하다 보면 지금 하고 있는 말을 다시 놓치게 된다. 따라서 회중들이 얼마나 잘 알아들을 수 있는가 하는 것은 대부분 설교자에 달려 있음으로, 설교자는 책을 쓰는 이들과는 또 달리 자기의 의도하는 바를 즉시 이해시키도록 해야 한다.[33]

설교자들 중 설교 원고를 작성할 때 책이니 논문을 쓰듯이 설교문을 작성하는 설교자들이 있다. 하지만 분명한 것은 설교는 논문이나 책을 위해 작성하는 것이 아니라 청중들의 귀와 마음에 호소하기 위한 것이다. 때문에 설교 원고는 말하듯이 써야 한다. 통상 우리가 무언가를 쓸 때에는 누군가의 눈이 읽기에 편하도록 쓴다. 우리는 무의식적으로 눈을 위해 글을 쓴다. 우리는 글을 쓸 때 눈에 맞춰 글을 쓰는 것이 이미 습관화되어 있다. 우리가 말할 때는 이런 규칙을 따르지 않는다. 우리는 말할 때 짧은 문장을 사용한다. 이해하기 쉬운 문구들을 사용한다. 거창한 말을 쓰지 않는다. 철학적인 표현보다는 일상적인 말을 활용한다. 우리가 대화할 때는 어린이도 이해할 수 있는 언어를 사용한다. 때문에 설교 원고를 작성할 때 설교자는 의도적으로 말하듯이 쓰려고 노력해야 한다. 귀에 맞춰 써야 한다.

설교자가 쓰여진 원고 없이 설교한다는 것은 쉬운 일이 아니다. 하지만 설교 원고를 지겹도록 계속 읽어버리면 설교자와 청중 사이의 소통을 깨어버린다. 그러므로 설교 원고가 자석과 같이 되어 시종일관 원고에만 집착함으로 청중들의 관심을 다 빼앗아버리는 '자석설교'가 되지 않도록 해야 한다. 반대로 생동감 있게 설교해야 한다는 미명아래 원고를 전혀 준비하지 않고 강단에 올라가 불필요한 이야기를 하고 내용을 자주 반복하는 '광

---

33) 해돈 로빈슨, 『강해설교』, 204-05.

고설교'도 되지 않도록 해야 한다.

9. 재진술의 능력을 길러야 한다

설교는 문어(文語) 커뮤니케이션이 아니라 구어(口語) 커뮤니케이션이다. 문어 커뮤니케이션에서는 저자가 말하는 바를 명료하게 이해했음을 확실히 해두기 위해 우리는 몇 번이고 앞 페이지로 돌아간다. 그러나 구어 커뮤니케이션에서 우리의 청중은 우리가 전한 말을 되감기 할 수 없다. 한 번에 이해하기가 어렵다 해도 다시 재생할 수 없다. 설교는 눈으로 책을 읽는 것과는 달리 귀로 듣는 과정이기 때문에 현명한 설교자라면 듣는 사람이 충분히 이해할 수 있도록 재진술(restatement)의 필요성을 느낄 것이다.

여기서 말하는 재진술이란 단순히 같은 말을 반복하는 것(repetition)이라기 보다는 같은 개념이나 내용에 대해서 다른 표현을 하는 것을 의미한다. 재진술은 반복과 동일한 것이 아니다. 반복은 같은 내용을 정확하게 같은 단어로 말하는 것이다. 재진술은 같은 내용을 다른 단어나 표현으로 말하는 것이다. 반복이 경우에 따라서는 가치가 있지만, 모든 메시지에 필수적인 것은 재진술이다. 재진술은 청중의 귀가 메시지의 내용 혹은 구조에 결정적인 문장을 한 번 이상 움켜잡을 수 있는 기회를 제공한다. 읽는 이의 눈이 뜻을 분명히 하기 위해 여러 번 페이지를 넘길 수 있듯이, 재진술은 듣는 이의 귀를 한 번 이상 더 들을 수 있도록 배려한다.

설교에서 재진술이 요구되는 것은 우리가 정보를 시각으로 얻을 때와 청각을 통해 얻을 때가 다르기 때문이다. 즉 우리의 뇌는 청각을 통해 정보를 얻고자 할 때 시각을 통해 얻을 때보다 훨씬 많은 에너지와 주의가 요구된다. 「버텀라인」(Bottom Line)이란 잡지에 실린 한 기사에 의하면, "인간의 두뇌는 87퍼센트의 정보를 시각으로부터 얻고 9퍼센트만이 청각을 통해 얻는다"라고 했다. 영국의 한 교육가는 "인간은 들은 것의 10퍼센트, 본 것의 30퍼센트, 보고 들은 것은 60퍼센트, 보고 듣고 경험한 것은 80퍼센트를 기억한다"고 보고했다.[34] 그러므로 설교도 구어 커뮤니케이션이기 때문에 재진술이 더욱 필요하다고 할 수 있다.

우리는 살면서 교육 받는 기간 동안 명료하게 쓰는 훈련, 즉 읽는 이들이 우리가 말하는 바를 분명하게 좇아올 수 있도록 쓰는 훈련을 받았다. 우리의 교육 시스템, 특히 우리의 작문 과정은 우리로 하여금 귀를 위해서가 아니라 눈을 위해서 쓰라고 가르쳐 왔다. 그리고 이 훈련 덕에 우리는 메시지를 쓸 때 무의식중에 메시지 내용을 인쇄된 종이 위에서 명료하도록 쓴다. 그러나 원래 눈에 맞춰 쓰인 것을 가지고 우리가 귀에 대고 말하려 할 때, 듣는 이들은 우리를 좇아오는 데 어려움을 느낀다.[35]

그러나 현명한 설교자라면 같은 개념과 내용이라도 서로 다른 말을 사용하여 이야기할 수 있는 방법을 배워야 한다. 어떤 개념이나 내용에 대해서 다양하게 표현할 수 있는 능력을 길러야 한다. 재진술은 본문의 개념이나 내용을 더욱 풍성하게 할 수 있는 방법이기도 하다. 설교에서 가장 많이 사용되는 재진술의 방법 중의 하나가 바로 예화이다. 예화는 본문의 내용이 너무 막연하거나 청중들이 잘 알고 있어 이미 일반화된 내용을 더욱 생생하게 그리고 감동적으로 청중들에게 다가갈 수 있게 해준다. 예를 들면, 설교자가 "서로 사랑하라. 그리하면 하나님이 기뻐하실 것이다"와 같은 내용을 말할 때, 이것은 성경적일 뿐만 아니라 예수님의 핵심적인 가르침 중의

---

34) 켄 데이비스, 『탁월한 설교가 유능한 이야기꾼』, 100에서 인용.
35) 도널드 R. 수누키안, 『성경적 설교의 초대』, 344.

하나이다. 하지만 너무 일반화된 진술이기 때문에 청중들이 별 의미 없이 지나갈 수 있다. 그러나 본문에서 말하는 사랑의 의미를 구체적인 예화를 통해 재진술하면 훨씬 효과적인 소통을 이끌어낼 수 있다.

그리스도인의 삶에서 사랑의 마음을 갖는 것이 얼마나 중요한 것인가를 한 예화를 통해 재진술해보자. 어느 날 태백산 중턱에 있는 예수원에서 일어난 일이다. 한 소년이 귀신에 사로잡혀 몸부림 치고 있었다. 그때 사람들은 이 소년을 잡고 귀신을 쫓아내기 위해 안간힘을 다하였다. 이 소년을 향해 "내가 예수의 이름으로 명하노니 더러운 귀신아 물러가라!" 여러 사람들이 이렇게 하면서 소년에게서 귀신을 쫓아내기 위해 안간힘을 다하면 할수록 이 소년은 더욱 땀을 흘리며 몸부림을 쳤다. 그때 그 모습을 보고 있던 대천덕 신부님의 사모님이 거기에 있는 사람들을 향해서 말한다. "여러분! 그 소년을 저에게 주시지요!" 이렇게 하여 그 소년은 사모님에게 넘겨졌다. 그때 사모님은 아무 말 없이 소년을 가슴에 꼭 껴 앉았다. 사모님의 눈에서는 눈물이 흐르고 있었다. 그제서야 그 소년에게서 귀신이 떠나가고 평안을 되찾았다는 이야기다. 이렇게 우리가 주님의 마음으로 서로를 사랑할 때 그 사랑은 그 어떠한 능력보다도 큰 것임을 알 수 있다. 사랑은 말보다도 강할 뿐만 아니라 사탄을 이길 수 있는 힘이 된다.

모든 설교 내용을 재진술하는 것은 아니다. 핵심적 개념이나 결정적 문장을 재진술하는 것이다. 즉, 메시지에서 다른 문장이나 개념에 비해 보다 중요하고 보다 결정적인 유형의 개념이나 문장들이 있다. 하나는 메시지의 근본적인 개념이나 내용을 전달하는 것이고, 다른 하나는 메시지가 전개되는 구조를 드러내는 문장들이다. 재진술의 제일 원리는 이것이다. 메시지에서 이들 핵심 문장들이나 개념 가운데 하나에 이르면 어김없이 그것을 재진술하는 것이다.[36] 청중들에게 효과적으로 재진술하기 위해 많은 생각과 경험과 연구와 기도뿐만 아니라 영적 일기 또는 묵상적인 일기 쓰기가 설교자에게 도움이 될 수 있다.

10. 중요한 원칙들을 알아야 한다

들리는 설교를 위해서는 몇 가지 중요한 원칙들이 필요하다. 먼저, 좋은 설교 원고는 미사여구가 많을 때가 아니라 설교자의 마음과 의도가 잘 전달되었는가의 여부에 의해서 평가된다. 좋은 설교 원고는 내용과 형식이 적절히 결합되어야 한다. 소설을 쓰려면 남이 쓴 소설 400권 이상을 읽어야 한다는 말이 있듯이 좋은 설교 원고를 작성할 수 있는 비결은 무엇보다도 많은 독서와 묵상에 있다고 할 수 있다. 특별히 소설, 수필, 시와 같이 감성이 풍부하게 드러난 글들을 많이 읽을 때 도움이 될 수 있다. 또한 일상에서 일어나는 일을 관찰하는 습관과 그것을 메모하는 습관이 형성되면 많은 도움이 될 수 있다.

설교는 언어 커뮤니케이션이다. 좋은 커뮤니케이션은 말하는 사람이 듣는 자의 입장에서 말할 줄 아는 능력이 갖추어져 있을 때 일어난다. 설교는 전하는 자의 입장에서 준비하지 말고 듣는 자의 입장에서 준비하고 전해야 한다. 청중의 눈높이에서 진리를 소화하고 전해야 한다. 설교자는 애매한 요소를 배제하고 청중의 이해력을 획득할 수 있는 명료한 언어를 사용해야 한다. 문장은 되도록 간결하고 짧게 써야 한다. 접속사는 되도록 쓰지 않고

---

36) 도널드 R. 수누키안, 『성경적 설교의 초대』, 347.

불필요한 단어는 과감하게 삭제해야 한다. 설교의 언어는 되도록 단순한 언어를 써야 한다. 다음 예를 통해서 우리는 그 의미를 발견하게 된다.

> 만약 어떤 사람이 고기 한 조각을 집어 냄새를 맡아보고는 구역질난다는 표정을 지었다고 하자. 어린 소년이 이를 보고 묻기를, "아빠, 왜 그래요" 했을 때, "지금 이 한 조각의 고기는 새로운 화학적 합성물질을 형성하기 위해 부패의 과정을 거치고 있는 중이다"라고 대답한다면 소년은 도대체 무슨 말인지 알아들을 수 없을 것이다. 그러나 만약 아버지가 "썩었어"라고 한마디만 해도 소년은 곧 알아듣고 코를 싸쥘 것이다.[37]

설교자는 되도록 단순하고 익숙한 단어를 사용해야 한다. 어휘를 통해 허세를 부리려 하지 말아야 한다. 신학교를 졸업하는데 3년이 걸린다면, 그것을 벗어버리는 데에는 십 년 이상 걸린다는 말이 있다. 설교자는 지나치게 신학적인 언어, 어려운 한자, 영어, 헬라어, 히브리어 등은 되도록 쓰지 않아야 하며 반드시 써야 할 필요가 있을 때는 쉬운 말로 바꾸어 써야 한다.

설교자의 중요한 기술 또는 능력 가운데 하나가 바로 삭제의 기술이다. 좋은 설교자는 무엇을 삭제해야 하는지를 아는 설교자다. 때문에 좋은 설교는 과감하게 제외시키는 용기를 지닌 설교자의 기술에 의해서 만들어진다. 예를 들면, 설교에서 준비가 부족하여 변명을 하고 싶을 때 이러한 내용은 과감히 삭제해야 한다. 이러한 것은 불필요할 뿐만 아니라 설교자가 변명을 하지 않아도 청중은 그 사실을 곧 알아채기 때문이다. 지나치게 논쟁적이고 부정적인 표현들과 공격적이고 거친 표현들은 삼가해야 한다. 설교자는 되도록 완곡하고 부드러운 언어와 부드러운 표현을 사용해야 한

---

[37] John R. Pelsma, *Essentials of Speech*, 139; 해돈 로빈슨, 『강해설교』, 211에서 재인용.

다. 본문의 주제와 관련 없이 무조건 웃기려고 하는 이야기도 삭제되어야 한다. 설교자는 또한 지나치게 편향적인 정치적인 생각과 어떤 윤리적 단체에 대한 조롱이나 여성에 대한 농담 그리고 성적인 뉘앙스를 담은 내용은 삼가해야 한다.

설교자는 효과적인 설교를 위해서 추상적인 언어보다는 구체적인 표현을 하도록 힘써야 한다. 설교자가 "시도 사랑하나," "시로 김은희리" 등과 같은 추상적인 표현보다는 구체적으로 사랑하는 삶의 의미를 설명해 줄 때 더욱 생생한 설교가 될 수 있다. 설교자는 청중들이 설교를 들을 때 머리보다는 가슴에 의존한다는 것을 알아야 한다. 때문에 이성적 표현보다는 감성적 표현이 더욱 효과적일 수 있다는 것을 알아야 한다. 웨인 민닉(Wayne Minnick)은 대화에서 듣는 사람은 의미를 이해하기 위해서 생각과 감정 모두를 사용한다고 말한다. 따라서 설교자는 자기가 전하는 설교를 사람들이 경험하도록 하기 위해서는 감각에도 호소할 줄 알아야 한다.[38] 우리가 일반적인 대화에서 경험하는 것은 좋은 대화는 논리적이고 이성적인 요소보다는 감성적 요소가 더 크게 작용한다는 것이다. 글을 읽을 때는 논리성이 가장 중요하게 작용하지만 대화에서는 따뜻한 표현, 정감어린 언어, 배려하는 말과 같은 감성적인 표현들이 중요하게 작용하는 것을 알 수 있다. 설교는 설교자와 청중 사이의 대화적 요소가 강하게 자리 잡고 있기 때문에 머리를 향해서 설교하기보다는 가슴을 향해서 설교할 때 더 효과적일 수 있다.

---

38) Wayne C. Minnick, *The Art of Persuasion* (Orlando: Houghton Mifflin Co, 1968), chapter 7.

제 8 장

설교 디자인
Preaching & Design

1. 설교를 위한 주해[1]

1) 본문 찾기

(1) 본문을 선택한다.

설교를 위해 성경 본문을 선택할 때 설교자는 여러 방법을 취할 수 있다. 본문 선택의 기준은 연속설교, 교회력에 따른 설교, 청중의 상황을 고려한 설교자의 선택 등이다.

(2) 본문의 시작과 끝을 확인해야 한다.

본문의 시작과 끝을 어떻게 하느냐에 따라 주해의 결과가 달라질 수 있다. 시작과 끝은 문맥의 맥락에 따라 하는 것이 좋다. 베드로전서 2:19-25를 통해 설명해 보자. 이 본문은 인간의 고통과 그리스도의 고난에 대한 관

---

[1] 토마스 롱, 『설교자는 증인이다』, 90-116을 중심으로 구성한 내용이다.

계성을 보여주고 있다. 그런데 18절을 보면 이 전체 본문이 노예에 관한 가르침의 일부인 것을 알 수 있다. 만약에 19절부터 본문을 선택하면 이 내용을 놓치게 된다. 단지 인간의 평범한 고통으로 이해하는 결과를 초래하게 된다.

2) 본문에 대한 서론

(1) 기본 이해를 위해서 본문을 읽는다.

선택한 본문의 내용이 파악될 때까지 반복해서 읽는다. 선택된 본문의 큰 줄거리가 파악될 때까지 읽어야 한다. 여기서는 본문에 감추어진 의미나 신학적인 분석을 시도할 필요는 없다. 단지 본문의 단어들과 문장 구조를 이해하기 위해 읽으면 된다. 성경 사전을 통해서 생소한 용어 등을 찾아보는 것이 필요하다. 본문의 의미를 원어를 통해 살펴본다. 원어를 보기 힘들 경우에는 가장 최근에 번역된 영어 성경과 한글 성경을 비교해 보는 것이 좋다.

(2) 넓은 상황 안에서 본문의 위치를 확인해야 한다.

넓은 상황 안에서 본문이 어떤 위치에 있는가를 알아봄으로써 본문이 어떻게 움직이고 책 전체와 어떤 관계가 있는가를 알아야 한다.

3) 본문 깊이 살피기

(1) 본문에서 필요하다고 느껴지는 질문을 해야 한다.

좋은 질문이 효과적인 배움을 낳듯이 설교자는 본문을 통해 최대한의 질문을 이끌어낼 수 있어야 한다. 만약에 아모스 5:21, 24의 "내가 너희 절기를 미워하며 멸시하며 너희 성회를 기뻐하지 아니하나니, 오직 공의를 물같이 정의를 하수같이 흘릴지로다"라는 내용이라면, 설교자는 다음과 같은 질문을 할 수 있을 것이다. 신학적으로 공평과 의는 별개로 구분되는가? 아니면 같은 이슈를 다루는가? 우리의 예배 중 하나님이 싫어하시는 것은 있는가? 무엇일까? 왜 그러실까? 예배가 공평함을 실현할 수 있는가? 아니면 공의가 예배를 지배하는가? 아니면 서로 어떤 관계인가? 이런 질문들을 하지 않고 주석으로 바로 가고 싶은 유혹이 설교자들에게 있을 수 있다. 왜냐하면 주석은 이 모든 것을 다 아는 전문가에 의해서 쓰여진 것이라 생각하기 때문이다. 성경 전문가들의 아이디어를 얻는 것은 좋지만 너무 일찍 그렇게 하는 것을 피하는 것이 좋다. 주석은 가치 있는 것을 설교자에게 제공해 주고 설교자의 주해를 검토해 주고 인도해 준다. 그러나 그 주해는 바로 오늘 듣는 이들의 특수 상황에 대해서 말해주지 못한다. 주석가가 아닌 설교자는 본문에 대해 지금 이 순간의 사람들에 의해 보내진 자이며 설교자만이 이 질문에 대답할 수 있다.

(2) **첫 번째 읽었을 때에 이상하게 여겨졌던 부분과 잘 이해되지 않았던 부분을 좀 더 자세히 살펴보아야 한다.**

낯선 관습들, 이해가 되지 않는 논리적 연결들, 어색해 보이는 단어, 교리적인 난제들, 기타 보다 정확하게 파악해야 할 필요성이 있는 것 등이다.

(3) **본문이 어디에 비중을 두고 있는지를 알아보아야 한다.**

예를 들면, 로마서 3:23의 "모든 사람이 죄를 범하였으매 하나님의 영광에 이르지 못하더니"라는 말씀에서 죄에 대하여 말하고 있는 것이 사실이지만, 본문을 더 넓게 그리고 전체적으로 살펴보면 죄가 주요 주제가 아니라는 것을 알 수 있다. 로마서 3:21-26에서 핵심적으로 말하고자 하는 것은 우리의 죄가 아니라 자비롭고 의로우신 하나님이다. 이 본문을 설교할 때 우리의 손가락은 우리에게 또는 우리의 죄에게로 향할지 모르지만 궁극적으로 우리의 팔은 하나님의 은혜와 의로움으로 향해야 한다.

(4) 본문이 전후와 어떤 관련이 있는지를 살펴보아야 한다.

설교를 위해 한 본문을 선택하고 나면, 그 본문이 속해 있는 책 전체를 읽음으로 시작해야 한다. 즉 책 전체의 전반적인 메시지를 발견하고 그 흐름을 발견해야 한다. 본문을 이해하기 위해서는 이 단계가 대단히 중요하다. 이 단계를 생략할 때 설교자가 본문 이해에서 오류를 범할 수 있을 뿐만 아니라 메시지의 일관성을 놓치기 쉽다.

문맥적 맥락을 살피는 것은 주해에서 가장 중요한 원리이다. 야고보서 1:5-8을 보면 "너희 중에 누구든지 지혜가 부족하거든 모든 사람에게 후히 주시고 꾸짖지 아니하시는 하나님께 구하라 그리하면 주시리라 오직 믿음으로 구하고 조금도 의심하지 말라 의심하는 자는 마치 바람에 밀려 요동하는 바다 물결 같으니 이런 사람은 무엇이든지 주께 얻기를 생각하지 말라 두 마음을 품어 모든 일에 정함이 없는 자로다"는 내용이 있다. 야고보서 1장에서 이 부분만 보면 일반적인 상황에서 지혜를 위한 간구로 이해될 수 있다. 그러나 야고보는 1장 전체를 통해 "너희가 여러 가지 시험을 만나거든"(2절) 어떻게 해야 할지에 관하여 말하고 있음을 깨닫는다. 야고보의 생각의 흐름은 이렇다. 기쁨으로 시험을 맞이하고, 시련이 성숙과 그리스도와 같이 온전함에 이르게 함을 기억하면서 인내로 이겨나가야 한다(2-4절). 다음은 시험을 인내로 이겨 나갈 때 지혜가 부족하면, 하나님께 구하

라. 그리하면 주실 것이다. 그러나 지혜를 받고자 하면 하나님의 주권과 사랑에 대하여 확고히 믿어야 한다(5-8절). 또한 빈부를 막론하고 시험의 목적과 시험을 통해 주어지는 유익을 분별할 수 있어야 한다(9-11절). 그러므로 야고보서 1:5-8은 시험을 당할 때 후히 주시고 꾸짖지 아니하시는 하나님께 구하라는 것이다. 단지 지혜가 부족한 자가 지혜를 구하라는 의미가 아니다. 때문에 문맥적 맥락을 통해서 보지 않으면 본문의 의미를 정확하게 파악할 수 없게 된다.

(5) 여러 가지 다른 안목을 가지고 본문을 볼 필요가 있다.

여자의 입장에서 남자의 입장에서, 가난한 사람의 입장에서, 직장이 없는 자의 입장에서, 이혼한 자의 입장에서, 병든 자의 입장에서, 자녀문제로 고민하고 있는 부모의 입장 등에서 생각해 보아야 한다. 가끔 설교자의 주해가 어떤 그룹의 상황으로부터 시작될 수도 있지만 설교자는 되도록 다양한 사람들로부터 반응 내지 의견을 들을 수 있어야 한다.

(6) 본문이 말하는 것이 무엇인지 물어보아야 한다.

명령인가? 노래인가? 이야기인가? 설명인가? 기도인가? 이런 작업이 다 되었을 때 설교자는 학문적인 틀과 비평적인 주석들을 통하여 설교자의 이해와 통찰력을 점검해 보아야 한다. 그렇지 않으면 설교자 자신의 통찰력과 내면의 음성에만 의지하려는 유혹에 빠질 수 있다. 이것은 자칫 편협하거나 왜곡된 해석을 낳을 수 있기 때문이다.

4) 본문연구 확인하기

(1) 본문을 역사적 문학적 신학적으로 살핀다.

설교자가 때로 본문을 보다 더 정확히 이해하기 위해서는 본문의 역사적인 정황과 문학적 성격과 구조, 신학적으로 점검이 필요한 개념 등을 살펴야 한다. 이를 위해서 관련된 최근 서적들의 도움을 받을 필요가 있다.

(2) 본문에 대한 성경 강의 서적들과 주석들을 참고한다.

설교자가 주석과 성경강의 서적을 참고하는 것은 본문 해석에 결코 첫 번째 단계가 아니라 마지막 단계여야 한다. 이유는 설교자가 전문가의 아이디어를 바로 접하게 되면 전문가의 아이디어에 종속되어버릴 수 있기 때문이다. 다음 세 가지 유형의 책들을 참고하면 도움이 된다. 첫 번째 유형은 강해적인 주석 또는 성경 강의적인 서적이다. 이런 유형의 주석이나 성경 강의 서적들은 성경 저자가 주요 개념과 구절에 유의하면서 발견한 생각의 흐름을 개괄해 놓았기 때문에 본문에 나타난 큰 단위의 생각과 주장의 흐름들을 파악할 수 있도록 도와준다. 두 번째 유형은 주석적 주석 혹은 비평적 주석이다. 다른 말로 학문적인 주석이다. 이 주석에는 단어와 절, 그리고 난해한 문법과 구문 관련 사항들에 초점을 맞추고, 문화와 배경에 대한 해설들이 있다. 세 번째 유형은 통상 지역교회에서 설교된 일련의 설교 원고를 보다 광범위한 청중을 염두에 두고 출판한 것이다. 이 유형의 서적들의 가치는 본문 메시지의 제목, 적용, 구체적인 표현, 메시지에 대한 창조적인 접근 등을 볼 수 있다는 것이다.

5) 설교를 향한 움직임

(1) 설교를 위한 본문의 주제와 주장을 서술해야 한다.

중심 개념을 발견해야 한다. 본문이 말하는 주된 개념을 서술해 본다. 주제는 종종 본문의 주동사와 연관되어 있다. 항상 그런 것은 아니지만, 특히 비유나 이야기인 경우에 더욱 그렇다. 본문의 주제와 주장을 서술할 때는 설교를 듣게 될 청중을 생각하면서 해야 한다. 고든 휘(Gordon Fee)는 성경연구와 설교의 결정적 차이점에 대해 이렇게 말한다. "요즈음 설교들 가운데는 무미건조하고 지식전달에만 치우치며 예언적이고 영감을 주지 못하는 설교들이 너무 많다. 성경을 연구하는 설교자의 목표는 본문의 주석적 이해를 현대 교회와 세계에 적용하는 것이라는 점을 잊어서는 안 된다."[2] 성경학자는 청중 없이 본문을 주해할 수 있지만, 청중 없이 성경 본문을 주해한 설교는 대상이 없는 피상적 울림으로만 끝날 수 있음을 기억해야 한다.

2. 설교형식 만들기[3]

성경본문: 우리가 알거니와 하나님을 사랑하는 자 곧 그 뜻대로 부르심을 입은 자들에게는 모든 것이 합력하여 선을 이루느니라 하나님이 미리 아신 자들로 또한 그 아들의 형상을 본받게 하기 위하여 미리 정하셨으니 이는 그로 많은 형제 중에서 맏아들이 되게 하려 하심이니라(롬 8:28-29).

---

2) Gordon Fee, *New Testament Exegesis: A Handbook for Students and Pastors* (Louisville: Westminster John Knox Press, 2002), 21.
3) 토마스 롱, 『설교자는 증인이다』, 162-67을 중심으로 구성한 내용이다.

1) 초점과 기능

'집으로'(take-home) 진리는 본문에서 말하는 중심 개념(big idea)이다. 이 진리는 청중이 다른 모든 것은 잊어버리더라도 이것만은 집에까지 가져가서 꼭 기억하기를 설교자가 기대하는 개념이다. 본문이 제기하고 있는 가장 큰 질문이나 아이디어는 무엇이며, 그 질문이나 아이디어에 대해 본문이 내놓고 있는 답은 무엇인가? 이런 과정을 통해 설교자는 설교의 초점과 기능을 얻게 된다. 위에 제시된 로마서 8:28-29을 중심으로 초점진술과 기능진술을 다음과 같이 정리할 수 있다.

초점진술: 우리는 하나님이 우리를 사랑하신다는 것을 예수 그리스도로부터 보았기 때문에 비록 우리의 경험이 이 사실을 부인한다 하더라도 하나님은 우리를 사랑하시고 돌보신다는 것을 확신할 수 있다.

기능진술: 하나님의 사랑을 확신하지 못하고 염려와 불안 가운데 있는 청중들에게 하나님의 사랑을 다시 확신시켜 주는 것이다.

2) 초점과 기능의 세분화

초점진술을 다음과 같이 세분화시킬 수 있다.

(1) 하나님이 우리를 사랑하신다는 것을 어디에서 그리고 어떻게 예수 그리스도 안에서 볼 수 있는지를 말한다.

(2) 하나님의 사랑과 돌보심을 부정하게 하는 것처럼 보이는 경험들을 진술하고 설명한다.

(3) 예수 그리스도 안에서 우리가 본 것이 현재 하나님의 사랑과 돌보심을 어떻게 확신할 수 있는지 명확하게 서술한다.

기능진술을 다음과 같이 세분화시킬 수 있다.

(4) 하나님의 사랑을 확신하지 못하고 불안 가운데 있는 청중에게 하나님의 계속적인 사랑과 돌봄에 기초하여 재확신을 제공한다.

(5) 미래를 염려하며 불안 가운데 있는 사람들에게 희망을 불러일으킨다.

(6) 우리가 겪고 있는 염려와 불안의 문제와 현상에 대해 질문을 던진다.

3) 초점과 기능의 과정

이 단계는 설교를 디자인하는 과정이다. 초점과 기능의 과업을 성취하기 위해 다음과 같은 순서를 결정할 수 있다.

(1) 청중들의 경험으로부터 시작한다.
즉 2)-(2)의 하나님의 사랑과 돌보심을 부정하게 하는 것처럼 보이는 경험들을 나열하고 설명한다.

(2) 그 경험들에 대해 과거의 전형적인 기독교 해답을 주고 이런 것들이 왜 충분치 않은지 설명한다.
즉 2)-(6)을 위해 2)-(2)에서 설명된 여러 가지 경험들을 정직하게 취급하지 않는 모든 피상적인 확신에 질문을 던진다.

(3) 염려와 불안에 대해서 본문이 어떻게 깊이 있게 응답해 주는지 설명한다.

먼저 2)-(3)에서 우리가 예수님 안에서 본 하나님의 사랑과 돌보심에 대한 확신과 2)-(6)에서의 우리가 겪고 있는 염려와 불안과는 어떻게 다른지 분명하게 설명한다.

다음은 2)-(1)의 하나님이 우리를 사랑하시는 것을 어디서 보았으며 그리고 어떻게 보았는지 말한다.

(4) 이와 같은 응답이 우리의 삶에서 의미하는 것이 무엇인지 말한다.

먼저 2)-(5)의 미래를 염려하며 불안 가운데 있는 사람들에게 희망을 불러일으키는 2)-(3)과 2)-(1)에 대하여 말한다.

다음은 3)-(1)은 3)-(2)에서 서술된 희망이 문제가 있는 청중들에게 하나님의 끊임없는 사랑과 돌봄에 기초한 재확신을 어떻게 제공해 주는지 말한다.

3. 설교의 기본구조

1) 설교의 제목

설교의 제목은 설교자가 주어진 본문을 통하여 청중에게 전하고자 하는 메시지의 중심내용을 가장 함축적으로 드러내는 내용이어야 한다. 설교의 제목을 잘 선정할 때 청중으로 하여금 설교에 대한 관심을 이끌어낼 수 있다. 하지만 설교제목이 단지 흥미나 감정을 자극하지 않도록 해야 한다. 또한 설교 제목이 설교의 내용과 무관하지 않도록 정해야 한다. 설교 제목은 다양한 유형으로 정해질 수 있다. 먼저 문제 제기 유형으로, '누가 이 지구를 창조하셨나?', '우리는 구원 받은 백성인가?', '은혜란 무엇인가?' 등이다. 진술 유형으로, '위로의 하나님', '치료의 하나님', '은혜의 하나님' 등이다. 본문에 초점을 맞추는 유형으로, '비판하지 말라', '서로 사랑하라', '기뻐하라', '너 하나님의 사람아' 등이다. 삶의 정황 또는 필요에 초점을 맞추는 유형으로, '우리가 고난당할 때', '신앙 안에서 바른 물질관', '우리를 향한 하나님의 소망' 등이다. 주제 암시적 유형으로는, '그리스도의 성품', '하나님 나라의 특징', '하나님의 교회' 등을 들 수 있다. 마지막으로 상징적 유형으로, '주님은 우리의 친구', '푸른 초장으로 우리를 인도하시는 하나님', '여호와는 우리의 목자' 등이 있다.

2) 설교의 서론

설교의 서론은 본론에서 전해야 할 메시지에 초점을 맞추어야 한다. "서론은 청중이 집안으로 들어가기 위해 지나가는 현관이다. 설교자는 청중이 현관에서 기다리게 해서는 안 된다. 설교자는 안내인으로 하여금 그들을 친절히 안내하게 해야 한다."[4] 서론은 설교자가 청중에게 전하고자 하는 메시지가 무엇에 관한 것인지를 직접적으로 또는 간접적으로 알리는 것이다. 분명한 것은 직접적이든 간접적이든 또는 암시적이든 서론에서 제시된 내용이 본론과 자연적으로 연결되는 논리성이 있어야 하고 결론을 이끌어내야 한다. 서론에서 제기한 내용이 본문과 연결되지 않으면 단지 의미 없는 서론을 위한 서론이 되어 버린다. 설교의 서론은 성급하게 준비하거나 아무렇게나 해서는 안 된다. 서론은 본문과 청중의 상황에 적합하도

---

[4] Lloyd Perry, *Manual for Biblical Preaching* (Grand Rapids: Baker Publishing Group, 1981), 77.

록 전개되어야 하고, 설교 주제와 연결되어야 한다. 서론의 길이가 너무 길어서도 안 된다. 서론에서 다루어야 할 주요 내용으로는 청중에게 설교의 주제를 제시해야 한다. 청중에게 적합한 필요를 제기해야 한다. 청중에게 설교의 목적을 간단하게 설명해야 한다. 청중들의 관심을 이끌 수 있어야 한다.[5]

설교자는 본문에 입각한 상상력과 창조력을 활용하여 효과적인 서론을 작성하기 위해 힘써야 한다. 그러나 서론은 설교자와 청중과의 관계, 설교의 동기, 기대하는 결과에 적합해야 한다. 리처드 메이휴는 서론의 다양한 형태를 다음과 같이 진술한다.[6] (1) 설교와 관련 있는 문제에 관한 통계, (2) 회중에게 설교 주제에 친숙하도록 도움을 주는 역사적인 예화, (3) 유머, (4) 설교와 관련된 최근의 사건, (5) 본문의 사려 깊은 봉독, (6) 본문과 관련된 실화, (7) 전기적인 인물 예화, (8) 의미심장한 인용구, (9) 수사적인 질문, (10) 설교자의 개인 경험, (11) 최근 유명한 서적에 관한 언급, (12) 성경적인 해답을 요구하는 실제적인 문제, (13) 본문 성경의 가르침에 대한 혼란, (14) 흥미 있는 개인적인 편지 등이다.

3) 설교의 본론

설교의 본론의 구조는 청중의 다양성만큼이나 그 접근 방법도 다양하지만, 기본적으로 본론의 구조는 본문의 구조에 의하여 전개되어야 한다. 하지만 본론의 구조는 설교 구상 또는 유형과도 관련되어 전개될 수 있다. 본

---

5) 라메쉬 리처드, 『삶을 변화시키는 7단계 강해설교 준비』, 145.
6) 리처드 메이휴, "서론, 예화, 결론," 존 맥아더 외, 『강해설교의 재발견』 김동완 역 (서울: 생명의말씀사, 2001), 346-47.

론의 논리적인 순서는 두 유형으로 구성할 수 있다. 하나는 일반적인 것으로부터 특수한 것으로 진행하는 연역적 방법이다. 이 방법에서는 주제 또는 간혹 지배적인 관념이 맨 먼저 서술된다. 그리고 특별히 선행된 일반적 진술을 입증하게 된다. 다른 하나는 특수한 것으로부터 일반적인 순서로 진행하는 귀납적 방법이다. 귀납적 방법에서는 특수한 경우들을 하나씩 서술한 다음에 일반적인 진리가 서술됨으로써 일반화에 도달하게 된다.

설교의 본론은 다음과 같은 요소들을 고려하여야 한다. 먼저 설교 전체에 통일성이 있어야 한다. 다음은 질서로서 본론의 각 부분들이 질서가 정연해야 한다. 본론의 각 부분들이 차지하는 비율이 적절해야 한다. 설교의 각 단계는 설교 전체의 발전에 뭔가를 공헌한다. 본론의 각 부분들이 전개되면서 발전을 이루어야 한다. 발전을 이루기 위해서는 본론의 각 부분들을 연결하는 전환이 있어야 한다. 전환은 본론의 대지 각 부분들을 설교 전체의 주제나 바로 앞부분의 내용과 연결시켜 주는 역할을 한다. 전환은 설교의 각 부분들이나 흐름에 다리의 역할을 함으로써 청중의 혼란을 막아준다. 전환을 알리는 표현들은 청중에게 설교의 발전을 쉽게 따라가도록 도와준다.[7]

이어 본론과 적용의 관계이다. 일반적으로 연역적 설교와 각 부분이 독립적인 경우에는 각 대지마다 적용이 필요하다. 첫 번째 대지를 설명하고 적용을 한 후에 다음 대지를 설명하고 적용하는 방식이다. 귀납적 설교나 각 대지가 그 다음 대지로 논리적인 발전을 이루어 나가면서 마지막에 설교의 중심 개념이 전개될 때는 적용이 맨 뒤로 오는 것이 좋다.

---

7) 라메쉬 리처드, 『삶을 변화시키는 7단계 강해설교 준비』, 151.

4) 설교의 결론

설교의 결론은 설교가 최고의 절정에 이르는 부분임으로 소홀히 해서는 안 된다. 결론은 주로 두 가지 목적을 포함한다. 요약하기 그리고 권면하기다. 이 두 가지 목적은 설교 내용이나 본문의 유형에 따라 정해져야 한다.

좋은 결론을 위한 조건은 다음과 같다. 먼저 대지들에 대한 요약과 함께 중심 개념을 분명하게 해야 한다. 다음은 개인적으로 순종할 수 있는 전략을 포함한 적용을 제시할 때 더욱 효과적일 수 있다. 결론은 구체적이고 실천적이어야 한다. 본문의 진리를 간단한 하나의 문장으로 제시하거나 기억하기 쉽게 현대 감각에 맞도록 표현된 중심 개념을 밝혀주면 효과적일 수 있다. 중심 개념을 보충적으로 설명해주는 이야기를 들려주는 것도 좋은 방법일 수 있다. 이 때의 예화는 연관성, 신빙성 그리고 주장의 기준에 부합되는 예화여야 한다.[8] 또한 결론에서는 되도록 새로운 내용들을 덧붙여서는 안 된다. 결론에서 또 다른 하나의 설교를 해서는 안 된다. 청중의 다양성을 고려해서 모든 사람에게 해당하도록 결론을 이끌어야 한다.[9]

결론을 위한 중요한 일반적 원리들은 다음과 같다. 먼저, 결론에서 무엇을 이야기할지를 정확히 알아야 할 뿐만 아니라 그것을 어떻게 말해야 할지를 알아야 한다. 설교에서 반드시 암기해야 할 부분이 있다면, 그것은 서론 첫 몇 줄과 결론의 마지막 몇 줄이다. 다음은 결론지을 것이라고 광고해서는 안 된다. 결론지을 것이라고 광고하는 것은 청중에게 두 가지 바람직하지 못한 결과를 초래할 수 있다. 청중의 주의를 설계하는 기계적 기술에 쏠리게 하고, 더불어 설교자가 얼마나 오래 이야기했는지를 보기 위해 시

---

8) 라메쉬 리처드, 『삶을 변화시키는 7단계 강해설교 준비』, 178.
9) 리처드 메이휴, "서론, 예화, 결론," 357.

계를 쳐다보게 만든다.

또 하나의 중요한 원리는 격려와 희망의 내용이면서 긍정적으로 끝내야 한다는 것이다. 어떤 설교는 불가피하게 회개와 심판 등을 전하는 부정적인 메시지로 결론 맺을 수 있다. 드문 경우이지만 설교자가 이러한 예언자적 목소리로 마무리하고자 할 때에도, 설교자는 청중이 마음 깊은 자리로부터 주님을 기쁘시게 하고자 힘쓰는 자들임을 생각하며 주님의 마음과 동일한 사랑의 어조로 마무리하는 것이 좋다. 비록 본문의 내용이 부정적인 논조로 표현되어 있다 하더라도, 긍정적인 표현으로 재구성할 수 있는 능력이 설교자에게는 필요하다. 즉 본론이 부정적인 내용이라 할지라도 결론에서는 청중에게 긍정적인 방향으로 제시할 수 있어야 한다. 설교자는 부정적인 예들로부터 긍정적인 정신과 방향을 이끌어낼 수 있어야 한다.

Spirituality & Preaching

제 9 장

스펄전과 설교[1]
Spurgeon & Preaching

1. 스펄전의 생애와 사상

역사에 존재했던 한 인물을 평가하는 작업에서 그 사람이 지닌 크기에 따라 그 사람됨의 모습이나 빛깔은 다양하게 나타날 수 있다. 찰스 해돈 스펄전(Charles Haddon Spurgeon)은 여러 개의 빛나는 얼굴들로 우리에게 다가오는 인물이다. 그는 성공적인 목회자였다. 그가 런던 뉴파크스트리트교회(New Park Street Chapel)에 취임 당시 불과 232명이던 이 교회는 오래지 않아 평균 출석 6,000여 명을 넘어 한때는 20,000명을 초과하는 기록을 남길 정도로 성장하였다. 그는 신학자였다. 그는 공식적인 신학 수업을 받지 못했지만 신학과 교리에 정통하였다. 한해에는 그의 설교 약 20,000부가 당대 지성의 최고 상아탑인 옥스퍼드대학과 캠브리지대학에 회자되기도 하였다. 그의 설교에는 청교도 신학의 광맥이 큰 물결처럼 흐르고 있었다.

---

[1] 이 글은 「복음과 실천」 10 (2005): 97-133에 실린 필자의 논문을 수정 보완한 것이다.

그는 또한 많은 저서를 남겼다. 그가 남긴 3,581편의 설교는 60여 권의 책들이 되어 38,000페이지에 걸쳐 약 2,000만여 개의 단어들로 수록되었다. 그의 언어 감각은 셰익스피어를 필적하는 영문학적으로도 기억될만한 광채를 지니고 있었다. 그는 전도자였다. 그는 스스로 이렇게 고백하였다. "영혼 구령자가 되는 것은 세상에서 가장 행복한 일이다. 당신이 한 영혼을 예수 그리스도에게로 인도할 때마다 당신은 지상에 새 하늘을 가져오는 것이다."[2] 그는 또한 말하기를 "나의 최고로 중요한 사업이 있다면 영혼을 구하는 것이다. 오직 이 한 일을 나는 하고자 할 뿐이다"라고 하였다.[3] 그는 복음을 사랑할 뿐 아니라 실천가였다. 그가 목회할 때 세운 스톡웰 고아원의 어린이들 500여 명을 만나는 일로 시간을 보냈으며 이는 그의 삶의 큰 즐거움과 보람을 차지하였다. 또한 그는 당시에 일어난 노예제도 논쟁에서 노예제도 폐지를 강변하기도 하였다. 그는 복음과 기독교인의 사회적 책임을 분리해서 보지 않는 복음의 신실한 실천가이기도 하였다. 그러나 그는 무엇보다도 설교자였다. 그의 대표적인 별명은 '설교의 왕자'(Prince of Preachers)였다.

1) 스펄전의 생애

19세기의 위대한 설교자, 찰스 해돈 스펄전(Charles Haddon Spurgeon, 1835-1892)은 영국의 에섹스(Essex) 지방의 켈브던(Kelvedon)에서 목사인 존 스펄전(John Spurgeon)과 엘리자 스펄전(Eliza Spurgeon)의 맏아들로 태어났다.

---

2) Charles Haddon Spurgeon, *New Park Street Pulpit: Sermons Preached by Charles H. Spurgeon*, vol. 11 (Pasadena, Texas: Pilgrim Publication, 1981), 431.

3) Charles Haddon Spurgeon, *New Park Street Pulpit: Sermons Preached by Charles H. Spurgeon*, vol. 36 (Pasadena, Texas: Pilgrim Publication, 1981), 277.

그의 생애를 간결하게 말한다면 아마도 그의 설교 제목중의 하나인 "하나의 서론과 세 개의 막"(an introduction and three divisions)과 흡사하다고 이연 머레이(Iain Murray)는 말한다.[4] 시골에서 보낸 유년, 청소년기가 그 생애의 서론에 해당한다면, 그 다음의 세막은 뉴파크스트리트교회에서의 목회자로서 그의 역량이 알려지기 시작했으나 반대세력들로부터 따가운 시선을 겪어야 했던 초기의 목회기, 메트로폴리탄타버나클교회(Metropolitan Tabernacle Chapel)에서 목회자로 널리 알려지고 존경을 받게 되며 수많은 사역을 감당하게 되는 중반기, 그리고 그가 57세의 나이로 이 세상을 떠나기 전까지 5년 정도 사회적, 교회적 갈등 속에서 그리고 육체의 지병과 싸우며 목회를 마무리해야 했던 시기로 나누어 볼 수 있다.

생애의 서론에 해당한다고 볼 수 있는 어린 시절과 청소년기를 스펄전은 시골 에섹스와 케임브리지 지방에서 보냈다. 스펄전은 태어난지 14개월부터 6세까지 독립교회 목사요 청교도적 정신이 살아 있는 조부모 밑에서, 존 번연(John Bunyan)의 『천로역정』(The Pilgrim's Progress)과 여러 청교도 서적들을 읽으며, 아름답고 여유로운 목사관에서 어린 시절을 보냈다. 신앙의 자유를 찾아 유럽으로부터 건너와서 영국에 정착한 그의 청교도 조상들의 정신이 그대로 살아 숨쉬는 곳에서 보낸 그의 어린 시절의 경험은 훗날 그에게 청교도적 열정과 신앙을 소유하는데 밑거름이 되었다. 그러다 7살 때 그의 부모에게 다시 보내졌고, 목회와 조합일로 바쁜 아버지 대신 자상한 어머니로부터 신앙 교육을 받았다. 이 때부터 청교도 신학자들의 작품에 심취한 그는 방대한 양의 독서를 하며 당당하고 훌륭한 젊은이로 성장해 갔다. 1949년 15세의 나이에 거듭남의 체험을 하고 그의 생을 하나님을

---

4) Iain H. Murray, *The Forgotten Spurgeon* (London: The Banner of Truth Trust, 1977), 24.

위해 일할 것을 서약했다. 그리고 그 다음 해 주일학교 교사로 일하면서 그의 삶이 목회사역에 부름을 받고 있음을 깨달았다.

16세의 나이에 평신도 설교자로 첫 설교를 시작한 스펄전은 1951년 10월에 17세의 나이로 한 작은 마을의 워터비치침례교회(Waterbeach Baptist Church)의 목사가 되었다. 40명에 불과하던 그 교회의 회중은 순식간에 400명으로 불어났다. 1953년 11월 캠브리지 주일학교연합회에서 행한 스펄전의 뛰어난 설교와 신실함에 감명을 받은 런던의 뉴파크스트리트교회의 조지 골드(George Gold)의 추천으로 1954년 2월 그의 나이 19세에 뉴파크스트리트교회의 목사직을 맡게 되었다. 스펄전은 여기에서 수잔나 톰슨(Susannah Thompson)과 1856년 1월 결혼하였다. 처음 3개월 동안 임시적으로 주어졌던 이 교회에서의 목사직은 그 후 그가 세상을 떠날 때까지 계속되었다.

그때부터 그의 체계적인 신학 지식과 청중을 휘어잡는 탁월한 설교능력이 널리 인정받기 시작했다. 방대한 독서량과 탁월한 지적 능력에 기초한 그의 설교는 가식이 없고, 거침이 없었다. 많은 사람들이 그를 따랐지만 개혁자적 자세와 거침없는 태도 때문에 그는, 나이어림과 정식 신학교육을 받지 않은 사실을 걸고넘어지는 언론기관들의 따가운 비난을 받아야만 했다. 그럼에도 불구하고 각지에서 그의 설교를 듣기 위해 찾아오는 사람들의 수는 점점 증가했고, 그가 부임할 당시 100명에 불과했던 교인 숫자는 4년 후 그가 23세가 되었을 때 예배당의 800석 좌석이 모자랄 정도로 불어났다.

스펄전은 부임 후 2년 만에 새 성전 건축을 계획하여 1861년 드디어 6,000석을 갖춘 메트로폴리탄타버나클교회를 건축해서 이전했다. 이 교회는 그 당시 비국교도교회 건물로는 세계에서 가장 큰 교회였을 뿐만 아니라 이곳으로 이전해서 드린 첫 예배부터 교회가 가득 채워졌다. 매주 두 번의 예배에 교회가 성도들로 가득 찼다. 우리에게 가장 많이 알려진 스펄전은 바로 이 시기의 그이다.

이 시기에 그는 교육과 구제, 선교 등 다양한 분야에 관심을 가지고 많은 일들을 했다. 1865년에 목회자대학(Pastor's College)을 세워 목회자를 양성하기 시작했고, 가난한 미망인들을 돕는 구제기관인 암즈하우스 운영, 부모 없는 아이들을 위한 스톡웰 고아원을 설립하는 등 21개의 사회복지기관을 돌보았다. 그는 위대한 설교자, 목회자로서뿐만 아니라 훌륭한 저술가로서도 우리에게 잘 알려져 있다. 그는 이때 『다윗의 보고』(The Treasury of David)의 집필을 시작하여 20여 년에 걸쳐 7권에 달하는 대작을 완성했다. 1855년부터 그가 생을 마칠 때까지 매주 그의 설교가 인쇄되어 나왔고, 그 밖에 주해와 주석서 등 수많은 저서들을 출간하고 편집했다. 메트로폴리탄타버나클교회에 전념하면서도 초기에는 유럽 여러 나라에 초청되어 설교하기도 했다. 그는 육체적 한계로 침상에 눕기도 하였지만 자녀들의 신앙에 심혈을 기울이기도 했다. 그는 그의 생애에서 가장 큰 기쁜 일 중의 하나로 그의 쌍둥이 두 아들에게 침례를 베푼 것이라고 고백하기도 했다. 후에 이 두 아들 모두 목사가 되었으며, 그 중의 한 아들이 그의 목회를 이었다.

스펄전은 그의 사역기간 중에 다윈의 『종의 기원』의 파장과 소위 성경의 고등비평이라 불리는 소용돌이 한가운데서도 한결같이 복음을 지키고자 했다. 그는 1891년 6월까지 강단에서 설교를 한 후 지병으로 앓고 있던 관절염 증상으로 침상에 눕게 되었다. 그는 병석에서도 마태복음 주석을 완성하였다. 1892년 1월 31일 그의 57년의 생을 마감했다. 청교도적 신앙과 열정을 소유한 목회자로 위대한 설교자로서의 그의 명성은 100여 년이 훨씬 지난 지금까지도 많은 사람들에 의해 기억되고 칭송되고 있다.

2) 스펄전의 시대적 배경

스펄전 당시 영국은 빅토리아 여왕의 통치하에 있었다. 그 당시 영국은 영토를 크게 확장하며 눈부신 경제성장을 이룩하였으나 사회 내부적으로는 빈민계층과 질병이 만연했다. 종교적으로 비국교도 교파들은[5] 조지 휫필드(George Whitfield)와 요한 웨슬리(John Wesley)의 부흥운동으로 상당한 성장을 이루었으며 대부분의 사람들이 교회에 출석하였다. 그러나 이러한 외형적인 모습과는 달리 당시의 영적 상황은 생명력이 결여된 타성에 젖은 모습이었다. 그 당시 개신교는 국가적 종교였지만 교회는 경제적으로 그리고 양적으로 크게 달라지지 않고 있었다. 사람들은 주일에 교회에 가는 것을 단지 일상적인 일 중의 하나로 여겼으며 영적 생명력은 약화되어가고 있었다. 불행하게도 사회에 대한 교회의 기능과 영향력도 약화되어가고 있었다. 외형적으로 교회는 건강한 것처럼 보였지만 내적으로는 영적 생명력을 상실해가고 있었다. 설교대사전에는 이런 상황을 다음과 같이 서술하고 있다. "설교자들은 항상 같은 시간에 설교하고 사람들은 그냥 인내하며 그 자리에 앉자 있고 항상 같은 찬송을 불렀으며 이렇게 모든 일은 끝났다. 그밖에 다른 것들은 없었다."[6] 즉 스펄전 당시 사람들의 신앙은 의식화되고 형식화되었으며 진정으로 하나님과의 건강한 영적 관계는 약화되어가는 시기였다.

---

5) 당시 비국교파에 속한 교파로는 침례교, 조합교회, 감리교, 장로교였다.
6) Clyde E. Fant and William M. Pinson, eds., "Charles Haddon Spurgeon," in *20 Centuries of Great Preaching: An Encyclopedia of Preaching*, vol. 12 (Waco, Texas: Word Books, 1971), vol. 12, 21.

한편 19세기 초엽에 시작된 현대주의 운동은 1860년대에 영국의 기독교를 심각하게 위협하고 있었다. 그 당시는 칼 마르크스의 사회주의, 찰스 다윈의 진화론 등의 사상이 범람하고 있었다. 거기에 더해 성경의 고등비평이 등장하여 당시의 복음주의적 신학 사상에 큰 타격을 주었다. 이러한 현대주의 운동은 놀랄만한 속도로 번져 나갔고 이러한 영향력으로 그때까지 영국 기독교의 주류를 형성하였던 청교도 개혁주의 신앙은 쇠퇴의 길을 걷게 되었다.

스펄전은 이런 역사적 상황 속에서 등장하여 칼빈주의 신학과 청교도들의 신앙노선에 서서 사람들을 예수 그리스도의 복음으로 인도하려고 심혈을 기울였다. 때문에 스펄전이 19세기 중엽 목회를 시작할 당시의 이와 같은 시대적 상황과 종교적 상태를 이해하지 않고 스펄전의 영향력을 평가하는 것은 불가능하다.

3) 스펄전과 칼빈주의

스펄전은 역사적으로 1850년 4월7일 그의 나이 15세 때 구원의 확신을 체험하고 나서 칼빈주의 전통에 서게 되었다. 스펄전의 다음과 같은 고백은 칼빈주의에 대한 그의 입장을 대변해주고 있다. "만일 어떤 사람이 내게 칼빈주의자가 되기를 부끄러워하는지에 대하여 질문한다면, 나는 칼빈이 견지하였던 그 교리적 견해를 소중히 간직하고 있음을 기쁨으로 공언한다."[7] 칼빈주의는 일생동안 그의 신학의 골격을 형성하였다. 스펄전은 인간의 자유의지에 기초한 것이 아니라 주님의 거룩한 의지에 기초한 구원을

---

[7] Charles Haddon Spurgeon, *The Early Years: Autobiography* (Carlisle: The Banner of Truth Trust, 1967), 173.

설교하였다.[8] 이는 그가 칼빈주의 신앙의 복고를 통해서만이 19세기 중엽 이후에 발생한 현대주의의 도전으로 말미암아 쇠퇴해가는 영국 기독교의 생명력을 되찾을 수 있다고 확신했기 때문이다. 그는 기회 있을 때마다 칼빈주의 복음을 강조하였다.[9] 그는 칼빈주의를 강조하는 이유를 다음과 같이 고백하고 있다. "구원은 여호와께로 말미암는다. 그것은 칼빈주의의 진수다. 그리고 그것은 칼빈주의 요약이며 본질이다. 만일 어느 누가 내게 있어서 칼빈주의자가 된다는 것이 무엇을 의미하는가? 라고 묻는다면 나는 주저하지 않고, 구원은 여호와께로 말미암는다고 고백하는 것이라고 대답할 것이다. 나는 이것 말고 다른 어떤 것을 성경에서 발견할 수 없다. 그것은 성경의 본질이다. 이 진리에 반대되는 어떤 것을 내게 말한다면 그것은 이단이 될 것이다. 내게 이단이란 이 근본적인 진리 즉 하나님은 나의 반석이시오 나의 구원이라고 고백하는 것에서 떠나는 것이다."[10]

스펄전의 생애에서 가장 의미 있는 사건들 중의 하나는, 그가 24세의 나이로 제네바를 방문하여 존 칼빈의 성직자 가운을 입고 그의 강단에서 설교한 것과 제네바의 그리스도인들로부터 칼빈 메달을 증정받은 것이다. 그는 그 메달을 보았을 때 감격하여 울었다고 전해진다.

스펄전의 전반적인 신학은 칼빈의 영향 아래서 형성되었다. 그는 "나는 루터와 칼빈과 더불어 복음의 요점이 인간을 대신하여 그리스도께서 속전

---

[8] 특별히 David Otis Fuller, ed., *Spurgeon's Sermon Notes: 193 Sermon Outlines from Genesis to Revelation* (Grand Rapids: Kregel Publications, 1990), 71-72를 참조.

[9] 다음은 스펄전이 칼빈주의를 강조한 이유 중 하나이다. "칼빈주의라 부르는 교리는 칼빈에게서 나온 것이 아니라 모든 진리의 위대한 기초자들에게서 나온 것이라고 우리는 믿는다. 아마도 칼빈은 그것을 주로 어거스틴의 작품에서 빌려왔을 것이다. 어거스틴 자신은 물론 의심할 바 없이 자신의 견해를 바울의 서신을 성실하게 연구함으로써 얻은 것이며 바울은 그것들을 성령에 의하여 예수 그리스도를 통하여 받았을 것이다"(W. M. Smith, "Introduction," in *The Best of C. H. Spurgeon* [Grand Rapids: Baker Book House, 1979], 15).

[10] Charles Haddon Spurgeon, *The Early Years: Autobiography*. 168.

을 지불하셨다는 '대속'이라는 단어 속에 모두 들어 있다고 항상 생각해 왔다. 복음이란 바로 이것이다. 즉 나는 영원히 버림받아 마땅하다. 그런데 내가 결코 저주 받지 않는 단 한 가지 이유가 있는데, 그것은 그리스도께서 나를 대신하여 형벌을 받으셨다는 것이다"[11]라고 강조하였다. 칼빈주의에 대한 스펄전의 확신은 구원이 인간의 작품이나 노력이 아니라 전적으로 하나님의 은혜의 선물이며 믿음으로만 주어질 수 있다고 믿는 데서 출발한다.

스펄전은 하나님의 절대주권을 강조하였지만 인간의 책임을 간과하거나 과소평가하지는 않았다. 칼빈주의만이 유일한 신학체계라고 주장하는 극단적 칼빈주의(Hyper-Calvinism)자들처럼 칼빈주의 신학을 이데올로기화하지도 않았다.[12] 그가 당대의 알미니안주의를 공격한 것은 알미니안주의자들이 인간의 자유의지와 책임을 극대화함으로 하나님의 절대주권의 은총을 평가절하함으로써 복음의 본질을 왜곡하고 있다고 보았기 때문이다.[13] 그는 복음의 진리를 인간의 실존적 경험과 연계시키는 것을 평가절하하지는 않았다.[14]

4) 스펄전과 청교도

스펄전에게 가장 큰 영향을 주었던 신학적 배경은 그 무엇보다도 청교도

---

11) 리차드 데이, 『스펄전의 생애』 손주철 역 (서울: 생명의말씀사, 1995), 144.
12) 스펄전의 극단적 칼빈주의(Hyper-Calvinism)자들에 대한 태도와 견해에 대한 연구로는 Iain H. Murray, *Spurgeon V. Hyper-Calvinism: The Battle for Gospel Preaching* (Edinburgh: The Banner of Truth Trust, 1995)을 참조. 특별히 스펄전이 이해한 '인간의 책임'의 문제를 위해서는 80-87을 참조. 스펄전의 견해는 다음과 같이 요약되었다. "타락 이래로 인간들은 그들의 책임을 상실한 것이 아니라, 인간들은 하나님께 복종할 능력과 의지를 상실한 것이다." (Since the Fall, men have not lost their responsibility but they have lost the ability, the will, to obey God), 80.
13) 스펄전과 알미니안주의와의 관계를 연구한 내용을 위해서는 Iain H. Murray, *The Forgotten Spurgeon*, 69-116을 참조.
14) Charles Haddon Spurgeon, *The Early Years: Autobiography*, 173.

사상이었다.[15] 이연 머레이(Iain Murray)는 "스펄전은 마지막 청교도였다"라고 평가하였고,[16] 로이드 존스는 "스펄전은 청교도적 사고방식의 완벽한 실례였다"라고 말하였다.[17] 스펄전의 청교도 신앙은 그의 어린 시절 조부에게서 비롯되었다. 그의 조부는 신앙의 자유를 찾아 유럽으로부터 영국 런던에 정착한 청교도 후예이며, 독립교회 목사로 철저한 청교도 신학과 신앙을 가지고 있었다. 스펄전은 이러한 조부 밑에서 어린 시절 6년 동안 많은 것들을 경험하였다. 청교도적인 분위기, 화려하고 아름다운 자연경관 등 이 모든 것들은 그의 목회사역에 중요한 밑거름이 되었다.[18]

스펄전은 조부의 서가에 가득한 청교도지도자들의 저술을 탐독하면서 유년시절부터 영향을 받기 시작하였고,[19] 그 후 오랜 세월 동안 방대한 양의 청교도 경건서적을 읽으며 청교도들을 추적하는데 몰입하였다. 스펄전은 스스로 그의 전반적인 서술양식은 존 번연의 작품을 통해 깊은 영향을 받아 형성되었다고 생각하였다. 그는 죽기 전까지 무려 100번이나『천

---

15) 프란시스 쉐퍼가 말한 청교도 사상을 간단하게 정리하면 다음과 같다. 첫째, 정직한 교리와 바른 생활의 유일한 근원으로서 하나님의 말씀에 대한 충성이다. 이것은 청교도에게 있어서 종교적 신조(Creed)가 아니고, 성경의 가르침을 받은 자의 전인격을 조정하는 생활철학이었다. 둘째, 하나님의 말씀에 기초한 구원에 있어서 하나님의 능력의 강조이다. 이는 인간이 아담 안에서 타락함으로 전적으로 부패하였고 스스로 구원할 수 없는 전적 무능한 존재였다. 이러한 인간을 구원하시기 위하여 예수 그리스도께서 인간의 죄를 담당하시고 십자가에서 피흘려 죽으셨다는 사실을 믿는 것이다. 이러한 믿음은 전적인 하나님의 은혜로 말미암아 되는 것으로 하나님의 주권에 의하여 주어진다는 것이다. 셋째, 영적인 차원의 강조이다. 청교도들은 자기들이 설교자이기 전에 먼저 스스로가 죄인이라는 것을 믿고 그들 자신의 영혼에 있어서도 깊은 은혜의 경험을 필요로 했으며 정직한 회개의 필요성을 실감하면서 실제적으로 그리스도에게 나타나기를 원하였다(F. A. Schaeffer, *The Church at the End of 20th Century* (Chicago: InterVarsity Press, 1970), 82).
16) Iain H. Murray, *The Forgotten Spurgeon*, 12.
17) 마틴 로이드존스,『청교도 신앙』서문강 역 (서울: 생명의말씀사, 1991), 269.
18) W. Y. Fullerton, *Charles H. Spurgeon: London's Most Popular Preacher* (Chicago: Moody Press, 1966), 11-22.
19) J. C. Carlile, *Charles Spurgeon: The Prince of Preachers*, abridged and edited by Dan Harmon (Uhrichsville, Ohio: Barbour Publishing, Inc., 1991), 37.

로역정』을 읽었다고 전해진다.[20] 스펄전의 성장과정에서 결정적인 영향을 끼친 책들은 대부분 청교도 계통의 서적들이었다. 존 번연의 『천로역정』(The Pilgrim's Progress), 『풍성한 은혜』(Grace Abounding to the Chief of Sinners), 리차드 백스터의 『참 목자 상』(The Reformed Pastor), 『회심하지 않은 자에 대한 부르심』(Call to the Unconverted), 제임스의 『열렬한 구도자』(Anxious Enquire), 『폭스의 순교자의 책』(Book of Martyrs), 다드리지의 『인간 영혼 안에서의 종교의 생성과 발전』(Rise and Progress of Religion in the Soul), 앨린의 『인간 영혼 안에 있는 하나님의 생명』(The Life of God in the Soul of Man) 등은 평생 스펄전 곁을 떠나지 않은 책들이었다.

사실 현대 스펄전 전기 작가들이 지적하듯이 청교도지도자들의 사상은 스펄전의 사상적 원조가 되었다. 스펄전을 가리켜 '청교도 전도자', '청교도 후예', '청교도 황태자'라고 부르는 것은 결코 지나친 표현이 아니다. 청교도에 대한 스펄전의 입장은 그가 1872년에 한 설교에 잘 나타나 있다. "청교도 신학을 취하여 읽을 때, 현대 신학자들의 사상이 담긴 전도서 주해에서 발견하는 것보다 더 많은 사고와 더 많은 학문, 더 많은 가르침을 청교도들이 쓴 한 장의 글 속에서 찾을 수 있다. 만일 청교도들의 밥상에서 떨어지는 부스러기라도 소유하게 된다면 현대인들은 훨씬 더 풍요롭게 될 것이다."[21] 이와 같이 청교도들의 사고방식, 청교도들의 정신과 신앙은 스펄전의 목회와 설교의 근간이었으며 원동력이었다.

---

20) 리차드 데이, 『스펄전의 생애』, 37.
21) Charles Haddon Spurgeon, *New Park Street Pulpit: Sermons Preached by Charles H. Spurgeon*, vol. 25 (Pasadena, Texas: Pilgrim Publication, 1981), 630.

2. 스펄전의 저서

스펄전은 그의 생애 동안 약 135권의 책을 저술했고 28권의 책을 편집했으며, 매해 전집 형태로 출간되던 그의 설교는 사후 1917년까지 계속되었다. 스펄전에 의해 저술되었거나 편집된 200여 권 이상의 출판물들이 현재의 공식적인 출판물 목록에 집계되고 있으며, 4천여 편의 설교문이 실린 63권의 전집과 여러 설교 모음집들도 있다. 오늘날 스펄전의 설교집은 거의 40여 개의 언어로 번역되어 읽혀지고 있으며, 이 중 몇 권의 서적은 고전적 가치를 지니고 있어 오늘날에도 판을 거듭하고 있다. 그 중 그가 가장 심혈을 기울여 쓰고, 지금까지 가장 많이 읽혀지는 저서는 『다윗의 보고』(The Treasury of David)와 『목회자 후보생들에게』(Lectures to My Student)이다.

『다윗의 보고』는 의심할 바 없이 스펄전의 가장 위대한 저서라고 할 수 있다. 이 책은 그가 메트로폴리탄타버나클교회 사역기간 중 약 20년간의 많은 시간을 할애하여 완성한 기념비적 대작이다. 1869년 첫 권을 시작으로 1885년까지 총 일곱 권이 출간되었다. 이 기념비적 저작 속에서 스펄전은 시편 각 편, 각 절에 대하여 자신의 주석뿐 아니라 전 세기, 전 교파에 걸친 수백 명의 저술가들의 주석까지 발췌하여 실었다. 이 책의 방대함에 그의 독자들은 놀라움을 금치 못했다. 이 방대한 저서는 오래 동안 강단을 위해 무엇인가를 찾고 있던 많은 설교자들에게 풍부한 자양분을 제공해 주었다. 『목회자 후보생들에게』는 특별히 목회자 후보생들을 위해 펴낸 그의 목회론과 설교론 강의이다. 그는 이 책에서 목회와 설교에 대한 풍부한 이론과 다양하고 심도 있는 통찰력을 제공해 주고 있다.

그밖에 그의 주요 저서들을 간단히 소개하면 다음과 같다. 가장 방대한 저서로는 『해석자』(The Interpreter)로 매일 아침저녁을 위해 성경구절을 모으고, 설교와 찬송, 기도문들을 실은 것이다. 『하나님 나라의 복음』(The Gospel of the Kingdom)은 마태복음에 대한 주석으로 『다윗의 보화들』과 비슷한 스타일로 발간된 그의 마지막 저서들 중의 하나이다. 설교집으로는 정규적으로 발간된 63편의 설교들(Sermons)외에도 시기적으로 다른 때에 쓰여진 각각 12편의 설교가 실린 다섯 권의 책들(Types and Emblems, Trumpet Calls to Christian Energy, The Present Truth, Storm Signals, Farm Sermons)이 있다. 그 밖에도 그의 수많은 설교들이 여러 이름으로 여러 출판사에서 출간되었다.[22] 그리스도를 찾는 사람들을 위해 쓰여진 두 권의 책, 『은혜의 모든 것』(All of Grace)과 『문 주위에』(Around the Wicket Gate)는 빼놓을 수 없는 가장 가치 있는 저서들이다. 그 밖에도 수많은 강의들, 자신의 기도문들, 그의 초기 사역을 담은 화보 등이 출간되었고, 직접 쓴 찬송시들도 있다.

3. 설교자로서 스펄전

블랙우드(W. A. Blackwood)는 스펄전을 사도 바울 이후 전 기독교인의 세계에서 가장 유능한 설교자라고 평가했다.[23] 또한 에드윈 다간(Edwin Dargen)은 스펄전을 평가하면서 "역사상 위대한 설교자들 중 그보다 탁월한 설교자가 없었고, 우리가 상상할 수 있는 완전한 설교자의 모형"이라고 했다.[24] 헬무트 틸리케(Helmut Thielicke)는 "당신이 가지고 있는 모든 설교

---

22) 특별히 스펄전의 설교들을 집대성한 것으로는 The New Park Street Pulpit과 The Metropolitan Tabernacle Pulpit이라는 제목으로 여러 출판사에서 발간되었다. 스펄전의 설교 중 창세기부터 계시록까지 193편을 선별 요약하여 정리한 책으로는 David Otis Fuller, ed., Spurgeon's Sermon Notes가 있다.
23) A. W. Blackwood, Preaching from the Bible (New York: Abingdon, 1941), 27.
24) Edwin C. Dargen, A History of Preaching, vol. 2 (Grand Rapids: Baker Book House,

집을 다 팔아서라도 스펄전의 책을 사라. 스펄전의 책이 비록 남이 쓰던 헌책일지라도 그것을 사라"고 했다.[25] 틸리케는 스펄전에 대해 다음과 같이 서술하고 있다. "신학적으로 침체에 빠져있던 19세기 중반, 한 설교가가 있었으니 그의 회중은 주일마다 최소한 6천명을 헤아렸고 그의 설교문은 바다건너 뉴욕에까지 매주 보내졌으며 미국의 주요 신문에 실렸다. 한 설교단을 40년 가까이 지켜나가면서도 그의 풍성한 설교 실력은 조금도 퇴색되지 않았고 똑같은 방식이 반복되거나 설교가 지루해지지 않았다. 그가 일으켰던 이 같은 불꽃은 온 바다를 비추는 등대가 되었고 세대와 세대를 통해 전수된 햇불이 되었다. 그 불은 일시적으로 타올랐다가 사그라지는 감각주의적 불길이 아니라 영원히 샘솟는 말씀의 우물을 근원으로 삼아 견고한 노변에서 환하게 타오르는 기적의 나무가 되었다."[26]

스펄전은 17살에 워터비치침례교회에서 설교를 시작하였고, 2년 후인 19살 때에 그는 런던의 뉴파크스트리트교회 담임목사로 청빙을 받아 57세로 소천할 때까지 그 교회를 38년간 목회하였다. 스펄전의 명성은 20세기 후반까지 지속되어 왔으며 신앙과 설교에 관한 그의 방대한 서적들은 아직까지도 읽혀지고 있다. 그의 목회 활동과 방대한 설교를 몇 페이지로 요약한다는 것은 힘든 일이다. 하지만 그에 관하여 설교대사전에 기록된 것으로 그가 얼마나 훌륭한 설교자였는지 가늠해 볼 수 있다. "그가 20세가 되기도 전에 런던의 한 유명한 교회가 그를 목사로 청빙하기 위해 불렀다. 2년이 못되어서 그는 일만 명의 청중들에게 설교를 했다. 22살이 되자, 그는 그 시대의 가장 인기 있는 설교자가 되었다. 그가 27살이 되자, 그의 설

1974), 537.
25) Helmut Thielicke, *Encounter with Spurgeon*, Translated by John W. Doberstein, (Cambridge: James Clarke & Co., 1964), 1-2.
26) Helmut Thielicke, *Encounter with Spurgeons*, 1.

교를 듣기 위해 몰려드는 사람들을 수용하기 위하여 6천 개의 좌석이 있는 교회가 세워졌다. 30년 넘게 그 교회를 이끌어감에 있어서 그의 힘과 호소력은 줄어듦이 없었다."[27]

4. 스펄전의 설교론

1) 말씀에 대한 존경심

스펄전의 설교는 성경의 권위에 대한 확신과 존경에서 출발한다. 그는 "나는 하나님이 비우지 않은 잔을 채우시는 것을 믿을 수 없고, 자신의 말로 가득 찬 입속에 하나님의 말씀으로 채우시는 것을 믿을 수 없다"고 하였다.[28] 스펄전은 설교가 본문과 일치해야 한다고 믿었다. 그는 "설교의 내용은 본문 중심으로 하는 것이 원칙이며…설교내용과 본문의 관계는 명확해야 한다"고 강조하였다.[29] 물론 그의 설교가 전혀 흠이 없는 것은 아니지만 철저하게 성경중심이었던 것만은 사실이다. 성경은 스펄전의 설교에 있어서 최고의 자료였다. 그는 성경을 반복하여 읽고, 그 읽은 말씀을 묵상하며 성령의 도우심을 구하여 설교했다. 특히 스펄전은 성경 구절에 대한 연구를 소홀히 하는 설교자를 비판하였으며 그는 누구보다도 성경연구에 충실했다. 스펄전은 주부가 바늘에 익숙하고, 상인이 선반에 익숙하고, 선원이 배에 익숙하듯 설교자는 성경에 익숙해야 한다고 했다. 그는 성경의 전체

---

27) Clyde E. Fant and William M. Pinson, eds., "Charles Haddon Spurgeon," VI/3.
28) Charles Haddon Spurgeon, *Lectures to My Students*, 72.
29) Charles Haddon Spurgeon, *Lectures to My Students*, 72.

흐름, 각 책의 내용, 상세한 역사, 교의, 교훈, 거기에 담긴 모든 것을 알려고 노력했다.

물론 그는 성경 읽기를 좋아하고 성경 속에서 보화를 찾아내는 일을 게을리하지 않았지만, 성경 외의 책들에도 관심을 가지고 폭넓은 독서를 하였다. 그는 문학, 전기, 과학, 신학, 역사, 미술, 그리고 시(poem)에 이르기까지 모든 책의 범주를 망라해 일주일에 6권 정도의 책을 규칙적으로 읽었다. 또한 그는 평소에 수첩을 휴대하고 다니며 언제 어느 곳에서나 설교에 도움이 될 만한 것을 수첩에 메모했다.

2) 청중으로서 설교자

스펄전은 설교자가 전하고자하는 말씀을 청중에게 전하기 전에 설교자 자신이 먼저 듣는 '자기 청중화'를 중요하게 여겼다. 즉 설교자가 전하고자 하는 말씀을 연구, 묵상 등을 통하여 설교를 준비하는 것뿐만 아니라 전하고자 하는 메시지를 '자기 정신화'하는 과정이 대단히 중요하다고 여겼다. 스펄전은 그의 설교준비 단계에서부터 '자기 정신화'를 위해 노력하였다. 그는 설교준비 과정에서 단지 말씀을 연구하는 것뿐만 아니라 그 말씀을 깊이 묵상하며 그 말씀에 젖어드는 것을 중요하게 여겼다. 그는 이렇게 말한다. "설교자 자신이 먼저 말씀을 섭취한 다음에 청중들을 위하여 영양분을 준비해야 한다. 우리의 설교는 우리의 정신적인 피가 되어야 한다."[30] 스펄전은 설교준비에서부터 성경의 어떠한 본문이나 문장이 그의 마음과 영혼을 사로잡을 때까지 씨름하였다. 이런 과정을 거친 후 그는 그의 모든

---

30) Charles Haddon Spurgeon, *Lectures to My Students*, 141.

주의를 그것에 집중시키고 그 원문의 정확한 의미를 숙고하면서 주변 요소들 속에서 그 구절이 갖는 특별한 면을 찾기 위해 면밀히 조사하였다.[31]

스펄전은 영국의 청교도 신학자 존 오웬(John Owen, 1616-1683)의 말을 통하여 다음과 같이 역설한다. "먼저 자기 자신의 마음을 향하여 설교하지 않고서는 아무도 다른 사람에게 설교할 수 없다."[32] 그는 또한 설교자의 '자기 정신화'와 '자기 청중화'의 중요성을 리차드 박스터(Richard Baxter, 1615-1691)의 말을 통하여 다음과 같이 진술한다. "세상의 구주가 있어야 한다고 선포하면서도 여러분의 마음이 주를 무시해버리고 구주와 그의 구원의 은혜들에 대한 관심을 여러분 스스로 버리는 일이 없도록 조심해야 한다. 멸망당하지 않도록 조심하라고 다른 사람들에게 이야기하면서 여러분 자신이 멸망당하는 일이 없도록 해야 하며, 사람들의 양식을 준비해 주면서 정작 여러분 자신이 굶주리는 일이 없도록 조심해야 한다. 많은 사람들을 의로 돌아오게 한 자는 별처럼 빛나리라는 약속이 있지만(단 12:3), 이것은 그들 자신이 먼저 의로 돌아온 것을 전제로 하는 말씀이다."[33]

성경의 이야기를 '자기 정신화' 또는 '자기 청중화' 하지 않는 설교자의 설교는 청중에게 감동을 주지 못할 뿐만 아니라 청중을 하나님의 이야기에 참여시킬 수도 없다. 청중으로 하여금 하나님의 이야기가 그들의 이야기가 되도록 하기 위해서는 설교자가 먼저 하나님의 이야기를 경험한 후에 전해야 한다. 스펄전은 "영혼이 하나님을 향하여 목이 말라 교회에 왔지만 목사가 은혜에 대한 열망이 없다면, 그 영혼은 목마름을 해결할 수 없을 것

---

31) Charles Ray, *A Marvelous Ministry: The Story of C. H. Spurgeon's Sermons* (Pasadena, Texas: Pilgrim Publications, 1985), 34-35; Charles Haddon Spurgeon, *Lectures to My Students*, 140.
32) Charles Haddon Spurgeon, *Lectures to My Students*, 15.
33) Charles Haddon Spurgeon, *Lectures to My Students*, 12.

이다. 생명수가 거기에 없기 때문이다"라고 하였다. 그러므로 설교자는 자기 영혼의 가장 깊은 곳에서 이렇게 물어보아야 한다. 진리를 선포하려고 준비하고 있는 내가 혹시 그 진리의 능력에 대해서 전혀 모르고 있는 것은 아닌가? 은혜를 모르는 설교자, 영혼에 대한 열망이 없는 설교자, 즉 영적으로 메마른 설교자를 통하여 복음이 흘러나오면, 청중에게 결국 해를 끼칠 수 있다.

스펄전은 경건하지 못한 삶을 살아가는 사람들이 설교하거나 가르칠 때에 칼빈주의 교리는 가장 악한 가르침이 되어버릴 수 있다는 것을 두려움으로 받아들여야 한다고 지적하였다. 스펄전은 확고하게 칼빈주의 신학과 청교도적 신앙에 서 있었지만 삶이 수반되지 않는 경건을 말하지 않았다. 그는 종교 없는 도덕성은 있을 수 있어도 도덕성 없는 기독교는 있을 수 없다고 생각했다.[34]

스펄전은 "사람의 삶이 그의 말보다 훨씬 더 강력한 힘이 있다. 그를 돈으로 따진다면, 그의 행위는 파운드(pound)와 같고, 그의 말은 펜스(pence)와 같다"라고 하였다.[35] 영향력 있는 설교는 강단에서만이 아니라 설교자의 경건한 삶을 통해서도 전해진다. 넓은 의미에서 설교자의 삶은 하나의 강력한 설교 행위이다. 스펄전은 그의 설교준비에서부터 그의 목회전반에 걸쳐 스스로 자신의 설교에 청중이 되려고 노력하였다. 스펄전에 대한 헬무트 틸리케(Helmut Thielicke)의 말이다. "그는 자신이 다른 사람들보다 앞서 그 설교 안에 있었다."[36]

---

34) J. C. Carlile, *Charles Spurgeon: The Prince of Preachers*, 204.
35) Charles Haddon Spurgeon, *Lectures to My Students*, 356 참조: pound는 영국 화폐단위의 하나로 pence의 백배이다. 영국에서 1 pound는 한국 돈으로 약 2,000원 정도이고 1 pence는 20원 정도이다.
36) Helmut Thielicke, *Encounter with Spurgeons*, 25.

3) 마음에 호소하는 설교

스펄전은 영혼을 구원하고자 하는 소망이 있다면 그들의 눈높이에 맞추어 복음을 전해야 한다고 생각했다. 설교자는 "모든 사람들에게 모든 것이 되어야 한다(We are to be all things to all men). 그러므로 논리를 따지는 사람들에게는 논리를 제시하고 명확한 귀납적 사실들과 필수적인 연역적 사실들을 제시해야 한다"[37]고 했다. 그리고 그는 "논리적인 증명을 요하는 유형의 사람들보다는 감성적인 설득의 방법으로 호소할 필요가 있는 사람들이 더 많다. 이들에게는 이성적인 추론보다는 마음의 논리가 더욱 필요하다."[38]고 지적했다. 스펄전은 설교에서 마음의 논리를 다음과 같은 예를 들어 설명한다. "다시는 속을 썩이지 말라고 아들을 타이르는 어머니의 논리와 집으로 돌아와 아버지와 화해하라고 오빠를 설득하는 누이동생의 논리와 같은 것이 필요하다. 즉 분명한 논리에 뜨거운 사랑이 생생하게 담겨있어야 한다."[39]

스펄전의 설교는 청교도적 특징을 가지고 있었다. 청교도 설교는 진리에 대한 합리적인 이해를 추구하였지만 그에 못지않게 가슴과 의지를 중요하게 여겼다. 리차드 박스터는 "인간은 깊은 감동과 영향을 받지 않고서는 그 진리에 따라 살려고 하지 않는다… 진리에 대한 이해는 반드시 의지에 영향을 주어야 한다. 그 진리가 열정적으로 듣는 이의 가슴을 향하여 파고들 때 듣는 이의 가슴을 뜨겁게 하며 그렇게 살도록 결단하게 만든다"라고 말했다.[40]

---

37) Charles Haddon Spurgeon, *Lectures to My Students*, 341.
38) Charles Haddon Spurgeon, *Lectures to My Students*, 341.
39) Charles Haddon Spurgeon, *Lectures to My Students*, 341.
40) Leland Ryken, *Worldly Saints* (Grand Rapids: Academie Books, 1986), 102에서 재인용.

스펄전은 설교에서 마음을 중요한 도구(the instrument)로 여겼다. 그는 "우리의 일은 그저 정신적인 일만이 아니다. 그것은 마음의 일이요, 우리의 가장 깊은 영혼의 수고다"(ours is more than mental work - it is heart work, the labour of our inmost soul)라고 하였다.[41] 설교의 정신적인(mental) 차원의 중요성뿐만 아니라 마음(heart)의 차원의 중요성을 역설한 것이다. 스펄전은 이렇게 고백한다. "나는 우리의 마음 깊은 곳에서 솟아나는 설교를 좋아한다. 우리의 마음에서 나온 설교가 아니라면 청중들의 마음에 닿을 수 없기 때문이다."[42] 제이 아담스(Jay E. Adams)는 스펄전의 설교 연구에서 그의 설교는 '센스어필'(sense appeal)을 통해 청중들의 감동을 이끌어내는 특징이 강하게 베어 있다고 지적했다.[43] 스펄전은 칼빈주의적 신학과 교리를 가지고 있었지만 그의 설교는 메마르고 쥐어짜는 설교가 아니었다. 스펄전은 깊은 성찰과 묵상 없이 교리의 구조에만 맞추어 설교하거나 말씀의 내용만을 정리하여 설교하는 행위를 비판하였다. 그는 설교에서 주지주의 경향을 경계하였다.[44] 하지만 그가 설교에서 신학과 교리의 가치를 무시한 것은 아니다. 단지 신학과 교리가 자칫 성령의 사역을 제한할 수 있음을 주의해야 한다고 하였다.

스펄전 당시의 설교자들은 청중의 상황과 필요를 고려하지 않고 그들의 삶과 무관한 메마르고 지루한 산문체의 설교를 주로 하고 있었다. 많은 설교자들이 고전 문학에서 화려한 문구를 인용함으로써 그들의 학문적인 실

---

41) Charles Haddon Spurgeon, *Lectures to My Students*, 156.
42) Charles Haddon Spurgeon, *New Park Street Pulpit: Sermons Preached by Charles H. Spurgeon*, vol. 17 (Pasadena, Texas: Pilgrim Publication, 1981), 112.
43) J. E. 아담스,『스펄전의 설교에 나타난 센스어필』정양숙 역 (서울: 기독교문서선교회, 1978), 27, 36와 Jay E. Adams, "Sense Appeal and Storytelling", in Samuel T. Logan Jr, ed., *Preaching: The Preacher and Preaching in the Twentieth Century* (Hertfordshire: Evangelical Press, 1986), 350-66을 참조.
44) Charles Haddon Spurgeon, *Lectures to My Students*, 98.

력을 과시하는 경향이 많았다. 반면 스펄전은 모든 사람이 이해할 수 있는 평이하고도 쉬운 구어체로 청중의 삶과 연관하여 적용적인 설교를 하였다. 그의 설교는 은유, 직유, 이야기, 유추와 이미지로 가득 찬 신선한 설교였다. 청중의 마음에 깊이 새겨지도록 감동을 주는 설교였을 뿐만 아니라 풍성한 상상력을 불러일으키는 설교였다. 아담스는 스펄전이 그의 설교에서 이야기, 유추, 상상을 어떻게 효과적으로 사용했는지를 한 예를 통해 보여준다. "당신은 십자가 위에 못 박힌 주님을 상상 속에서 주시합니까? 그의 손과 발에서 흐르는 보혈을 보십니까? 당신은 그를 보고 있습니까? 그를 바라보십시오. 만일 우리가 그를 찬양하기를 그친다고 해서 예수 그리스도의 이름이 잊혀질까요? 아닙니다. 돌들이 노래할 것이며 언덕이 관현악단이 될 것이며 산들이 영처럼 뛰놀 것입니다."[45]

설교학자 후레드 크레독(Fred Craddock)은 설교가 개념적인 아이디어의 세계와 교리에만 머물러 있다면 그것이 진리이고 옳은 내용이라 할지라도 청중들의 마음을 근본적으로 변화시킬 수 없다고 지적하면서, 청중의 마음 깊은 곳에 진리에 대한 상상력을 통하여 의식의 변화가 발생할 때 그들의 삶이 변화될 수 있다고 여겼다.[46] 엘리자베스 악테마이어(Elizabeth Achtemeier)는 성경은 우리에게 어떠한 교리를 받아들이도록 강요하기보다는 우리로 하여금 구속의 사건에 상상력을 집중하게 함으로써 '성경의 이야기'가 '나의 이야기'가 되도록 이끌어 주어 우리가 변화하도록 도와준다고 했다.[47] 스펄전은 그의 설교를 듣는 청중이 능동적으로 참여할 수 있도록 이끄는 설교자였다. 스펄전의 설교가 사람들에게 감동을 주고 변화를

---

45) J. E. 아담스, 『스펄전의 설교에 나타난 센스어필』, 27, 36.
46) Fred Craddock, *Overhearing the Gospel* (Nashville: Abingdon, 1978), 133.
47) Elizabeth Achtemeier, *Creative Preaching* (Nashville: Abingdon, 1980), 46.

이끌어낼 수 있었던 것은 그가 풍성하고 다양한 상상, 유추, 비유, 이야기 등을 통하여 청중들과 호흡하는 설교를 했기 때문이다. 청중의 정신(mind)에만 호소한 것이 아니라 청중의 마음(heart)에 호소한 것이다.

4) 설교자의 눈높이

청중에 대한 분석과 이해는 성경 본문 주석만큼이나 중요하다. 청중분석의 중요성에 대해 플루하티(G. W. Fluharty)와 로스(H. R. Ross)는 "청중을 분석한다는 것은 힘들고 어렵지만 그럼에도 불구하고 그 일을 해야 한다. 왜냐하면 청중분석 없이 설교한다는 것은 진단 없이 약을 주는 것과 같기 때문이다"라고 하였다.[48] 또한 바우만(J. D. Baumann)은 "청중분석을 제대로 못한 설교는 어떤 점에서나 가치가 없다. 왜냐하면 청중 분석이 되지 않은 설교는 가렵지도 않는 곳을 긁어주는 결과를 낳게 된다"고 말했다.[49]

스펄전 설교의 특징 중의 하나는 청중을 이해하고 그것을 깊이 고려했다는 점이다. 설교는 청중과 무관하게 행해지는 강연이나 연설이 아니라 그들의 삶을 위해 행해지는 것이므로 설교자는 반드시 청중의 삶을 이해하고 공유할 수 있어야 한다. 설교자는 먼저 청중의 수준과 상황을 잘 알아야 한다. 설교는 단지 설교자의 입을 통로로 삼아서 전달되는 하나님의 말씀이라기보다는 특정 청중의 상황과 경험 속에서 행해지는 성육화한 말씀이다. 크래독이 강조한 것처럼, "설교는 청중에게 말해야 할 뿐만 아니라 그들을 위해서도 말해야 한다."[50] 설교자는 청중에게 선포할 뿐만 아니라 그들을 위

---

48) George W. Fluharty & Harold R. Ross, *Public Speaking* (New York: Barnes and Noble, 1981), 38.
49) J. D. Baumann, 『현대 설교학 입문』 정장복 역 (서울: 양서각, 1986), 350.
50) Fred B. Craddock, *Preaching* (Nashville: Abingdon Press, 1990), 26.

해서 선포해야 한다. 설교자는 성경을 주해하는 기술뿐만이 아니라 청중을 주해하는 능력을 길러야 한다. 설교자는 청중의 교육의 정도, 사회적 지위, 경제적 수준, 문화적 환경, 주위 환경 등의 여러 요소들을 이해해야 한다.

설교가 논리적이고 명확해야 한다는 말의 궁극적 의미는, 설교가 청중 중심적이어야 함을 말하는 것이다. 아무리 설교자 자신이 스스로 논리적이라고 할지라도 듣는 청중은 다른 판단을 할 수 있다. 설교에서 명확성과 논리성은 청중의 눈높이와 관계없이 결정되는 것이 아니기 때문이다. 스펄전은 이런 점에서 탁월하였다. 그는 "아무리 탁월한 내용이라 할지라도 사람들이 그것을 이해하지 못하면 아무 소용이 없다. 청중에게 낯선 말들과 납득하기 어려운 표현법을 써서 말해서는 안 된다"고 지적했다.[51] 그는 또한 청중의 수준에 적합한 설교자가 되어야 한다고 강조하였다. "많이 배우지 못하여 연약한 사람에게 말할 때에는 그 사람의 수준과 눈높이에 맞추어야 한다. 교육을 받은 사람에게 말할 때에는 그의 이해력에 어울리게 해야 한다"(Go up to his level if he is a poor man; go down to his understanding if he is an educated person).[52]

설교자는 자기 성향이나 생각에 청중이 따라오도록 강요하기보다는 청중을 고려하여 그들의 아픔과 목마름을 들을 줄 알아야 한다. 메시지가 청중에게 효과적이 되기 위해서는 그들의 상황을 잘 이해하는 설교자가 되어야 한다. 스펄전은 "진리를 전하는 것도 중요하지만 주어진 상황에 합당한 진리를 전하는 것이 무엇보다 중요하다. 청중에게 필요하고 적합할 뿐

---

51) Charles Haddon Spurgeon, *Lectures to My Students*, 131.
52) Charles Haddon Spurgeon, *Lectures to My Students*, 131. 스펄전은 그가 이렇게 말하는 이유를 다음과 같이 설명한다: "저의 사리에 맞지 않는 표현에 웃을 사람이 있을 것입니다. 하지만 저의 생각에는 많이 배우지 못하여 연약한 분들에게 명확히 말하는 일에는 배운 사람들을 위해서 세련되게 말하는 경우보다는 오히려 높은 수준을 요하는 경우가 많습니다"(Charles Haddon Spurgeon, *Lectures to My Students*, 131).

만 아니라 그들의 마음에 은혜가 되도록 최선의 노력을 기울여야 한다"[53]고 하였다. 하지만 스펄전은 청중 중심적 설교와 청중의 구미에 따라 좌우되는 설교를 구분하였다. 그는 설교자가 청중들의 눈치를 보거나 그들의 구미에 따라 메시지의 본질을 왜곡해서는 안 되기 때문에 성도들의 의도나 성향에 좌우되는 설교자가 되어서는 안 된다고 강조했다. "청중들의 변덕스런 취향을 염두에 두어서도 안 되고, 부유하고 영향력 있는 주요 인물들의 특수한 의견 같은 것에도 영향을 받아서도 안 된다. 맨 앞줄에 앉은 유력한 교인들의 눈치를 보아서도 안 된다. 헌금을 많이 내는 사람에 대해서도 다른 사람들과 똑같이 생각해야 한다…청중 가운데 한쪽으로 치우친 사람들의 비위를 맞추느라 고개를 돌려서도 안 된다. 그들은 복음의 한 부분에 대해서는 아주 즐겁게 환영하면서 다른 부분의 진리에 대해서는 들은 척도 하지 않는 그런 사람들이다. 그들에게 잔칫상을 베풀어 칭찬을 받거나 아니면 조소를 받을 것을 생각하여 설교자의 정도를 벗어나는 일이 있어서는 절대로 안 된다…청중이 요구하는 그런 곡조를 연주해 주는 악사로 전락해서는 안 된다. 하나님의 모든 경륜을 다 선포하는 주님의 입의 역할을 맡은 종의 위치를 지켜야 한다."[54]

스펄전은 그의 설교 사역에서 적실한 적용을 이끌어내기 위해서 청중 분석을 중요하게 여겼다. 그는 청중을 교회 전체 회중의 상태에서 분석하였을 뿐만 아니라 바쁜 시간 속에서도 정규적으로 개인적인 만남을 통하여 각 지체들의 삶을 이해하는데 힘썼다. 설교자는 그가 전하고자 하는 메시지를 청중이 이해할 수 있는 언어로 해석하고 적용해야 할 책임이 있다고 그는 확신했다.

---

53) Charles Haddon Spurgeon, *Lectures to My Students*, 84.
54) Charles Haddon Spurgeon, *Lectures to My Students*, 86-7.

5) 인생을 공부하는 설교자

스펄전의 설교는 성경의 권위에 대한 확신에서 출발한다. 그는 "나는 철학자들의 오만 마디 말보다 차라리 이 책으로부터 다섯 마디의 말을 하고자 한다. 우리가 부흥을 원한다면 우리는 먼저 하나님의 말씀에 대한 존경심을 회복해야 한다. 만일 우리가 참으로 사람들의 회심을 원한다면 설교에서 하나님의 말씀을 말하지 않으면 안 된다"고 고백했다.[55]

동시에 그는 인생을 공부할 줄 아는 설교자였다. 설교자에게 기본적으로 요구되는 두 가지 요소가 있다. 하나는 성경을 사랑하고 충분히 연구하며 잘 해석하는 것이다. 다른 하나는 설교는 하나님의 말씀을 인간에게 전하는 것이므로 인간을 이해하기 위해 공부하는 것이다.

설교자는 인간 이해의 지평을 넓히기 위해 노력해야 한다. 스펄전은 생명력 있는 설교자의 모습을 이렇게 진술하였다. "설교자들 중에 일반 교인들이 어떻게 살고 있는지에 대해서 전혀 무지한 사람이 많이 있다. 책과 함께 편안히 지내지만 사람들과 함께 어울리는 것은 아주 어색하게 여기는 이들이 있다. 진짜 꽃들을 거의 본 일이 없는 식물학자를 상상할 수 있을까? 별을 보느라 밤을 지새워 본 일이 없는 천문학자는 어떨까? 그런 사람들을 과연 과학자라 할 수 있을까? 사람들과 함께 어울려서 직접 그들의 상태를 아는 일이 없다면, 복음사역자로서는 돌팔이에 지나지 않을 것이다. 공부란 삶에서 얻는 것이다. 우리의 설교에서 인생을 그리기 위해서는 인생에 대해서 풍부하게 알아야 한다. 책들은 물론 사람들을 읽어야 한다. 그리고 사람들에 대한 생각보다는 사람들을 사랑해야 한다. 그렇지 않으면

---

[55] Charles Haddon Spurgeon, *New Park Street Pulpit: Sermons Preached by Charles H. Spurgeon*, vol. 38 (Pasadena, Texas: Pilgrim Publication, 1981), 114.

생명력이 없는 설교자가 되고 말 것이다."[56] 필립스 브룩스(Philips Brooks)는 설교자가 인간의 공통적인 삶 속에 깊이 뿌리내리고 있어야 하며 삶의 구체적인 줄거리를 인식할 줄 알아야 한다고 강조했다.[57] 설교자가 구체적인 삶의 정황 속에서 인간을 깊이 이해할 때 그의 설교는 생명력이 있게 된다.

설교자가 어떻게 인생을 공부할 수 있는가? 이를 위해 스펄전은 설교자는 교회가 어느 곳에 있든지 특별히 그 지역의 가난한 자들과 교육의 혜택을 많이 받지 못한 사람들과 알코올 중독자들과 억눌리고 소외된 자들과 친숙하게 지내는 일을 하라고 제안하였다. 이와 같은 경험을 통하여 설교자는 인간의 처참한 질병의 상태와 비참함을 친히 목격함으로 그것에 대한 치유책을 찾을 열정이 생겨나도록 하라고 하였다.[58]

인간은 생각과 다짐만으로 자기의 경건을 지킬 수 없다. 설교자는 열심히 성경을 연구하고 묵상하는 동시에 정규적이고 규칙적으로 병든 자들과 가난한 자들과 소외된 자들을 돌보는 일을 함으로 자기의 경건을 지킬 필요가 있다. 가난하고 병든 자들과의 정규적인 만남을 통해서 설교자는 그들의 아픔에 동참할 수 있을 뿐만 아니라 자칫 빠지기 쉬운 매너리즘(mannerism)에 도전받을 수 있다. 가능하다면 설교자는 적어도 한 달에 하루는 병들고 가난한 자들을 돌보는 날로 정하여 실천할 필요가 있다. 스펄전은 소외되고 가난한 자들과 친숙하게 지내는데 관심을 가졌을 뿐만 아니라 그는 실제로 이런 자들을 위해서 남다른 열정을 가지고 실천하였다. 그는 가난한 사람들을 돌보기 위하여 런던에 21개의 시설을 마련하였다. 또

---

56) Charles Haddon Spurgeon, *Lectures to My Students*, 318.
57) Philips Brooks, *Lectures on Preaching* (London: SPCK, 1965), 190.
58) Charles Haddon Spurgeon, *Lectures to My Students*, 318.

한 스펄전이 섬기던 교회는 고아원을 운영하였고 교육의 혜택을 받지 못한 사람들을 위하여 야간학교를 운영하기도 하였다.

6) 설교자의 법칙

스펄전은 설교자가 기억해야 할 핵심적인 법칙을 이렇게 진술한다. "하나님의 성령으로 옷 입으라"(Be yourself clothed with the Spirit of God). 스펄전은 "설교에서 무엇보다도 피해야할 것은 성령의 인도하심을 실질적으로 무시해버리는 기계적인 설교"라고 했다.[59] 그는 "성령의 도움이 없이 칠십 년을 설교하는 것보다 성령의 능력으로 여섯 마디를 말하는 것이 훨씬 더 낫다"고 하였다.[60] 그는 말하기를 "언변에 완벽을 갖추어야 한다. 지식의 모든 분야에서도 최선을 다하여야 한다. 설교의 내용과 표현법에 세심한 주의를 기울여야 한다. 그러나 동시에 기억해야 할 것은 사람이 중생하거나 성화되는 일은 설교자의 '힘으로 되지 아니하며 능력으로 되지 아니하고 오직 하나님의 영으로 된다'(슥 4:6)"고 하였다.[61] 그러므로 설교자가 "위로부터 오는 능력을 힘입지 못하면, 좋은 악기로 음악을 연주하는 연주자나 깨끗한 목소리로 아름다운 노래를 부르는 성악가처럼 귀는 즐겁게 할지 모르지만 마음 깊은 곳에는 전혀 영향을 주지 못한다. 그리고 마음에 와 닿지 않으면 곧 바로 귀에도 들리지 않게 된다."[62] 때문에 설교자가 최선을 다하여 설교를 해야 하지만 설교를 듣는 청중의 변화를 이끄는 분은 성령

---

59) Charles Haddon Spurgeon, *Lectures to My Students*, 92.
60) Charles Haddon Spurgeon, *Twelve Sermons on the Holy Spirit*, 122; 존 스토트, 『현대교회와 설교』 정성구 역 (서울: 풍만출판사, 1985), 359에서 재인용.
61) Charles Haddon Spurgeon, *Lectures to My Students*, 139.
62) Charles Haddon Spurgeon, *Lectures to My Students*, 139.

이라고 그는 확신했다. 이연 머레이는 "스펄전은 성령의 풍성한 현존을 신뢰하는 신앙 가운데서 설교 하였다"라고 썼다.[63] 일설에 의하면, 스펄전은 설교단을 오르면서 엄숙한 자세로 "나는 성령을 믿습니다. 나는 성령을 믿습니다"라고 열다섯 번 이상 반복하여 말하였다고 한다. 그는 진실로 성령을 의지하여 설교하려고 힘썼다.[64] 스펄전은 설교의 능력이 인간적인 기교에서 나오는 것이 아니라 하나님을 신뢰하는 설교자를 통하여 하나님의 영으로 말미암는다고 확신했다.

스펄전은 설교자가 설교단에서 자신의 감정적인 말을 금해야 한다고 말했다. 설교자가 설교단에서 성령의 자리를 차지하여 자기 스스로 '비겁자의 성'으로 만들어서는 안 된다고 하였다. 그는 설교단 위에 올라가서 청중들의 잘못과 부족한 점들을 꼬집으며 공개적으로 망신을 주며 모욕하는 설교자는 비난받아 마땅하다고 하였다. 설교단을 '비겁자의 성'으로 만드는 설교자는 어리석은 설교자일 뿐만 아니라 하나님 앞에서 무례를 범하는 자라고 단언하였다. 이러한 설교자는 마치 어느 집에 초청받아간 사람이 초청자의 초상화 밑에다 자신의 이름을 써 넣는 것과 같이 어리석은 자라고 스펄전은 말했다.[65] 그는 진정으로 성령에 사로잡힌 설교자는 "성도들에게 고귀한 것들로 감동을 받게 하고, 그리스도인들을 주님께로 더 가까이 이끌며, 염려하며 불안 가운데 있는 자들을 위로하여 공포에서 벗어나게 하며, 죄인들로 하여금 회개하게 하고, 그리스도를 믿는 역사가 일어나도록 하는 것"에 목표를 둔다고 하였다.[66] 결국 설교자의 말이 능력을 지니

---

63) Iain Murray, *The Forgotten Spurgeon*, 40.
64) Charles Haddon Spurgeon, *Twelve Sermons on the Holy Spirit*, 122; 존 스토트, 『현대교회와 설교』, 359에서 재인용.
65) Charles Haddon Spurgeon, *Lectures to My Students*, 88.
66) Charles Haddon Spurgeon, *Lectures to My Students*, 195.

기 위해서는 성령의 역사가 있어야 한다. 스펄전은 설교자가 전하는 메시지에 큰 확신을 갖기 위해서는 성령의 불이 필요하다고 믿었다. 성령의 불이 인간의 논리를 이끌어야 한다고 확신했다.

7) 설교의 대 주제

스펄전 설교의 중심은 복음이다. 머레이는 스펄전의 유산은 그의 육체와 함께 사라진 그의 화술이나 그의 인격에 있기보다는 그가 가졌던 복음에 대한 확신이라고 했다.[67] 스펄전은 복음의 선포를 통해 하나님의 영광을 드러내는 것을 설교로 이해했다. 때문에 스펄전이 설교한 주제는 매우 다양했지만 설교의 중심은 항상 구원, 그리스도, 하나님의 영광이었다. 그는 이렇게 말하였다. "복음을 설교하라. 지옥문이 흔들릴 것이다. 복음을 설교하라. 탕자가 돌아올 것이다. 모든 피조물에게 복음을 설교하라. 이것이 믿는 모든 자에 대한 주님의 명령이요, 주님의 능력인 것이다."[68] 그는 또한 청중에게 이렇게 호소한 적이 있다. "나는 여러분이 모든 설교자를 판단할 때 그의 은사나 웅변술의 능력이나 사회적 지위나 청중에게 받는 존경심이나 그의 교회의 웅장함으로 판단하지 않기를 제발 부탁드립니다. 중요한 것은 그가 진리의 말씀, 곧 구원의 복음을 전하느냐는 사실입니다. 그가 복음을 설교한다면 그의 사역에 동참하십시오. 여러분의 믿음은 자랄 것입니다. 반대로 그가 복음을 전하지 않는다면 당신은 그를 통하여 오는 어떤 하나님의 축복도 기대할 수 없을 것입니다."[69] 복음은 스펄전 설

---

67) W. M. Smith, "Introduction," in *The Best of C. H. Spurgeon*. 17.
68) 리차드 데이,『스펄전의 생애』, 227.
69) 리차드 데이,『스펄전의 생애』, 227.

교의 시작이요 끝이었다. 스펄전은 메트로폴리탄타버나클교회에서 행한 그의 첫 번째 설교(1861년 3월 25일)에서 복음의 중요성과 그 의미를 이렇게 선포했다. "바울 시대에 신학의 핵심은 예수 그리스도였습니다. 본 교회의 사역의 중심은 이 강단에 제가 존재하는 한 예수 그리스도가 될 것입니다. 저는 칼빈주의자임을 고백하는 것을 부끄러워하지 않습니다…그러나 나의 신조가 무엇이냐고 질문을 받는다면 나는 분명하게 그것은 예수 그리스도라고 대답할 것입니다. 그리스도 예수, 그분은 복음의 핵심이요, 모든 진리의 성육신이시며, 길과 진리와 생명의 영광스런 화신입니다."[70]

스펄전이 영향력 있는 설교자가 된 것은 그의 웅변술이나 설교의 기술에 있었던 것이라기보다는 우리를 위하여 십자가에 달리신 그리스도를 설교하는 것을 궁극적 목표로 삼았기 때문이다. 제스 페이지(Jesse Page)는 "그는 나사렛 예수를 사랑했고 나사렛 예수는 그를 사랑했기에" 힘 있고 영향력 있는 설교자가 될 수 있었다고 하였다.[71] 스펄전의 설교는 철저하게 그리스도 중심적인 설교였다. 그는 어떤 본문을 가지고 설교하든지 그리스도를 전하려고 했다. 그는 자기 평생의 설교 사역이 "십자가에 달리신 그리스도를 설교하였다"라고 평가되기를 원했다.[72] 스펄전은 자신의 이러한 소망을 다음과 같이 말했다. "제가 드리고 싶은 모든 말씀의 요점은 이것입니다. 형제 여러분, 그리스도를 전하십시오. 언제나 영원토록 그리스도를 전하시기 바랍니다. 그가 온전한 복음입니다. 그의 성품과 그의 직분과 사역 이 모든 것을 다 포괄하는 유일한 위대한 주제가 되어야 합니다."[73]

---

70) 리차드 데이, 『스펄전의 생애』, 227.
71) Jesse Page, *C. H. Spurgeon: His Life and Ministry* (London: Stockwell, N/A), vi.
72) Tom Carter, *Spurgeon at His Best* (Grand Rapids: Baker Book House, 1988), 4.
73) Charles Haddon Spurgeon, *Lectures to My Students*, 79; Lewis Drummond, *Spurgeon: Prince of Preachers*, 291.

스펄전의 설교 목적은 항상 복음을 전하는데 있었다. 그는 청중들에게 그리스도를 전하는데 심혈을 기울였다. 그의 설교의 중요한 특징은 어떤 본문을 설교하더라도 결론은 대부분 예수 그리스도의 복음이었다. 그의 설교는 지나칠 정도로 예수 그리스도로 끝을 맺으려고 하였다. 다음은 그의 설교에 나타난 몇 편의 결론 부분들이다.

(1) 밤에 부르는 노래(욥 35:10)

하나님이 그의 자녀들에게 자비를 베푸시면 자녀들은 일반적으로 자비를 베푸시는 하나님보다는 자비 그 자체에 더 매달리게 된다는 사실이 좀 이상합니다. 그러나 밤이 오면 자비는 몽땅 다 쓸어버리고 즉시로 말하기를 주여, 이젠 오로지 주님 외에는 찬양할 이가 없나이다. 주께로만 가까이 가야 합니다. 오로지 주께로만 가까이 가야만 합니다. 한 때는 망루도 있었습니다. 물로 가득 찬 물 저장소도 있었습니다. 목마르는 줄 모르고 마셨습니다. 그러나 이제는 다 말라버렸습니다. 주여! 이제 주님 한분만을 제외하고는 아무런 샘도 없습니다. 오로지 주님의 샘에서 마시게 하소서.[74]

(2) 창고를 여는 요셉(창 41:56)

윌리암 브릿지는 "예수 그리스도에게는 우리 모두에게 채워줄 수 있는 풍성함이 있다"라고 말했습니다. 예를 들면, 둘이나 여섯 명, 혹은 이십 여명의 사람들이 목이 말라 한 병의 물을 마시려고 한다면, 한 사람이 마시고 있는 동안 다른 사람들은 질투를 할 것입니다. 왜냐하면, 각자는 한 병의

---

[74] 정장복, 『인물로 본 설교의 역사 下』 (서울: 장로회신학대학출판부, 1994), 67에서 인용.

물이 자기도 마실 수 있을 만큼 풍족하지 않다고 생각하기 때문입니다. 그러나 한 백 명쯤 목이 마르다고 합시다. 이 때 모두가 강가에 가 있다면 한 사람이 물을 마시고 있는 동안 다른 사람들이 그를 시기하지는 않을 것입니다. 왜냐하면 거기에는 그들 모두가 풍성히 마실 수 있는 물이 있기 때문입니다. 이와 같이 교회를 통해서 주어지는 모든 영적인 축복은 예수 그리스도에 의해 풍성케 됩니다.[75]

(3) 합당치 않는 기도(출 14:15)

한 번은 존 번연이 기도하려고 힘쓰고 있을 때 유혹하는 자(마귀)가 와서 이르기를 "하나님의 자비, 그리스도의 피, 그러한 것들은 전혀 너희 죄를 사해줄 수 없다. 그러므로 기도한다는 것은 무익한 일이다"라고 유혹하였습니다. 그러나 번연은 기도를 멈추어서는 안되겠다고 생각했습니다. 다시 그 유혹하는 자가 말하기를 "너희 죄는 용서받을 수 없다"고 하였습니다. 그 때에 그는 "하지만 나는 기도하겠다"라고 하였습니다. 그 때 또 그 마귀가 "아무 소용없어"라고 말했습니다. 그러나 그는 여전히 "아무 소용없어도 나는 기도하겠다"라고 대답하고는 간절히 기도하기 시작했습니다. "주님, 사탄이 말하기를 주님의 자비와 그리스도의 피로도 나의 영혼을 구원할 수 없다고 하나이다. 주님, 주님께서는 나의 영혼을 구원하기를 원하시며, 하실 수 있음을 내가 믿음으로 당신을 경외하여야 합니까? 하지 말아야 합니까? 주님, 당신께서는 나를 구원하실 수 있으며 내 죄 사하기를 원

---

75) William Bridge says: There is enough in Jesus Christ to serve us all. If two, or six, or twenty men be a thirst, and they go to drink out of a bottle, while one is drinking, the other envies, because he thinks there will not be enough for him too: but if a hundred be a thirst, and go to the river, while one is drinking, the other envies not, because there is enough to serve them all." "All the spiritual blessings wherewith the Church is enriched are in and by Christ"(David Otis Fuller, ed., *Spurgeon's Sermon Notes*, 15-6).

하시는 주님으로 깊이 경외합니다." 그가 이렇게 열심히 기도하고 있는 동안, 마치 누군가가 자기를 위로하기 위해 등을 두드려주는 것처럼 성경 말씀이 그의 마음속에 떠올랐습니다. "사랑하는 자여! 네 믿음이 크도다."[76]

(4) 구원은 여호와(시 37:39)

만약 구원의 일부는 하나님께 있고 일부는 사람에게 속한다면 그것은 느브갓네살 왕의 꿈의 형성, 즉 일부는 철로 일부는 진흙으로 되어 있는 것처럼 유감 천만한 사건이 될 것입니다. 그러므로 그것도 와해되고 말 것입니다. 이와 같이 만약 우리의 신뢰가 약간은 예수님께 있고, 약간은 자신의 노력 속에 있다면, 우리의 기초도 일부분은 반석 위에 또 다른 부분은 모래 위에 둔 것과 같이 결국은 그 전체의 건물이 무너지고 말 것입니다. 그러므로 누구든지 이 말의 참 뜻을 깨달을 수 있기 바랍니다. "구원은 여호와께 있으니."[77]

---

76) On one occasion, when Bunyan was endeavoring to pray, the tempter suggested "that neither the mercy of God, nor yet the blood of Christ, at all concerned him, nor could they help him by reason of his sin; therefore it was vain to pray." Yet he thought with himself, "I will pray." "But", said the tempter, "your sin is unpardonable." "Well," said he, "I will pray." "It is to no boot," said the adversary. And still he answered, "I will pray." And so he began his prayer: "Lord, Satan tells me that neither thy mercy nor Christ's blood is sufficient to save my soul. Lord, shall I honor Thee most by believing Thou wilt and canst? or him, by believing Thou neither wilt nor canst? Lord, I would fain honor Thee by believing that Thou canst and wilt." And while he was thus speaking, "as if some one had clapped him on the back," that Scripture fastened on his mind, "Oh, man, great is thy faith"(David Otis Fuller, ed., *Spurgeon's Sermon Notes*, 19).

77) If salvation were partly of God and partly of man it would be as sorry an affair as that image of Nebuchadnezzar's dream, which was partly of iron and partly of clay. It would end in a break-down. If our dependence were upon Jesus in a measure, and our own works in some degree, our foundation would be partly on the rock and partly on the sand, and the whole structure would fall. Oh, to know the full meaning of the words, "*Salvation is of the Lord*" (David Otis Fuller, ed., *Spurgeon's Sermon Notes*, 71).

(5) 그리스도는 만유이시다(골 3:11)

"그리스도는 만유시요 만유 안에 계시니라." 이 말씀은 많은 의미를 지니고 있습니다. 첫째, 그리스도는 우리의 문화입니다. 그리스도 안에서 우리는 '헬라인'을 모방하기도 하며 또 능가하기도 합니다. 둘째, 그리스도는 우리의 계시이십니다. '유대인'들이 하나님의 말씀을 믿음으로 영광스러웠던 것처럼 우리들도 주님 안에서 영광스럽습니다. 셋째, 그리스도는 우리의 새로움(변화)이십니다. 그리스도는 '야만인'의 마음을 꿰뚫는 가장 새로운 사상보다도 우리에게 더욱 신선한 분이십니다. 넷째, 그리스도는 우리의 힘과 자유이십니다. '스구디아인'은 우리가 그리스도 안에서 발견한 것 같은 그러한 끝없는 독립을 소유하지 못하였습니다. 그리스도께서 만유보다 더 존중되지 않는다면 전혀 존중되지 않은 것입니다(어거스틴).[78]

이상에서 살핀 것처럼 스펄전은 어느 본문을 가지고 설교하든지 그 본문을 통하여 예수 그리스도를 드러내기를 원했고 그리스도로 말미암는 구원을 선포하기를 희망하는 설교자였다. 그의 설교의 대 주제는 철저하게 예수 그리스도였다.

설교자로서 스펄전은 한편의 설교를 위하여 많은 기도와 독창적인 생각과 정신력을 발휘하여 가능한 모든 정보를 스스로 확보하여 설교하였다. 하지만 스펄전은 어떤 본문을 설교하든 결국 십자가에 달리신 예수 그리스도의 복음 드러내기를 힘썼다. 그는 이렇게 언급하였다. "루터나 칼빈의

---

[78] "Christ is all and in all"; and that in many senses. (1) Christ is all our culture. In Him we emulate and excel the "Greek." (2) Christ is all our revelation. We glory in Him even as the "Jew" gloried in receiving the oracles of God. (3) Christ is all our natural traditions. He is more to us than the freshest ideas which cross the mind of the "Barbarian." (4) Christ is all our unconquerableness and liberty. The "Chythian" had not such boundless independence as we find in Him. Christ is not valued unless He be valued above all. - Augustine(David Otis Fuller, ed., *Spurgeon's Sermon Notes*, 287-88).

의견과 마찬가지로 나도 대속 즉 인간을 대신하여 죽으신 그리스도에게 복음의 핵심과 실체가 있다고 생각해 왔다. 내가 복음을 이해하고 있다면 이것이 바로 복음이다. 내가 정죄 받지 아니하는 단 한 가지 이유는 바로 이 복음 때문이다. 즉 그리스도는 나를 대신하여 십자가에 달리셨으므로 죄에 대한 두 번의 정죄는 필요 없는 것이다."[79)]

스펄전은 요한복음 1:29를 중심으로 '세례 요한의 메시지'라는 주제로 설교하면서 '진실된 설교자'에 대해서 다음과 같이 말했다.[80)] 진실된 설교자는 첫째, 스스로 주님을 본 사람이다(요 1:33). 스스로 알고 본 예수님에 대해서 설교하는 것을 기뻐하는 자이다. 둘째, 그는 주님을 보도록 사람들을 부르는 자이다. "보라 하나님의 어린양이로다"(요 1:29). 셋째, 그의 메시지를 듣고 예수님을 따르도록 하는 자이다. 요한의 제자들은 요한의 말을 듣고 예수님을 따랐다(요 1:37). 우리의 설교는 사람들이 우리 자신을 넘어서 그리스도에게 가도록 해야 한다. "우리가 우리 자신을 전하는 것이 아니요 예수 그리스도께서 주되심을 증거하는 것"(고후 4:5)이다. 넷째, 그는 예수님 안에서 자신을 포기할 수 있는 자이다. 즉 진실된 설교자는 예수님을 흥하게 하는 자이다. "그는 흥하여야겠고 나는 쇠하여야 하리라"(요 3:30). 스펄전은 바른 설교자란 예수님을 흥하게 하는 설교자라고 믿었다. 그는 헤아릴 수 없는 방대한 설교를 하였지만 그의 설교는 항상 그리스도의 복음으로 넘쳐났다.

---

79) Charles Haddon Spurgeon, *The Early Years: Autobiography*, 13.
80) David Otis Fuller, ed., *Spurgeon's Sermon Notes*, 218.

5. 설교학적 의의

스펄전의 설교 이해와 특징은 현대 설교자들에게 많은 감명과 도전을 준다. 설교자로서 스펄전이 소유한 설교 정신과 설교 원리와 실제는 설교자들에게 많은 통찰을 제공해 주고 있다. 스펄전은 당대뿐 아니라 100년 이상이 흐른 오늘날에도 지구촌 곳곳에서 이상적인 설교자로서 이야기되고 있다. 그는 의심의 여지없이 가장 인상적이며 가장 성공적인 복음주의 설교자였다. 그의 설교 사역 가운데서 예수님을 흥하게 하고자 하였던 열망은 현대 설교자들에게 중요한 지침이 될 수 있다. 아놀드 델리모어(Arnold Dallimore)는 설교 내용의 중요성에 대한 스펄전의 견해를 이렇게 피력하였다. "그 안에 그리스도를 품지 않으면 그것은 결코 복음이 아니다."[81] 하지만 그는 또한 시대를 보는 안목과 청중들의 필요를 깊이 인식하면서 말씀에 대한 존경심과 성령의 사역에 민감하였다.

스펄전의 설교가 힘이 있었던 것은 무엇보다도 복음을 전하는 그 자신이 먼저 복음 가운데 있어야 한다는 이 단순한 진리에 충실했기 때문이다. 그는 이 원리가 설교자에게 가장 중요한 원칙이라고 확신하였다. 그가 "그리스도의 사역자는 말과 심장과 손이 서로 일치해야 한다"고[82] 말했던 것처럼 현대 설교자들은 진리를 체험적으로 아는 일에 힘써야 한다.

스펄전이라고 해서 완벽한 설교자는 아니었다. 그는 성경을 가끔 지나치게 영해(spiritualization)할 때도 있었다. 스펄전은 가끔 설교 본문을 한 두 구절만 선택하여 설교함으로써 본문의 맥락을 무시하고 설교하는 경향이 있었다. 또한 스펄전은 예배에서 설교 비중을 많이 둠으로써 예전적인 면을

---

81) Arnold Dallimore, *Spurgeon* (Edinburgh: The Banner of Trust, 1984), 140.
82) Charles Haddon Spurgeon, *Lectures to My Student*, 19.

약화시키는 경향도 있었다. 하지만 워렌 위어스비는 스펄전의 설교를 이렇게 평가하였다. "우리처럼 스펄전도 결함과 약점이 있다. 그러나 그는 하나님의 은혜를 항상 확대하였고 하나님의 독생자를 영화롭게 했다."[83] 스펄전이 남긴 설교와 그의 설교 정신과 이론은 생명을 살리며 영혼에게 감동 깊은 설교를 소망하는 설교자들에게 많은 도전과 격려를 주고 있다.

---

83) Warren Wiersbie, *Walking with the Giants* (Grand Rapids: Baker Book House, 1976), 77.

참고문헌

Achtemeier, Elizabeth. *Creative Preaching*. Nashville: Abingdon, 1980.

Adams, Jay E. "Sense Appeal and Storytelling", in Samuel T. Logan Jr, ed. *Preaching: The Preacher and Preaching in the Twentieth Century*. Hertfordshire: Evangelical Press, 1986.

Ahlstrom, Sydney E. *A Religious History of the American Peoples*. New York: Image Book, 1975.

Anderson, Ray S. *The Soul of Ministry: Forming Leaders for God's People*. Louisville: Westminster John Knox Press, 1997.

Anonymous. *The Cloud of Unknowing*. Chester: Kessinger Publishing, 2004.

Barclay, William. *Flesh and Spirit: An Examination of Galatians 5:19-23*. Edinburgh: St Andrew Press, 1978.

Beecher, Henry Ward. *Yale Lectures on Preaching*. New York: Read Books, 2008.

Bellah, Robert N. *The Broken Covenant: American Civil Religion in Time of Trial*. New York: The Seabury Press, 1975.

Blackwood, A. W. *Preaching from the Bible*. New York: Abingdon, 1941.

Bonaventure. *The Soul's Journey into God*. New York: Paulist Press, 1978.

Bowe, Barbara E. *Biblical Foundations of Spirituality*. New York: A Sheed & Ward Book, 2003.

Broadus, John A. *On the Preparation and Delivery of Sermons*. London:

HarperCollins Publishers, 2001.

Brooks, Philips. *Lectures on Preaching*. London: SPCK, 1965.

Browne, R. C. *The Ministry of the Word*. Minneapolis: Augsburg Fortress Publishers, 1982.

Brueggemann, Walter. *Finally Comes the Poet: Daring Speech for Proclamation*. Minneapolis: Fortress, 1989.

Buber, Martin. *I and Thou*, Translated by Ronald G. Smith. New York: Colllier, 1958.

Buchers Martin. Deutsche Schriften. Band 5, Strasburg und Munster im Kampf um den Rechter Glauben 1532-1534, Edited by Robert Stuppereh. Gutersloher: Verlagshau Gerd Mohn, 1978.

Buttrick, David G. "Interpretation and Preaching," *Interpretation*. 25/1 (1981).

Cain, T. Chris. "Turning the Beast into Beauty: Towards and Evangelical and Theological Aesthetics," *Presbyterian: Covenant Seminary Review* 29, no. 1 (2003).

Calvin, John. *Institute of the Christian Religion*, Translated by Ford Lewis Battles. Grand Rapids: Eerdmans, 1995.

Carlile, J. C. *Charles Spurgeon: The Prince of Preachers*, Abridged and edited by Dan Harmon. Uhrichsville, Ohio: Barbour Publishing, Inc., 1991.

Carter, Tom. *Spurgeon at His Best*. Grand Rapids: Baker, 1988.

Cawdry, Robert. *A Treasure or Store-house of Smiles: London 1600*. Massachusetts: Da Capo Press, 1971.

Chapell, Bryan. *Christ-Centered Preaching: Redeeming the Expository Sermon*. Grand Rapid: Bakers, 2005.

Cherry, Conrad. *Nature and Religious Imagination*. Minneapolis: Augsburg Fortress, 1980.

Choi, Chang Kug. "Spirituality and the Integration of Human Life." Ph. D. Dissertation, University of Birmingham, 2003.

Choy, Leona. *Andrew Murray: Apostle of Abiding Love*. Fort Washington, Penn: Christian Literature Crusade, 1978.

Craddock, Fred. B. *Preaching*. Nashville: Abingdon Press, 1990.

Craddock, Fred. B. *Overhearing the Gospel*. Nashville: Abingdon Press, 1978.
Cunningham, Lawrence S. and Egan, Keith J. *Christian Spirituality: Themes from the Tradition*. New York: Paulist Press, 1996.
Dallimore, Arnold. *Spurgeon*. Edinburgh: The Banner of Trust, 1984.
Danielou, Jean. *The Lord of History*. London: Longmans, 1960.
Dargen, Edwin C. *A History of Preaching,* vol. 2. Grand Rapids: Baker, 1974.
Edgerton, W. Dow. *Speak to Me That I May Speak: A Spirituality of Preaching*. Cleveland, Ohio: The Pilgrim Press, 2006.
Edwards, Jonathan. *Images of Divine Things in Typological Writings, The Works of Jonathan Edwards*, vol 11. Edited by Wallace E. Anderson, Mason Lowance, David Watters. New Haven: Yale University Press, 1993.
Edwards, Jonathan. *Images or Shadows of Divine Things*, Edited by Perry Miller. Oxford: Greenwood Press, 1977.
Edwards, O. C. *Elements of Homiletic: A Method for Preaching to Preach*. New York: Pueblo Publishing, 1992.
Eswine, Zack. *Preaching to a Post-Everything World: Crafting Biblical Sermons That Connect with Our Culture*. Grand Rapids: Baker Books, 2008.
Fant, Clyde E. and Pinson, William M. eds. "Charles Haddon Spurgeon", in *20 Centuries of Great Preaching: An Encyclopedia of Preaching*, vol. 12. Waco, TX: Word Books, 1971.
Faust, Clarenced H. and Johnson, Thomas H. *Jonathan Edwards Representative Selections with Introduction, Bibliography, and Notes*. New York: Hillandwarg, 1962.
Fee, Gordon. *New Testament Exegesis: A Handbook for Students and Pastors*. Louisville: Westminster John Knox Press, 2002.
Fitt, A. P. *The Shorter Life of D. L. Moody*. Chicago: Moody Press, 1900.
Fluharty, George W. & Ross, Harold R. *Public Speaking*. New York: Barnes and Noble, 1981.
Fuller, David Otis. ed. *Spurgeon's Sermon Notes: 193 Sermon Outlines from Genesis to Revelation*. Grand Rapids: Kregel Publications, 1990.

Fullerton, W. Y. *Charles H. Spurgeon: London's Most Popular Preacher*. Chicago: Moody Press, 1966.

Groome, Thomas. *Sharing Faith: A Comprehensive Approach to Religious Education and Pastoral Ministry*. Eugene, OR: Wipf & Stock Publishers, 1998.

Grudem, Wayn. *Systematic Theology: An Introduction to Biblical Doctrine*. Grand Rapids: Zondervan, 1994.

Hall, Thelma. *Too Deep for Words: Rediscovering Lectio Divina*. New York: Paulist Press, 1998.

Harris, Maria. *Teaching and Religious Imagination*. San Francisco: Harper and Row, 1987.

Holmes, Arthur. *The Idea of Christian College*. Grand Rapids: Eerdmans, 1989.

Holmes, Urban Tigner. *Ministry and Imagination*. New York: The Seabury Press, 1976.

Homes, Urban Tigner. *A History of Christian Spirituality*. New York: The Seabury Press, 1980.

Homes, Urban Tigner. *Spirituality for Ministry*. San Francisco: Harper & Row, 1982.

Houston, James. *The Transforming Power of Prayer: Deepening Your Friendship with God*. Colorado Springs: NavPress, 1996.

Hull, John M. *Utopian Whispers: Moral, Religious, Spiritual Values in Schools*. Norwich: Religious and Moral Education Press, 1998.

Hull, John M. *What Prevents Christian Adults from Learning*. Philadelphia: Trinity Press International, 1991.

Johns, E. Stanley. *A Song of Ascents*. Nashville: Abingdon, 1979.

Johns E. Stanley . "For Sunday of Week 41," *Victorious Living*. Nashville: Abingdon, 1938.

Jones, Ilion Tingnal. *Principles and Practice of Preaching*. Nashville: Abingdon Press, 1978.

Kearney, Richard. *The Wake of Imagination*. Minneapolis: University of Minnesota Press, 1988.

Keys, Richard. "The Idol Factory," In Os Guinness and John Seel, eds. *No God but God*. Chicago: Moody Press, 1992.

Kidner, Derek. *The Wisdom of Proverbs, Job and Ecclesiastes: An Introduction to Wisdom Literatures*. Downers Grove, IL: InterVarsity, 1985.

Kuiper, R. B. "Scriptural Preaching," *The Infallible Word*. Phillipsburg, NJ: Presbyterian and Reformed, 1967.

Kurtz, Ernest and Ketcham, Katherine. *The Spirituality of Imperfection: Storytelling and the Journey to Wholeness*. New York: Bantam Books, 1994.

Lartey, Emmanuel Y. *In Living Colour: An Intercultural Approach to Pastoral Care and Counselling*. London: Cassell, 1997.

Leclercq, Jean. *The Love of Learning and the Desire for God*. New York: Fordham University, 1988.

Leech, Kenneth. *Soul Friend: A Study of Spirituality*. London: Sheldon Press, 1985.

Leech, Kenneth. *Spirituality and Pastoral Care*. Cambridge: Cowley Publications, 1987.

Lewis, C. S. "Christian Apologetics," in Walter Hooper, ed. *God in the Dock: Essays on Theology and Ethics*. Grand Rapids: Eerdmans, 1994.

Maas, Robin & O'Dnnell, Gabriel. *Spiritual Traditions for the Contemporary Church*. Nashville: Abingdon Press, 1990.

May, Gerald G. *The Dark Night of The Soul: A Psychiatrist Explores the Connection Between Darkness and Spiritual Growth*. New York: HarperCollins Publishers, 2005.

Merton, Thomas. *Opening the Bible*. Collegeville: Liturgical Press, 1986.

Minnick, Wayne C. *The Art of Persuasion*. Orlando: Houghton Mifflin Co, 1968.

Mulholland, Jr. M. Robert. *Shaped by The Word: The Power of Scripture in Spiritual Formation*. Nashville: Upper Room Books, 2000.

Mullholland Jr. M. Robert. *Invitation to the Journey: A Road Map for Spiritual Formation*. Downers Grove, III: Inter Varsity Press, 1993.

Murray, Iain H. *Spurgeon V. Hyper-Calvinism: The Battle for Gospel Preaching*.

Edinburgh: The Banner of Truth Trust, 1995.

Murray, Iain H. *The Forgotten Spurgeon*. London: The Banner of Truth Trust, 1977.

Muto, Susan Annette. *A Practical Guide to Spiritual Reading*. Denville, N.J.: Dimension Books, 1976.

Muto, Susan Annette. *Renewed at Each Awakening*. Denville, N.J: Dimension Books, 1979.

Nouwen, Henri J. M. *Reaching Out: The Three Movement of the Spiritual Life*. London: Fount, 1980.

Osborn, Lawrence. *Meeting God in Creation*. Nottingham: Grove, 1990.

Page, Jesse. *C. H. Spurgeon: His Life and Ministry*. London: Stockwell, N/A.

Palmer, Parker J. *To Know As We Are Known: A Spirituality of Education*. London: Harper & Row, 1983.

Perry, Lloyd. *Manual for Biblical Preaching*. Grand Rapids: Baker Publishing Group, 1981.

Peterson, Eugene H. *Working the Angels: The Shape of Pastoral Integrity*. Grand Rapids: Eerdmans, 1987.

Ramachandra, Vinoth. *Gods That Fail*. Downers Grove, IL: Inter-Varsity Press, 1997.

Ramm, Bernard. *Questions About the Spirit*. Nashville: W Publishing Group, 1980.

Ray, Charles. *A Marvelous Ministry: The Story of C. H. Spurgeon's Sermons*. Pasadena, TX: Pilgrim Publications, 1985.

Ricoeur, Paul. "Explanation and Understanding," in Chares E. Reagan and David Stewart, eds. *The Philosophy of Paul Ricoeur: An Anthology of His Work*. Boston: Beacon Press, 1978.

Robinson, Haddon W. *Biblical Preaching: The Development and Delivery of Expository Messages*. Grand Rapids: Baker Academic Press, 2001.

Ryken, Leland. *Worldly Saints*. Grand Rapids: Academie Books, 1986.

Sangster, William Edwin. *The Craft of the Sermon*. London: Epworth Press, 1979.

Schaeffer, Edith. *Hidden Art*. Wheaton: Tyndale House, 1975.

Schaeffer, F. A. *The Church at the End of 20th Century*. Chicago: InterVarsity Press, 1978.

Schneider, Sandra. "Spirituality in the Academy," In Kenneth J. Collins ed. *Exploring Christian Spirituality: An Ecumenical Reader*. Grand Rapids: Baker Books, 2000.

Schreiner, Susan E. *The Theater of His Glory: Nature and the Natural Order in the Thought of John Calvin. Grand Rapids*: Baker Book House, 1991.

Smith, W. M. "Introduction," In *The Best of C. H. Spurgeon*. Grand Rapids: Baker Book House, 1979.

Smith, Wilfred Cantwell. *Faith and Belief*. New Jersey: Princeton University Press, 1987.

Spurgeon, Charles Haddon. *Lectures to My Students*. Grand Rapids: Baker Book House, 1977.

Spurgeon, Charles Haddon. *Morning by Morning*. London: Christian Art Publishers, 2009.

Spurgeon, Charles Haddon. *New Park Street Pulpit: Sermons Preached by Charles H. Spurgeon*, vol. 11. Pasadena, Texas: Pilgrim Publication, 1981.

Spurgeon, Charles Haddon. *New Park Street Pulpit: Sermons Preached by Charles H. Spurgeon*, vol. 17. Pasadena, Texas: Pilgrim Publication, 1981.

Spurgeon, Charles Haddon. *New Park Street Pulpit: Sermons Preached by Charles H. Spurgeon*, vol. 25. Pasadena, Texas: Pilgrim Publication, 1981.

Spurgeon, Charles Haddon. *New Park Street Pulpit: Sermons Preached by Charles H. Spurgeon*, vol. 36. Pasadena, Texas: Pilgrim Publication, 1981.

Spurgeon, Charles Haddon. *New Park Street Pulpit: Sermons Preached by Charles H. Spurgeon*, vol. 38. Pasadena, Texas: Pilgrim Publication, 1981.

Spurgeon, Charles Haddon. *The Early Years: Autobiography*. Carlisle: The Banner of Truth Trust, 1967.

Thielicke, Helmut. *Encounter with Spurgeons*. Translated by John W. Doberstein. Cambridge: James Clarke & Co., 1964.

Thompson, Marjorie J. *Soul Feast: An Invitation to the Christian Spiritual Life*. Louisville: Westminster John Knox Press, 1995.

Thronton, Martin. *English Spirituality*. London: SPCK, 1963.

Tozer, A. W. *Born After Midnight*. Harrisburg: Christian Publications, 1986.

Tracy, David. "Can Virtue Be Taught?: Education, Character and the Soul," In Jeff Astley and others, eds. *Christian Formation: A Reader on Theology and Christian Education*. Grand Rapids: Eerdmans, 1996.

Tripp, Paul David. *War of Words: Getting to the Hear of Your Communication Struggles*. Phillipsburg, NJ.: Presbyterian and Reformed, 2000.

Vogue, Adalbert de. *Community and Abbot in the Rule of St. Benedict*. Collegeville, MN: Cistercian Publications, 1979.

Wakefield, Gordon S. ed. *Westminster Dictionary of Christian Spirituality*. Philadelphia: Westminster John Knox Press, 1983.

Wells, David. *God The Evangelist: How the Holy Spirit Works to Bring Men and Women to Faith*. Carlisle: Patermoster, 1997.

Westerhoff III, John. *Will Our Children Have Faith?*. Chicago: Thomas More Press, 2000.

Whitehead, Alfred North. *The Aims of Education and Other Essays*. Cambridge: Free Press, 1967.

Wiersbie, Warren. *Walking with the Giants*. Grand Rapids: Baker, 1976.

Baumann, J. D. 『현대 설교학 입문』. 정장복 역. 서울: 양서각, 1986.
나용화. 『영성과 경건』. 서울: 기독교문서선교회, 1999.
나우웬, 헨리. 『영성수업』. 윤종석 역. 서울: 두란노, 2007.
디마레스토, 부루스. 『영혼을 생기나게 하는 영성』. 김석원 역. 서울: 쉴만한 물가, 2004.
데이, 리차드. 『스펄전의 생애』. 손주철 역. 서울: 생명의말씀사, 1995.
데이비스, 켄. 『탁월한 설교가 유능한 이야기꾼』. 김세광 역. 서울: 예영커뮤니케이션, 2004.
라메쉬, 리처드.『삶을 변화시키는 7단계 강해설교 준비』. 정현 역. 서울: 디모데, 2007.
라이스, 하워드.『영성 목회와 영적지도』. 최대형 역. 서울: 은성, 2003.
로빈슨, 해돈.『강해설교』. 박영호 역. 서울: 기독교문서선교회, 1999.
로이드존스, 마틴.『청교도 신앙』. 서문강 역. 서울: 생명의말씀사, 1991.
롱, 토마스 G.『설교자는 증인이다』. 서병채 역. 서울: 기독교문서선교회, 2005.
몰트만, J.『생명의 영』. 김균진 역. 서울: 대한기독교서회, 1996.
메이, 제럴드.『사랑의 각성』. 김동규 역. 서울: IVP, 2006.
메이휴, 리처드. "서론, 예화, 결론," 존 맥아더 외,『강해 설교의 재발견』. 김동완 역. 서울: 생명의 말씀사, 2001.
박노권.『렉시오 디비나를 통한 영성훈련』. 서울: 한들출판사, 2008.
벌코프, 루이스.『조직신학上』. 권수경 외 역. 일산: 크리스챤다이제스트, 1991.
보우스마, W. J. "존 칼빈의 영성,"『성령과 영성』. 김성재 편. 서울: 한국신학연구소, 1999.
브룩스, 필립스.『설교론 특강』. 서문강 역. 일산: 크리스챤다이제스트, 2001.
비앙키, 엔조.『말씀에서 샘솟는 기도』. 이연학 역. 서울: 분도출판사, 2002.
베너, 데이비드 G.『영혼돌봄의 이해』. 전요섭 김찬규 역. 서울: CLC, 2010.
서인석.『말씀으로 드리는 기도: 거룩한 독서 Lectio Divina를 위한 길잡이』. 서울: 성서와 함께, 2002.
수누키안, 도널드 R.『성경적 설교의 초대』. 채경락 역. 서울: 기독교문서선교회, 2010.
스토트, 존.『현대교회와 설교』. 정성구 역. 서울: 풍만출판사, 1985.
아담스, J. E.『스펄전의 설교에 나타난 센스어필』. 정양숙 역. 서울: 기독교문서선교회, 1978.
아리코, 칼 J.『집중기도와 관상여행』. 엄성옥 역. 서울: 은성, 2000.
이연학. "거룩한 독서(lectio divina): 한 수도자의 실천," 정원범 편,『영성수련과 영성목회』. 서울: 한들출판사, 2009.
임창복, 김문경, 오방식, 유해룡 공저.『기독교 영성교육』. 서울: 한국기독교교육교역연구원, 2006.
위어스비, 워렌 W.『상상이 담긴 설교: 마음의 화랑에 말씀을 그려라!』. 서울: 요단

출판사, 2009.
윌라드, 달라스.『마음의 혁신』. 윤종석 역. 서울: 복 있는 사람, 2005.
윌라드, 달라스.『하나님의 음성』. 윤종석 역. 서울: IVP, 2010.
월퍼트, 대니얼.『기독교 전통과 영성기도』. 엄성옥 역. 서울: 은성, 2005.
웨스트호프, 존.『영성생활: 생명을 살리는 설교와 교육의 토대』. 이금만 역. 오산: 한신대학교출판부 2009.
정인교. "설교학," 한국복음주의실천신학회 편,『21세기 실천신학개론』. 서울: 기독교문서선교회, 2006.
정장복.『인물로 본 설교의 역사下』. 서울: 장로회신학대학 출판부, 1994.
찬, 사이몬.『영성신학』. 김병오 역. 서울: IVP, 2002.
최창국. "기독교 교육학,"『21세기 실천신학개론』. 한국복음주의실천신학회 편. 서울: 기독교문서선교회, 2006.
최창국. "영성과 하나님의 프락시스(praxis): 영적 훈련의 해석적 모델과 방향성".「성경과 신학」49 (2009).
최창국.『기독교 영성신학』. 서울: 대서, 2010.
최창국.『영혼 돌봄을 위한 영성과 상담』. 서울: 기독교문서선교회, 2011.
콕스, 하비.『영성 음악 여성: 21세기 종교와 성령운동』. 유지황 역. 서울: 동연, 1998.
플린, 마이클 & 더그, 그레그.『내적치유와 영적성숙』. 오정현 역. 서울: IVP, 1995.
허성준.『수도 전통에 따른 렉시오 디비나』. 경북 왜관: 분도출판사, 2003.

영성과 설교

Spirituality and Preaching

2011년 9월 1일 초판 발행

지은이 | 최창국

펴낸곳 | 사)기독교문서선교회
등록 | 제16-25호(1980. 1. 18)
주소 | 서울시 서초구 방배동 983-2
전화 | 02) 586-8761~3(본사) 031) 923-8762~3(영업부)
팩스 | 02) 523-0131(본사) 031) 923-8761(영업부)
홈페이지 | www.clcbook.com
이메일 | clckor@gmail.com
온라인 | 국민은행 043-01-0379-646, 기업은행 073-000308-04-020

　　　　예금주: 사)기독교문서선교회

ISBN 978 - 89 - 341 - 1159 - 7 (93230)

* 낙장 · 파본은 교환해 드립니다.